立法学

王春业 ● 主编

河海大学出版社
·南京·

图书在版编目(CIP)数据

立法学 / 王春业主编. -- 南京：河海大学出版社，2024.1
ISBN 978-7-5630-8541-5

Ⅰ.①立… Ⅱ.①王… Ⅲ.①立法—法的理论—高等学校—教材 Ⅳ.①D901

中国国家版本馆 CIP 数据核字(2023)第 236405 号

书　　名	立法学
	LIFA XUE
书　　号	ISBN 978-7-5630-8541-5
责任编辑	杨　雯
特约校对	阮雪泉
封面设计	张世立
出版发行	河海大学出版社
地　　址	南京市西康路 1 号(邮编：210098)
电　　话	(025)83737852(总编室)　(025)83787104(编辑室)
	(025)83722833(营销部)
经　　销	江苏省新华发行集团有限公司
排　　版	南京布克文化发展有限公司
印　　刷	广东虎彩云印刷有限公司
开　　本	718 毫米×1000 毫米　1/16
印　　张	17.5
字　　数	281 千字
版　　次	2024 年 1 月第 1 版
印　　次	2024 年 1 月第 1 次印刷
定　　价	78.00 元

教材编写人员及分工

主　　编：王春业

参编人员：王春业　吴志红　聂加龙　王敬文　吕中元　曾幸婷

分　　工：王春业，负责统稿和第二章、第四章、第十章的编写。

　　　　　吴志红，负责第八章的编写。

　　　　　聂加龙，负责第一章、第九章的编写。

　　　　　王敬文，负责第五章的编写。

　　　　　吕中元，负责第三章、第七章的编写。

　　　　　曾幸婷，负责第六章的编写。

前言
Preface

近年来,随着我国法治建设的不断深入,法治越来越成为社会共识和基本准则,作为以立法活动及其规律为研究对象的立法学,在法学体系中的地位也越来越重要。而2023年3月第十四届全国人民代表大会第一次会议对《立法法》进行了第二次修正,共37条,增加了许多新的内容,更为立法学研究增添了前所未有的前进动力和发展空间。为满足高等院校法学教育的需求,在王春业教授主持下,我们编写了本教材。

本教材共分为十章。第一章是立法概述,介绍了立法的概念、立法权的概念、立法的历史发展、立法学体系,对立法的基础理论进行阐释。第二章是立法体制,介绍了立法体制概述、立法主体和立法权限、我国立法体制的完善,对立法体制的相关问题进行了阐释。第三章是立法准备,分别阐释了立法预测、立法规划、立法决策、法案起草等内容。第四章是立法程序,在对立法程序进行概述的基础上,分别对法律、行政法规、地方性法规以及规章的制定程序进行了阐释,还介绍了公众参与立法的程序。第五章是授权立法,介绍了授权立法概况和我国授权立法制度,并对我国授权立法制度发展的趋势进行阐释。第六章是立法解释,介绍了立法解释的概念、立法解释的方法、我国立法解释的完善,对立法解释的相关问题进行了阐释。第七章是法的效力,阐释了法的效力的概念特征、法的效力等级、立法冲突的解决,对立法效力的相关问题进行了介绍。第八章是立法监督,介绍了立法监督概述、立法监督制度、我国的立法监督等。第九章是立法技术,在对立法概念与分类进行介绍的基础上,对立法的结构、立法的语言、法的系统化、立法评估等立法技术进行了阐释。第十章是区域立法协作,以我国区域协作为背景,阐释了我国区域现有的法律供给模式、紧密型协作成为我国区域立法协作的趋势以及我国区域立法协作的完善路径。

  本教材既有传统教材的特点,也有在吸纳前沿研究成果的基础上进行的创新。本教材力求体现理论研究与实际应用相结合,努力做到既精当简练又能充分体现学科研究现状,既通俗易懂又能保持一定的理论深度。本教材可作为法学专业本科生、研究生学习之用,也可供立法工作者和理论研究工作者参考。

  由于水平有限,本教材难免存在种种缺漏、遗憾甚至错误,恳请同行和读者批评指正。我们也将在使用过程中不断完善。

目录
Contents

第一章　立法概述 …………………………………… 001
　第一节　立法的概念 …………………………………… 001
　第二节　立法权概念 …………………………………… 016
　第三节　立法的历史发展 ……………………………… 020
　第四节　立法学体系 …………………………………… 030

第二章　立法体制 …………………………………… 036
　第一节　立法体制概述 ………………………………… 036
　第二节　立法主体和立法权限 ………………………… 044
　第三节　我国立法体制的完善 ………………………… 052

第三章　立法准备 …………………………………… 057
　第一节　立法预测 ……………………………………… 057
　第二节　立法规划 ……………………………………… 064
　第三节　立法决策 ……………………………………… 070
　第四节　法案起草 ……………………………………… 075

第四章　立法程序 …… 082
- 第一节　立法程序概述 …… 082
- 第二节　法律的制定程序 …… 089
- 第三节　行政法规的制定程序 …… 094
- 第四节　地方性法规的制定程序 …… 099
- 第五节　规章的制定程序 …… 100
- 第六节　公众参与立法程序 …… 102

第五章　授权立法 …… 107
- 第一节　授权立法概述 …… 107
- 第二节　我国授权立法制度 …… 113
- 第三节　我国授权立法制度发展新趋势 …… 121

第六章　立法解释 …… 133
- 第一节　立法解释的概念 …… 133
- 第二节　立法解释的方法 …… 141
- 第三节　我国立法解释的完善 …… 149

第七章　法的效力 …… 157
- 第一节　法的效力概念与特征 …… 157
- 第二节　法的效力等级 …… 163
- 第三节　立法冲突的解决 …… 170

第八章　立法监督 …… 174
- 第一节　立法监督概述 …… 174
- 第二节　立法监督制度 …… 180
- 第三节　我国的立法监督 …… 187

第九章 立法技术 … 200
- 第一节 立法技术概念与分类 … 200
- 第二节 立法的结构 … 205
- 第三节 立法的语言 … 210
- 第四节 法的系统化 … 215
- 第五节 立法评估 … 224

第十章 区域立法协作 … 229
- 第一节 我国区域现有法律供给模式 … 230
- 第二节 紧密型协作成为我国区域立法协作的趋势 … 236
- 第三节 我国区域立法协作的完善路径 … 240

附录 中华人民共和国立法法 … 246

第一章
立法概述

第一节 立法的概念

一、立法的定义

(一) 立法的暂时性界定

立法是国家的一项重要法律实践,也是一个国家的政治活动。因此,立法历来都是一个重要的社会现象。对于这一重要的社会现象,中外学者在特定时代背景下展开了广泛讨论。埃德加·博登海默认为:"从'立法'(legislation)这一术语在当今所具有的最为重要的意义来看,它是指政府机关经由审慎思考而进行的创制法律法令的活动"。① 戴维·沃克认为,立法既是一个立法过程,也是一种结果,是"通过具有特别法律制度赋予的有效的公布法律的权力和权威的人或机构的意志制定或修改法律的过程。这一

---

① [美]埃德加·博登海默:《法理学:法律哲学与法律方法》,邓正来译,中国政法大学出版社1999年版,第415-416页。

词亦指在立法过程中所产生的结果,即所指定的法本身。在这一意义上,相当于制定法"①。而国内,关于立法的理解较为普遍的认识是这样的:"立法一词的解释通常有广义与狭义之分,广义的立法是指最高国家权力机关和它的常设机关,以及特定的国家行政机关等依据法定权限和程序,制定、认可、修改、解释、补充、废止法的专门活动。狭义的立法则是专指国家最高权力机关及其常设机关,依据法定权限和程序,制定、认可、修改、解释、补充、废止法律这种特定的规范性文件的活动。"②此外,周旺生教授从发生学角度提出了关于立法的三种解释:

> 第一种是指整个人类的立法活动是处在发展过程中的。从法的形成看,经历了将习惯认可为法,再发展为制定成文法的过程;从立法的历史类型看,经历了由奴隶制立法、封建制立法、资本主义立法到社会主义立法的过程;从立法的形式和水平等方面看,经历了由专制、野蛮向民主、文明,由简单到复杂的立法过程等等。整个人类的立法活动,就是大体沿着这样的轨迹向前发展的。第二种是指立一个法需要经历一个发展过程。任何一种立法,在正式提交立法主体审议、表决法案之前,都有程度不同的准备工作要做;在产生法之后,一般也有继续完善的必要,而这种完善工作往往又为新的立法准备了条件。立法活动过程的几个阶段结合在一起,构成完整的立法活动过程。第三种是指每一个或每一种立法都是一个活动过程。例如,每一个立法在由法案到法的阶段,就是一个活动过程,要由有立法提案权的机关、组织和人员提出法案;由有法案审议权的主体审议法案;由有法案表决权的机关和人员表决法案;最后由有关机关或人员公布法。③

从上面所介绍的中外学者关于立法的解释中,我们不难发现至少这样两个共同点:其一,立法是特定主体进行的活动;其二,立法是一种产生法的

---

① [英]戴维·M·沃克:《牛津法律大辞典》,李双元等译,法律出版社2003年版,第547页。
② 曹海晶:《中外立法制度比较》,商务印书馆2004年版,第10页。
③ 周旺生:《立法论》,北京大学出版社1994年版,第132-133页。

活动。具言之,立法是国家的政治活动,因而其要体现出"国家意志"。所谓的"国家意志"首先体现为对权力的垄断。从这个意义上看,立法要体现出"国家意志"意味着立法是只能由特定主体进行的活动。这里的"特定主体"是指享有立法权力的主体。立法这种社会现象的存在,根本性原因是社会需要法律这种治理手段和方式。也就是说,社会需要法律而导致了立法。因而,立法的目的是满足社会对法律的需要。通过立法来满足社会法律需要的方式主要有制定法、认可法、变动法等三种。无论是制定法、认可法,还是变动法,都需要一定的技术。

至此,我们可以暂时将立法界定为:立法是指享有立法权的特定主体运用一定技术制定、认可、变动法的活动。

(二) 立法的正式界定

从词源的角度看,"立法"一词在中国古代就出现了。例如,《商君书·更法》云:"伏羲神农教而不诛,黄帝尧舜诛而不怒,及至文武,各当时而立法",《史记·律书》中有"王者制事立法"的表述。但由于中国古代立法是依附于统治者权力之下的,从而不仅"古代的立法活动、立法权与行政、司法的活动与权力混为一体"[1],而且统治者可以一言立法、一言废法。由此导致的后果是中国古代立法基本上没有程序可言。虽然古希腊、古罗马比中国古代重视立法程序,但像柏拉图、亚里士多德这样的思想家更"侧重于探讨立法权,所述立法的含义比较广泛"[2],由此导致西方的古代,立法的含义与现代大不相同。总而言之,"无论中西古代典籍,迄今均无关于立法概念的规范化定义或诠释……这种定义或诠释的出现,是立法学作为理论法学的一个分科得以萌生之后的事"[3]。

历史地看,立法学得以成为理论法学的一个分科与资本主义制度的确立有着十分密切的关系。从封建制度灭亡中产生出来的资本主义制度曾经起过非常重要的革命作用,它"把一切封建的、宗法的和田园诗般的关系都

---

[1] 孙敢、侯淑雯:《立法学教程》,中国政法大学出版社2000年版,第16页。
[2] 张光杰:《法理学导论》,复旦大学出版社2006年版,第96页。
[3] 杨临宏:《立法法:原理与制度》,云南大学出版社2011年版,第2页。

破坏了"①。"封建的、宗法的和田园诗般的关系"是一种表征为身份的人身依附关系。在这种关系中,国家权力可以肆意侵犯个人的权利和尊严,从而导致个人基本上无权利和尊严可言。为此,资产阶级启蒙思想家们主张分权,其中孟德斯鸠是最为典型的代表人物之一。孟德斯鸠在《论法的精神》一书中写道:"一切有权力的人都容易滥用权力,这是万古不易的一条经验。有权力的人们使用权力一直到遇到有界限的地方才休止","从事物的性质来说,要防止滥用权力,就必须以权力约束权力"②。孟德斯鸠将国家权力分为立法权、行政权和司法权。如果说孟德斯鸠等人在理论上完成了立法权独立于行政权的话,那么美国按照这一理论构建的政治制度则将立法权真正独立成为一项国家独立的权力。受此影响,立法这一社会现象逐渐得到了各国的重视,并且意识到"立法,即以审慎刻意的方式制定法律,这已被论者恰当地描述为人类所有发明中充满了严重后果的发明之一,其影响甚至比火的发现和火药的发明还要深远"③。为实现制定良好法律之目标,对立法的过程设定各种程序成为一种必然。也就是说,通过程序的方式限制立法权,以保证其"是指享有权力者来指导如何运用国家的力量以保障这个社会及其成员的权利"④这一本质的实现。

从上面论述中可知,近代以来的立法与古代的立法最大的不同之处有两个:其一,立法权独立于行政权,从而享有立法权的主体不再是行政权力主体;其二,重视立法的程序。这两个不同之处必然会导致立法的内涵发生变化,但这种变化并不会改变立法的本质特征。因此,结合前面对立法的暂时性界定,本书对立法做这样的界定:

立法是指享有立法权的特定主体依据一定职权和程序,运用一定技术制定、认可、变动法的活动。

---

① 《马克思恩格斯选集》(第1卷),人民出版社1995年版,第274页。
② [法]孟德斯鸠:《论法的精神》(上册),张雁深译,商务印书馆1985年版,第154页。
③ [英]弗里德利希·冯·哈耶克:《法律、立法与自由》(第1卷),邓正来、张守东、李静冰译,中国大百科全书出版社2000年版,第113页。
④ [英]洛克:《政府论》(下册),叶启芳、瞿菊农译,商务印书馆1997年版,第89页。

二、立法的特征

根据立法概念可以知道,立法至少有如下五方面特征。

(一) 立法是由特定主体进行的活动

前面已述及,立法在本质上是政治活动。这决定了立法活动在某种意义上就是行使政治权力的活动。马克斯·韦伯认为政治是人们"争夺分享权力或影响权力分配的努力"[1]。自古以来,为了防止人民因为争夺分享权力而使国家、社会陷入无序状态,政治权力基于处于被垄断的状态。垄断政治权力意味着行使政治权力只能是特定的主体。于是,无论是在古代还是在现代,立法都是国家专有的活动,不同之处在于前者表征为行政主体的活动,而后者则表征为立法主体的活动。于是,"特定的主体"中的"特定"还意指立法的主体是确定的。在现代,"立法主体是有权进行或参与立法的国家机关,不是所有国家机关都是立法机关,只有根据宪法、法律可以行使立法权的国家机关和根据授权法规定可以行使立法权的国家机关,才是立法主体"[2]。具体到我国,行使立法权的国家机关是全国人民代表大会及其常务委员会、国务院及国务院各部委、享有地方立法权的地方人民代表大会及其常务委员会、相应的地方人民政府、民族区域自治地方的人民代表大会和特定行政区的立法机关等。

此外,由特定的主体行使立法权还能够确保立法活动具有权威性。这种权威性表征为它是依赖国家权力的活动。

(二) 立法是依据一定职权进行的活动

基于职责权一致原则,立法是具有国家权力性的活动,可以表述为立法是依据职权进行的活动。立法所依据的职权一般源于一国的宪法。《中华

---

[1] [德]马克斯·韦伯:《学术与政治》,冯克利译,生活·读书·新知三联书店1998年版,第55页。

[2] 周旺生:《立法学》(第2版),法律出版社2009年版,第164页。

人民共和国宪法》（以下简称宪法）第 58 条、第 62 条、第 67 条、第 89 条、第 90 条、第 100 条、第 116 条分别规定："全国人民代表大会和全国人民代表大会常务委员会行使国家立法权"；全国人民代表大会行使修改宪法和制定、修改刑事、民事、国家机构的和其他的基本法律等职权；全国人民代表大会常务委员会行使制定和修改除应当由全国人民代表大会制定的法律以外的其他法律等职权；国务院行使根据宪法和法律，制定行政法规等职权；国务院各部、各委员会根据法律和国务院的行政法规、决定、命令，在本部门的权限内，发布规章；"省、直辖市的人民代表大会和它们的常务委员会，在不同宪法、法律、行政法规相抵触的前提下，可以制定地方性法规，报全国人民代表大会常务委员会备案。设区的市的人民代表大会和它们的常务委员会，在不同宪法、法律、行政法规和本省、自治区的地方性法规相抵触的前提下，可以依照法律规定制定地方性法规，报本省、自治区人民代表大会常务委员会批准后施行"；"民族自治地方的人民代表大会有权依照当地民族的政治、经济和文化的特点，制定自治条例和单行条例。自治区的自治条例和单行条例，报全国人民代表大会常务委员会批准后生效。自治州、自治县的自治条例和单行条例，报省或者自治区的人民代表大会常务委员会批准后生效，并报全国人民代表大会常务委员会备案"。

从上述我国宪法关于不同立法主体的立法权规定中不难知道，不同立法主体享有不同的立法权限，而且不能超越宪法所规定的职权。基于此，立法权是依据一定职权进行的活动。

（三）立法是依据一定程序进行的活动

立法所产生的结果将会对人们的行为产生规范作用。为了防止此种规范作用产生不好的效果，通过程序来具体规制立法活动已成为现代立法的应有之义。规制立法活动的程序称之为立法程序。"立法程序是立法活动中法定的、所须遵守的而不是可有可无的步骤和方法。在立法过程中，立法主体要遵循许多步骤和方法，但并不是所有的步骤和方法都是立法程序中的必要环节，只有立法主体所须遵循的、由法所确定的步骤和方法，才是立法程序中的必要环节。"①由于立法程序是法定的,从而能够保证立法具有严肃性、权威性与稳定性。概言之,为了防范立法产生不好的规范作用,以及保证立法的严肃性、权威性与稳定性,立法活动必然要依据一定的程序进行。

(四) 立法是制定、认可和变动法的活动

历史地看,立法之所以是重要的社会活动,其根本性原因是社会产生了对法律的需要。为了满足社会对法律的需要,立法活动的结果必然是产生新的法或者对已有的法进行变动②。其中,产生新的法的方式主要是法的制定和法的认可两种,而对已有的法进行变动的方式主要是法的修改、法的废止和法的补充三种。法的制定通常是指直接的立法活动。法的认可是指对业已存在的某些社会规范,经有权机关的确认,赋予它们法律效力的活动。法的修改是指对现行的某一法律文件的内容或者结果做出某种变动的活动。法的废止是指有权机关宣布终止或废除某一法律文件法律效力的活动。法的补充是指在不改变法的原有内容的前提下,以单行的法律文件对原有的法律文件的内容作出新的补充的活动。前述五种活动,在立法过程中可能单独出现,例如只有制定法的情况;也可能同时出现,例如既有制定法的情况,也有废止法的情况。

(五) 立法是运用一定技术进行的活动

无论是法的制定、法的认可,还是法的变动都是一项系统的工程。因此,"立法需要运用一定的立法技术,而且要使所立的法能有效地发挥作用,必须重视立法技术"③。立法技术有"广义说""狭义说"与"折中说"。广义说认为,立法技术是指同立法活动有关的一切规则,包括规定立法机关组织形

---

① 周旺生:《立法学》(第2版),法律出版社2009年版,第220页。
② 《立法法》第7条规定:"立法应当从实际出发,适应经济社会发展和全面深化改革的要求,科学合理地规定公民、法人和其他组织的权利与义务、国家机关的权力与责任。"
③ 高其才:《法理学》,中国民主法制出版社2005年版,第100页。

式的规则、规定立法程序的规则,以及关于立法文件的表述和系统化规则等。① 狭义说认为,立法技术是指"从实际需要与可行原则出发,应着重探讨法律结构形式、法律文本、法律的修改和废止办法等方面的规则"。② 折中说认为,立法是实现立法目的的方法与技巧。无论是广义说、狭义说,还是折中说都肯定了立法具有技术性的特征。

三、立法的目的

(一) 立法目的的概念

学者对立法目的这一概念有颇多的论述,德国法学家耶林甚至宣称目的是全部法律的创造者③。但由于立法目的是一个抽象与主观的概念,学界对其表述不一。为此,有必要认真对待立法目的的概念。

立法目的的上位概念之一是目的。在西方哲学中,"'目的'一词根源于希腊语'终点'之意,乃是古希腊自然观念的构成要素之一。亚里士多德曾提出著名的'四因说'(质料因、形式因、目的因、动力因),用'目的因'表达一事物'向之努力'的东西,而任何存在物都有决定其生长方向的目的。"④康德曾给目的下过定义,他说:"既然有关一个客体的概念就其同时包含有该客体的现实性的根据而言,就叫作目的。"⑤由此,目的"不是指某种客观的趋势、自然的指向,不是指那种由自然原因所引起的自然结果,而是指那种通过意识观念中介被自觉意识到了的活动或行为所指向的对象和结果"⑥。基于这些认识,有人将目的界定为"在人们根据需要进行有意识的活动时,基于对客观事物本质和规律的认识,而对其活动结果的预先设计,实际上是以观念形式存在于人的头脑中的理想目标,它是人的自身需要与客观对象之

---

① 吴大英、任允正:《比较立法学》,法律出版社 1985 年版,第 208 页。
② 孙琬钟:《立法学教程》,中国法制出版社 1990 年版,第 172 页。
③ [德]魏德士:《法理学》,丁晓春、吴越译,法律出版社 2005 年版,第 234 页。
④ 赵明、黄涛:《论法的目的——以康德目的论哲学为视角》,载《哈尔滨工业大学学报(社会科学版)》,2012 年第 2 期。
⑤ [德]康德:《判断力批判》,邓晓芒译,人民出版社 2002 年版,第 15 页。
⑥ 夏甄陶:《关于目的的哲学》,上海人民出版社 1982 年版,第 227 页。

间的内在联系的一种反映。"①简单地讲,目的就是主体在客观世界中想要实现的东西。

这里,需要对这一关于立法目的的简单定义进行进一步的解释。首先,"客观世界"指的是人类社会。这是因为存在于人类社会中的个人、社会之间的利益冲突是导致法的产生与存在的根本性原因。其次,"想要实现的东西"指的是法律所要保护的利益和所要发挥的功能。基于此,本书认为,立法目的是指立法主体通过法这一介质所要保护的利益和所要发挥的功能。

(二) 立法目的的作用

《转变中的法律与社会:迈向回应型法》一书指出:"如果法律强调原则和目的,那么就有了一种丰富的资源可用于批判具体规则的权威。"②美国法学家庞德也有过类似的观点,他说:"法官、法学家和立法者的首要任务之一就是探讨有关法律目的——有关社会控制及作为其形式的法律秩序的目标——的一系列哲学的、政治的、经济的、伦理的思想观念,并由此指明为了实现上述目的,律令规则应当是什么样的。对我们而言,这一系列观念的历史及其产生发展的重要性不亚于曾被认为是构成法律整体的规范和原则本身的重要性。实际上,有关法律目的的观念的历史发展内化于法律规范和法律原则的产生发展之中。"③可见,立法目的有其相应的作用。

第一,立法目的具有导向作用。立法活动是为了解决业已存在或可预见的社会问题,因此,立法活动不仅关注过去,更是同将来挂钩,是具有较强的目的性的活动。立法目的控制着主体活动的方向、方式与后果,对立法活动具有导向作用。

第二,立法目的具有作为价值标准的作用。"倘若我们说,一项立法的良善与否、实效如何,都已在其立法目的中注定,未免有偏执或武断之

---

① 郭明:《论时效制度的立法目的》,郑州大学 2005 年硕士论文,第 23 页。
② [美]P. 诺内特、P. 塞尔兹尼克:《转变中的法律与社会:迈向回应型法》,张志铭译,中国政法大学出版社 2004 年版,第 91 页。
③ [美]庞德:《法理学(第一卷)》,余履雪译,法律出版社 2007 年版,第 296-297 页。

嫌；但如果说，一项立法具体内容的设计和实际运作的状态都难以脱出其立法目的所给定的框架，则是并无偏颇的。"[1]由此，立法、司法、执法、守法各个环节的主体可以通过立法目的来对某一法律是否实现了预期效果做出判断，甚至还可以立法目的为依据找（指）出该法律没有实现预期效果的"原因"。

由于立法目的具有重要的作用，我国的法律文件中的第1条就会规定立法目的，例如《中华人民共和国立法法》（以下简称《立法法》）第1条规定："为了规范立法活动，健全国家立法制度，提高立法质量，完善中国特色社会主义法律体系，发挥立法的引领和推动作用，保障和发展社会主义民主，全面推进依法治国，建设社会主义法治国家，根据宪法，制定本法。"因此，该条往往称之为"立法目的条款"。"立法目的条款的主要功能应定位为立法活动的方向选择、立法论证的有效途径、法律解释的重要标准、公民守法的规范指南。"[2]在此需要特别指出一点，不能将作为法律条款内容的立法目的等同于立法目的，因为文字本身的局限性与条款篇幅的局限性可能会导致两者有一定的出入。

四、立法的价值

（一）立法价值的概念

价值产生于主体与客体之间，申言之，"'价值'作为一个哲学范畴，必然有其普遍的客观基础和表现形式。这个普遍的基础和存在形式，正是人类一种普遍的基本关系——主客体关系的一方面，即在主客体相互作用中，由于主体及其内在尺度的作用，使客体趋向于主体，接近主体，客体主体化，客体为主体的需要及其发展服务。"[3]由此，价值是指主体从自身的欲求、需要出发而珍视、重视的与自身的欲求、需要具有相洽性的客体的存在性状、属

---

[1] 孙莉：《程序控权与程序性立法的控权指向检讨——以〈行政诉讼法〉立法目的为个案》，载《法律科学（西北政法学院学报）》，2007年第2期。
[2] 刘风景：《立法目的条款之法理基础及表述技术》，载《法商研究》，2013年第3期。
[3] 李德顺：《价值论（第2版）》，中国人民大学出版社2007年版，第35页。

性或作用。在理解"价值"时需要明确使用中的语境。使用中的"价值"有客观指向和主观指向这两种语义指向。前者表述既存事物具有某种与主体的爱好、欲求或需要相洽以致受主体重视、珍视的性状、属性或作用；后者表述主体以自身需要出发、表述希望将在客体事物中实现的自身需要的内容。而与之对应的语境分别是"客观事物及其中的某种性状、属性或作用实际上已经存在着"与"客观事物本身并非实存或该事物的某种属性或作用并非实存，主体由自身的兴趣、需要出发，希望、要求与自己的兴趣、需要相对洽的客观事物或该事物的某种性状、属性或作用存在"。

在学界，一般认为："立法价值通常不是指立法作用或立法的有用性，而是指立法主体的需要与立法对象（法律所要调整的对象）间的相互关系，表现为立法主体通过立法活动所要追求实现的道德准则和利益。"[1]由此可知，立法价值是主观指向。基于上面关于价值的论述，立法价值是指立法主体从自己的需要、欲望、要求出发所推论出的与这些需要、欲望、要求相对应的法的性状、属性、作用。

理解立法价值概念时需要注意以下两点：

第一，立法价值是具体的价值名目的集合、抽象，因而"立法价值"是一个集合名词。这意味着"立法价值"有很多，而且难以穷尽。因此，我们言及立法价值，只能描述其最基本的价值。

第二，立法价值带有很强烈的主观意志、愿望或爱好的色彩。这意味着立法价值在不同的时空中会不尽相同。但需要注意，这并不是否定立法价值具有客观性的一面，因为包括立法价值在内的所有价值最终均以客体的性状、属性或作用为基础。

（二）立法价值的基本名目

历史表明，"凡是在人类建立了政治或社会组织单位的地方，他们都曾力图防止出现不可控制的混乱现象，也曾试图确立某种适于生存的秩序形式。这种要求确立社会生活有序模式的倾向，绝不是人类所作的一种任意

---

[1] 李林：《立法理论与制度》，中国法制出版社2005年版，第6页。

专断的或'违背自然'的努力"①,以及"正义是人类文明社会的目的。无论过去或将来始终都要追求正义,直到获得它为止,或者直到在追求中丧失了自由为止。"②也就是说,秩序与正义是任何人都会追求的价值。因此,社会需要法律是上述需求的映照。前面已述及,立法产生于社会的法律需要。因此,秩序与正义自然也就成了立法的两个基本价值。

1. 立法与秩序

秩序"意指在自然进程和社会进程中都存在着某种程度的一致性、连续性和确定性"③,因此秩序分为自然秩序与社会秩序。作为立法基本价值之一的秩序是社会秩序,它指的是人的社会活动、社会行为具有一致性、连续性、确定性的社会状态。这种社会状态表面看是人们的社会行为呈现着规则,恰恰相反,它是人们的社会行为呈现着规则造就的。秩序之所以能够受到人们珍视,是因为社会秩序能给人们提供以下的满足:

首先,社会秩序可使人们对自我和他人的行为作预测。由于在有秩序的社会中,不利后果可以被预见、避免;有利后果可被预见并通过一定的方式去获得,所以,在形式上,人们便具有安全感。其次,社会秩序的存在,使人们可以对自我行为作理性控制,从而使人们在既定的秩序、规则中拥有某种形式上的行为自由。再次,社会秩序中的规则的普遍适用,在形式上满足着人们对平等的要求。最后,社会秩序的存在为人们的行为选择节约了时间和精力,使人们的行为、活动在形式上具有效率。

正是因为社会秩序在形式上能给人们提供安全、自由、平等、效率的满足,人们自然希望通过立法活动能够满足安全、自由、平等、效率的需求。因此,秩序也就成了立法的价值之一。

2. 立法与正义

人类一直在追求正义。遍览人类发展史,即便是在人类社会的早期,也

---

① [美]埃德加·博登海默:《法理学:法律哲学与法律方法》,邓正来译,中国政法大学出版社1999年版,第220页。
② [美]汉密尔顿等:《联邦党人文集》,程逢如等译,商务印书馆1980年版,第51页。
③ [美]埃德加·博登海默:《法理学:法律哲学与法律方法》,邓正来译,中国政法大学出版社1999年版,第219页。

开始了对正义的追求①,例如至少是生活于公元前 7 世纪的赫西俄德(Hesiod)②在《工作与时日》一书中这样说:"佩耳塞斯,你要倾听正义,不要希求暴力,因为暴力无益于贫穷者,甚至家财万贯的富人也不容易承受暴力,一旦碰上厄运,就永远翻不了身。反之,追求正义是明智之举,因为正义最终要战胜强暴。"③由于人类渴求正义、追求正义,于是正义成了人类最为珍视的价值之一。然而,由于正义有一张"普洛透斯似的脸(a Protean face)",从而"为了正义的问题,不知有多少人流了宝贵的鲜血和痛苦的眼泪,不知有多少杰出的思想家,从柏拉图到康德,绞尽了脑汁"④,但结果是人类即便"历经了两千多年的对正义的探索,并没有得出一个确切的答案。也就是说,'正义'这个术语,我们不仅没有精确界定,而且其中包含的不同意思难以加以区分"⑤。

美国著名法学家和大法官本杰明·N·卡多佐在谈到有关法律性质的不同理论时指出:"当人们使用一个涵义过于宽泛、内容没有精确界定的术语,却未对其中包含的不同意思加以区分时,混淆就产生了,大多数争论皆源于此。"⑥"正义"无疑是一个涵义过于宽泛、内容没有精确界定的术语,因为"当我们言及'正义'时,我们究竟意指什么?我不觉得这一口头上的问题无足轻重,也不认为有可能给它以明确的答案,因为类似这样的术语通常在多重意义上使用"⑦。因而,给正义下一个如前述"秩序"那样的定义无疑是一种冒险。"定义是种冒险,描述却可以提供帮助。"⑧通过描述这一方式,正

---

① 据考证,在公元前 3000 多年的古埃及就已经出现关于正义的观念,参见毛勒堂的《什么是正义?——多维度的综合考察》,载《云南师范大学学报(哲学社会科学版)》,2006 年第 3 期。
② 赫西俄德,古希腊诗人,生卒年不详,一般推测其生活于公元前 9 世纪到公元前 8 或 7 世纪之间。
③ 万俊人、梁晓杰:《正义二十讲》,天津人民出版社 2008 年版,第 7-8 页。
④ [奥]凯尔逊:《什么是正义》,耿淡如译,载《现代外国哲学社会科学文摘》1961 年第 8 期。
⑤ 聂佳龙:《跨越效率与正义的冲突:法律经济学的他种想象》,中国政法大学出版社 2017 年版,第 83 页。
⑥ [美]本杰明·N·卡多佐:《法律的成长 法律科学的悖论》,董炯、彭冰译,中国法制出版社 2002 年版,第 19 页。
⑦ [英]卡尔·波普尔:《开放社会及其敌人》(第一卷),陆衡、张群群、杨光明等译,中国社会科学出版社 1999 年版,第 181 页。
⑧ [美]本杰明·N·卡多佐:《法律的成长 法律科学的悖论》,董炯、彭冰译,中国法制出版社 2002 年版,第 16 页。

义是在由同一性标准、效率标准和差别性标准①组成的链环中相互验证与矫正中实现的②。

在由同一性标准、效率标准和差别性标准组成的链环中实现的正义能够在实质上给人们提供安全、自由、平等、效率的满足。与秩序成为立法价值的理由一样，正义也是立法的价值之一。

五、立法的分类

按照不同的标准，可以将立法分作不同的类别。

（一）根据享有立法权的国家机关性质不同，可以分为享有立法权的国家权力机关立法、享有立法权的国家行政机关立法。在我国，国家权力机关指的是全国人民代表大会及其常务委员会、省级人民代表大会及其常务委员会与设区的市人民代表大会及其常务委员会；享有立法权的国家行政机关是指国务院及其下属部委、中国人民银行、审计署和具有行政管理职能的直属机构，以及省级人民政府和设区的市人民政府。此外，根据《立法法》，国家军事机关和国家监察委员会也可以立法。《立法法》第117条规定："中央军事委员会根据宪法和法律，制定军事法规。中国人民解放军各战区、军兵种和中国人民武装警察部队，可以根据法律和中央军事委员会的军事法规、决定、命令，在其权限范围内，制定军事规章。军事法规、军事规章在武装力量内部实施。军事法规、军事规章的制定、修改和废止办法，由中央军事委员会依照本法规定的原则规定。"《立法法》第118条规定："国家监察委员会根据宪法和法律、全国人民代表大会常务委员会的有关决定，制定监察

---

① "（1）同一性标准。……社会首先必须将所有社会成员视为同一的存在物，从而按照同一性标准分配基本权利和义务。（2）效率标准，即在既定的基本权利和义务分配的社会中承认个体能力差异性，以及允许个体利用社会认可的一切手段、方法等将其个体能力发挥到最大化，从而获得与个体能力对等化的分配结果。（3）差别性标准。该标准的作用是矫正，即社会以效率为目标没有实现社会成员所付与所获相适或相称目标时通过对同一标准进行矫正，从而实现社会成员所付与所获相适或相称目标。"见聂佳龙：《跨越效率与正义的冲突：法律经济学的他种想象》，中国政法大学出版社2017年版，第96页。

② 聂佳龙：《跨越效率与正义的冲突：法律经济学的他种想象》，中国政法大学出版社2017年版，第96页。

法规,报全国人民代表大会常务委员会备案。"

（二）根据国家机关的地位的不同,可以分为中央的立法和地方的立法。中央的立法是指享有立法权的最高国家权力机关和最高行政机关等从事的立法活动或行为,主要包括国家立法机关的立法和国家行政机关的立法。地方的立法是指享有立法权的地方国家机关从事地方的立法活动或行为。需要说明的是,在联邦制国家,"立法存在联邦中央立法、联邦主体立法和地方立法之分"[①]。

（三）根据制定和修改的程序的不同,可以分为宪法性法律的立法和普通法律的立法。宪法性法律的立法是指关于具有最高法律效力的根本法的立法活动或行为。普通法律的立法是指关于除根本法以外的普通法律规范的立法活动或行为。两者最为显著的不同之处是前者的制定和修改程序比后者更加严格。这可以从我国宪法第64条看出,该条规定:"宪法的修改,由全国人民代表大会常务委员会或者五分之一以上的全国人民代表大会代表提议,并由全国人民代表大会以全体代表的三分之二以上的多数通过。法律和其他议案由全国人民代表大会以全体代表的过半数通过。"

（四）根据立法产生的依据的不同,可以分为依法进行的立法和依授权进行的立法。依法进行的立法又称为职权立法,是指依法享有立法权的国家机关依据宪法和法律规定的职权进行的立法活动或行为。依授权进行的立法又称为授权立法,是指有关国家机关依据其他特定国家机关授权进行的立法活动或行为。此外,有的国家还存在非国家机关的组织和个人根据立法机关委托从事立法工作的现象,此类立法一般称为委托立法。

除了以上四种分类外,还有其他的分类。例如,根据立法本身的性质的不同,可以分为民主的立法和专制的立法;根据法律所调整的社会关系的性质的不同,可以分为各法律部门的立法;等等。

---

① 邓世豹:《立法学:原理与技术》,中山大学出版社2016年版,第14页。

第二节　立法权概念

一、立法权的划分

(一) 立法权的界定

前面已述及，立法是立法主体依据一定职权的活动或行为。这里的"职权"就是立法权。在这个意义上讲，立法权的概念是国家职能分工需要导致的结果[①]。立法权概念产生后，学界便对其内涵进行了讨论，产生了广义说与狭义说。广义说认为，立法权是指一切享有立法权的主体行使的创制、认可、修改或者废止法律文件的权力。狭义说认为，立法权是指立法机关行使的创制、认可、修改或者废止法律文件的权力。根据前面关于立法的界定，本书认为立法权宜采用广义说，即立法权指的是立法主体行使的旨在制定、认可、变动法的权力。

立法权具有法定性，是一种综合性权力体系，必须由特定主体行使。其中，立法权具有法定性指的是其行使的主体、行使的范围和程序等由法律规定。立法权是一种综合性权力体系指的是其不是单一的权力结构[②]而是综合性权力体系：从实体角度看，包括制定权、修改权、认可权、废止权、解释权、批准权等一系列子权力；从程序角度看，包括立法提案权、审议权、表决权、公布权四种子权力。

在西方法学史上，各派法学家关于立法权的归属问题有诸多不同的论述。这些不同的论述，基本上可将其分为两类：一是君主或贵族主权论；二是人民主权论。《宪法》第 2 条第 1 款规定："中华人民共和国的一切权力属

---

① 池海平、巢容华：《立法学研究》，武汉出版社 2003 年版，第 133 页。
② 周旺生：《立法学(第二版)》，法律出版社 2009 年版，第 198 页。

于人民",因而,我国的立法权从根本上说属于人民。《宪法》第2条第2款和第3条第2款分别规定:"人民行使国家权力的机关是全国人民代表大会和地方各级人民代表大会""全国人民代表大会和地方各级人民代表大会都由民主选举产生,对人民负责,受人民监督",因而我国立法权是通过人民选举权力机关即全国人民代表大会和地方各级人民代表大会来行使。因此,我国的立法权属于人民主权论。

(二) 立法权划分概说

在现代,对于任何国家而言,立法权是一项特别重要甚至是最为重要的权力。因而,任何国家都在多方面复杂因素相互作用下确立了适合本国的立法体制。"多方面复杂因素"指的是经济、政治、文化、民族状况与历史传统等方面的因素,其中经济因素起着最终的决定性作用;政治因素起着直接的集中的作用;文化、民族状况和历史传统等方面的因素起着间接且持久的影响作用。立法体制指的是关于法的制定权限的划分制度意义上的立法体制。从这个意义上讲,立法体制就是立法权划分,它包括同级的国家权力机关和国家行政机关在横向结构上对立法权限的划分,也包括中央和地方的国家机关在纵向结构上对立法权限的划分。

在理解立法权的划分时,还应注意对立法体制与立法体系的区分。立法体制要解决的核心问题是立法权限如何划分,而立法体系要解决的核心问题是法律规范的表现形式,侧重的是法律文件及与此相联系的效力范围与效力等级等问题。

立法权的划分还与立法事项有关,因为后者是前者的具体体现:当规定某一国家机关享有某种立法权限时,实际上还应当明确它在哪些事项上有立法权,或者应当明确它在哪些事项上没有立法权。例如,《立法法》第10条规定了全国人民代表大会和全国人民代表大会常务委员会的立法权限,紧接着第11条规定了立法事项,即(1)国家主权的事项;(2)各级人民代表大会、人民政府、人民法院和人民检察院的产生、组织和职权;(3)民族区域自治制度、特别行政区制度、基层群众自治制度;(4)犯罪和刑罚;(5)对公民政治权利的剥夺、限制人身自由的强制措施和处罚;(6)税种的设立、税率的确定和税收征收管理等税收基本制度；(7)对非国有财产的征收、征用；(8)民事基本制度；(9)基本经济制度以及财政、海关、金融和外贸的基本制度；(10)诉讼和仲裁制度；(11)必须由全国人民代表大会及其常务委员会制定法律的其他事项。

二、我国立法权的划分

习近平总书记指出："一个国家的政治制度决定于这个国家的经济社会基础，同时也反作用于这个国家的经济社会基础，乃至于起到决定性作用。在一个国家的各种制度中，政治制度处于关键环节。"[①]前面已述及，立法是一项重要的政治活动，因而，立法权的划分在本质上是一个国家政治制度中的重要制度。具体到我国，中华人民共和国成立以来，特别是改革开放以来，经过长期实践形成了颇具特色的立法体制。具言之，中国的立法体制不同于单一的、复合制衡的立法体制。单一立法体制主要是指立法权由一个国家机关行使的立法体制；复合立法体制是指立法权由两个或两个以上的国家机关共同行使的立法体制；制衡立法体制是指建立在分权制衡原则基础上的立法体制。由此来看，我国的立法权不是由一个国家机关行使的，因而不是单一立法体制；我国的立法权尽管由两个以上国家机关行使，但实质上是存在多种立法权而导致的，因而不是复合立法权；我国的立法体制不是建立在分权制衡的基础上的，因而不是制衡立法体制。

从立法权限划分的角度看，我国立法体制是"中央统一领导和一定程度分权的，多级并存、多类结合的立法权限划分体制。最高国家权力机关及其常设机关统一领导，国务院行使相当大的权力，地方行使一定权力，是其突出的特征。"[②]中央统一领导和一定程度分权是指国家立法权只能由全国人大及其常委会行使，而整个立法权由中央和地方多方面主体行使。多级并存是指全国人大及其常委会制定国家法律，国务院及其所属部委分别制定

[①] 习近平：《论坚持全面依法治国》，中央文献出版社2020年版，第81页。
[②] 张文显：《法理学（第4版）》，高等教育出版社2011年版，第193页。

行政法规和部门规章,一般地方制定地方性法规和地方政府规章;多类结合是指前述立法及其所产生的规范性法律文件同民族自治地方的立法及其所制定的自治法规,经济特区和特别行政区的立法及其所制定的规范性法律文件,在类别上有差别。

上述我国立法体制的特色具体是通过《立法法》等对立法权限划分所体现出来的。具体而言,我国立法权限的划分如下:

1. 全国人大及其常委会享有国家立法权。《立法法》第10条规定:"全国人民代表大会和全国人民代表大会常务委员会行使国家立法权。全国人民代表大会制定和修改刑事、民事、国家机构的和其他的基本法律。全国人民代表大会常务委员会制定和修改除应当由全国人民代表大会制定的法律以外的其他法律;在全国人民代表大会闭会期间,对全国人民代表大会制定的法律进行部分补充和修改,但是不得同该法律的基本原则相抵触。"

2. 有立法权的地方人大及其常委会、特别行政区的立法会享有地方立法权。《立法法》第80条规定,省、自治区、直辖市的人民代表大会及其常务委员会根据本行政区域的具体情况和实际需要,在不同宪法、法律、行政法规相抵触的前提下,可以制定地方性法规。《立法法》第81条规定,设区的市的人民代表大会及其常务委员会根据本市的具体情况和实际需要,在不同宪法、法律、行政法规和本省、自治区的地方性法规相抵触的前提下,可以对城乡建设与管理、生态文明建设、历史文化保护、基层治理等方面的事项制定地方性法规。《中华人民共和国香港特别行政区基本法》和《中华人民共和国澳门特别行政区基本法》的第17条规定了各自的立法会享有立法权。

3. 自治区、自治州、自治县享有民族立法权。《立法法》第85条规定,民族自治地方的人民代表大会有权依照当地民族的政治、经济和文化的特点,制定自治条例和单行条例。

4. 国家行政机关享有行政立法权。《立法法》第72条规定,国务院根据宪法和法律,制定行政法规。《立法法》第91条规定,国务院各部、委员会、中国人民银行、审计署和具有行政管理职能的直属机构以及法律规定的机构,可以根据法律和国务院的行政法规、决定、命令,在本部门的权限范围内,制定规章。《立法法》第93条规定,省、自治区、直辖市和设区的市、自治州的人民政府,可以根据法律、行政法规和本省、自治区、直辖市的地方性法规,制定规章。

5. 立法机关授权的特定机关享有授权立法权。《立法法》第 84 条规定,经济特区所在地的省、市的人民代表大会及其常务委员会根据全国人民代表大会的授权决定,制定法规,在经济特区范围内实施。上海市人民代表大会及其常务委员会根据全国人民代表大会常务委员会的授权决定,制定浦东新区法规,在浦东新区实施。海南省人民代表大会及其常务委员会根据法律规定,制定海南自由贸易港法规,在海南自由贸易港范围内实施。

第三节 立法的历史发展

一、对立法产生的不同理解与解释

据考证,公元前 22 世纪在古代西亚地区诞生了人类第一部成文法典《乌尔纳姆法典》,此后还有公元前 20 世纪亚述王朝制定的《亚述法典》、公元前 18 世纪古巴比伦王朝制定的《汉谟拉比法典》。在中国,史书有"夏有乱政而作《禹刑》"和"商有乱政而作《汤刑》"[1],以及"三月,郑人铸刑书"[2]等记载。可见,立法历史悠久。

尽管立法历史悠久已成共识,但关于立法何时产生却有着不同的争论。第一种理解认为,有法就有立法,既包括人类社会最初认可习惯法的活动,也包括后来才有的制定成文法的活动。第二种理解认为,立法产生于制定成文法。这种理解又有两种不同的认识:一种认为立法始于古代成文法的产生;另一种认为立法产生于近代,即始于资产阶级的代议制机关的建立。此外,还有一种观点立法产生的标志是习惯法而非成文法的产生。

---

[1] 《左传·昭公六年》。
[2] 指的是公元前 536 年,郑国率先以"铸刑书于鼎"公布成文法的事,见《左传·昭公六年》。

恩格斯在《论住宅问题》一书中指出："在社会发展某个很早的阶段，产生了这样一种需要：把每天重复着的产品生产、分配和交换用一个共同规则约束起来，借以使个人服从生产和交换的共同条件。这个规则首先表现为习惯，不久便成了法律。随着法律的产生，就必然产生出以维护法律为职责的机关——公共权力，即国家。随着社会的进一步的发展，法律进一步发展为或多或少广泛的立法。"[1]马克思也认为："如果一种生产力持续一个时间，那末，它就会作为习惯和传统固定下来，最后被看为明文的法律加以神圣化。"[2]从马克思与恩格斯的话语中可知，立法的产生时间与国家产生的时间同步，而成文法是立法产生的标志。于是，第一种理解的错误在于混淆了法的产生与立法的产生，而第二种理解中的第二种认识的错误在于否认了前资本主义社会存在立法。尽管从法的产生有一个从习惯到习惯法，又从习惯法到成文法的演变和发展过程来看，立法产生的标志是习惯法这种观点貌似有一定的道理，但是作为"历史上出现最早，随后在原始社会中发展成为最重要的形式"[3]的习惯转变为习惯法仅仅表明在原始社会中，对违反习惯的行为采取特殊的强制措施而非之前的道德谴责。也就是说习惯法产生的时间早于国家的产生，更早于立法的产生。因而，这种观点也是错误的。

基于上述分析，本书同意第二种理解中的第一种认识，即立法始于古代成文法的产生。

二、立法发展的历史进程

学界普遍认为，立法发展按照历史类型来划分，大致经历了奴隶制立法、封建制立法、资本主义立法与社会主义立法等四个阶段。

（一）奴隶制立法

奴隶制立法是立法发展史上出现的第一种历史类型的立法。尽管中西

---

[1] 《马克思恩格斯选集》（第3卷），人民出版社1995年版，第211页。
[2] 《马克思恩格斯全集》（第25卷），人民出版社1974年版，第894页。
[3] ［英］戴维·M·沃克：《牛津法律大辞典》，李双元等译，法律出版社2003年版，第436页。

方进入奴隶制社会的时间不同,但奴隶制立法的特点却是大同小异。

第一,公开保护表征为奴隶主占有生产资料和奴隶本身的奴隶制生产关系。《诗经·小雅》有"普天之下,莫非王土。率土之滨,莫非王臣"的记载。《汉谟拉比法典》共282条,其中关于财产保护的条文多达120条。在古罗马,奴隶归为"会说话的工具"的范畴。这些史实无不反映了奴隶制立法公开保护奴隶制生产关系的特点。

第二,利用宗教迷信维护奴隶制政权的合法性。奴隶立法在本质上是要体现奴隶主的意志,但奴隶主却给它披上神权的外衣,宣称体现神的意志。例如,夏商时期的立法指导思想均是神权思想,《礼记·表记》有"夏道尊命,事鬼敬神而远之"和"殷人尊神,率民以事神,先鬼而后礼,先罚而后赏,尊而不亲"的记载。《汉谟拉比法典》的序言宣称,汉谟拉比是"众王之神""巴比伦的太阳"。

第三,公开确认人与人的等级划分与不平等地位。在奴隶制社会中,享有法律人格的是自由民,但这些自由民的社会地位是不平等的。这种不平等是通过奴隶制立法方式来予以确认的。例如,我国的周朝把自由民分为天子、诸侯、卿大夫、士与庶人五个等级。古印度的《摩奴法典》规定了婆罗门、刹帝利、吠舍与首陀罗这样四种界限森严的种姓。古罗马的《十二表法》第11条规定如果贵族与平民通婚将会遭受最残酷的刑罚。

第四,规定了极端野蛮的刑罚。奴隶主往往采用非常残暴的刑罚来维护统治,于是奴隶制立法规定了许多极端野蛮的刑罚。《魏书·刑法志》说:"夏刑则大辟二百、膑辟三百、宫辟五百,劓、墨各千,殷因于夏,盖有损益。"除了前述的奴隶制五刑外,还有炮烙、醢、脯、烹、焚、剖心等法外死刑。古罗马除了死刑外,还有火烧、钉十字架等野蛮的刑罚。

(二) 封建制立法

相较于奴隶制立法,封建制立法一般都比前者先进。但由于中西方进入封建社会的时间不同,其立法历史过程有着很大的差异。

第一,中国的封建立法具有很强的伦理性,而西方的封建制则具有很强的宗教性。其中的原因是它们的立法思想分别是儒家思想和基督教神学思想。

第二，中国是中央集权的封建专制国家，于是在法典编纂方面，基本上还是沿袭奴隶制时期的民刑不分、实体与程序不分的综合法典形式，以律作为最重要的法律渊源。欧洲封建制国家的立法并不统一，立法技术也不尽相同。

第三，中国的封建制立法不设专门的立法机关且没有规定严格的立法程序，而西方形成了某些立法程序。在君主专制的中央集权国家，封建割据的国家，君主或诸侯都拥有绝对的立法权，因而一般不设立专门的立法机关，也不会规定严格的立法程序。在宗教势力比较强大的国家，宗教权力和世俗权力对立法权的争夺，导致在有些实行等级君主制的国家中，立法权发展为分别由君主与贵族、教士或骑士和市民代表组成的机关行使，形成了某些立法的程序，但这些立法程序并没有得到严格的遵守。

尽管中西方的封建制立法有着上述的不同，但也有着共同的特征：严格维护表征为封建土地私有制和农民对封建主的人身依附关系的封建制生产关系、维护专制王权、刑法残酷。

（三）资本主义立法

资本主义与其前面的奴隶制社会、封建制社会一样，都是建立在私有制基础上的阶级社会。于是，资本主义立法也是属于剥削者型的立法。但是由于资本主义立法是在资本主义市场经济和民主政治条件下存在与运行的，从而资本主义立法与其前面的奴隶制立法、封建制立法有着明显的不同。

资本主义立法与奴隶制立法、封建制立法的不同，从根本上讲是由在经济上确认资本主义的生产方式与政治上维护资产阶级的统治所导致的。因此，资本主义立法奉行如下原则：其一，私有财产神圣不可侵犯原则；其二，契约自由原则；其三，实行三权分立的代议制民主政治原则；其四，维护资产阶级的自由、平等和人权原则；其五，法治原则。正是因为奉行这些原则，资本主义国家的立法制度直接决定于它们所实行的三权分立的代议制民主政治制度。在这种政治制度下，立法权不仅独立于行政权等其他国家权力，而且其主要掌握在由普选产生的议会手中。议会按照少数服从多数的原则来做出决定，而且还必须按照在民主基础上产生的、严格的、法定的程序来进行立法。除此之外，与奴隶制和封建制国家相比，资本主义国家的立法技术有了很大的进步。这种进步体现在法律体系的构建和法律部门的划分、法律渊源的确定、法典的结构、宪法的影响等方面。

尽管资本主义立法无论在形式上，还是在内容上与奴隶制立法和封建制立法相比，都有了质的发展和变化，但是其毕竟是建立在私有制的基础上，从而立法宣称所要保护的民主、自由、人权等实质上是资产阶级的而非人民的民主、自由、人权等，因而具有欺骗性、虚伪性。

（四）社会主义立法

马克思、恩格斯在《共产党宣言》中指出："资产阶级不仅锻造了置自身于死地的武器；它还产生了将要运用这种武器的人——现代的工人，即无产者。"[①]历史如两位导师所言，无产阶级在帝国主义链条上"薄弱环节"建立了社会主义国家，由此拉开了社会主义立法的序幕。社会主义立法与资本主义立法最大的区别之处是人民性。人民性意味着"社会主义立法体现广大人民的共同意志，维护社会主义的生产关系和无产阶级的国家政权，保障社会主义建设事业的顺利进行。社会主义立法是人类历史上第一个非剥削阶级类型的立法"[②]。

人民代表制度是人民性在政治上的具体体现。因而，社会主义国家的立法制度直接决定于它们所实行的人民代表制及其根据民主集中制和"议行合一"的原则进行活动的基本制度。立法活动在内的许多重大决策不仅必须通过专门的人民代表机关，按照少数服从多数的原则来作出决定，而且作为立法机关的人民代表机关还要对它的执行机关即行政机关和司法机关的活动有领导和监督之权。

此外，社会主义立法技术更接近大陆法系国家：通过制定成文法典的方式来构造自己的法律体系，以及没有将判例作为法律渊源。需要注意的是，社会主义国家与大陆法系的资本主义国家在立法技术上也有不少差异。

[①] 《马克思恩格斯选集》（第1卷），人民出版社1974年版，第257页。
[②] 黄文艺：《立法学》，高等教育出版社2008年版，第20页。

(五) 立法发展历史进程的若干特点

从上述关于立法发展的历史进程的简要介绍中,不难知道从古代立法到近现代立法发展至少有如下特点:

第一,专制立法向民主立法转变。从形式民主看,这种转变始于资本主义立法,从实质性民主看,则始于社会主义立法。

第二,享有特权的立法向权利平等的立法转变。梅因在《古代法》中有一句广为人熟知的名言,即"所有进步社会的运动,到此处为止,是一个'从身份到契约'的运动"[①]。尽管这一名言说的是西方从奴隶制立法到资本主义立法,但也反映了从古代立法到近现代立法发展过程中的享有特权的立法向权利平等的立法转变这一特点。

第三,无制约的立法向有制约的立法转变。奴隶制立法和封建制立法都是无制约,表现为君主或国王可以一言立法,也可以一言废法。而从资本主义开始,立法有制约,其中严格遵守立法程序就是例证。

第四,无序立法向有序立法转变。这一转变体现在有无可供立法者遵循的法定程序。"立法活动须由经民主选举产生的立法机关进行,立法如何体现民意、如何监督立法、公民如何参与立法、对立法活动如何制约等内容,必须按照一定程序进行"[②]的观念始于资本主义立法,在此之前,少数人编撰好的法典文本只需要获得君主或国王的同意就可以成为法律。

第五,简单立法向复杂立法转变。"现今的法律、法规比之古代的律法,其结构普遍更为合理,语言表述方面更为准确、精当,其规范化、系统化、协调化的程度普遍更高。古代立法调整的社会关系,从整体上说远不及近现代立法调整的社会关系广泛。反映到法的体系上,古代立法产生的法的体系,部门少而比较简单,近代立法产生的法的体系,部门多而日渐复杂,新的部门法不断出现。现代各国法的体系的发展虽然并不平衡,但古代许多国家的立法存在的那种刑民不分、诸法合体的情况,在现代立法中已难以发现。"[③]

---

① [英]亨利·萨姆奈·梅因:《古代法》,沈景一译,商务印书馆2010年版,第112页。
② 魏海军:《立法概述》,东北大学出版社2013年版,第59页。
③ 周旺生:《立法学》(第2版),法律出版社2009年版,第131页。

三、当代中国立法概览①

(一) 1949 年—1953 年的中国立法概况

1949 年 10 月 1 日中华人民共和国成立。在此之前（1949 年 9 月）召开的中国人民政治协商会议第一届全体会议通过了《中国人民政治协商会议组织法》《中华人民共和国中央人民政府组织法》以及具有临时宪法意义的《中国人民政治协商会议共同纲领》。根据前述三个法律文件的规定：①在普选的全国人大召开前，中国人民政治协商会议享有制定或者修改中国人民政治协商会议共同纲领；制定或者修改中国人民政治协商会议组织法；制定或者修改中华人民共和国中央人民政府组织法的立法职权。②中央人民政府委员会享有制定并解释法律，颁布法令，并监督法律、法令的执行；规定国家的施政方针；废除或者修改政务院与国家的法律、法令相抵触的决议和命令；批准或废除或修改中华人民共和国与外国订立的条约和协定；制定中央人民政府委员会组织条例；制定或者批准政务院及政务院各委、部、会、院、署、行、厅的组织条例；颁布国家的大赦令和特赦令的立法职权。③政务院享有颁布决议和命令，并审查决议和命令的执行；废除或者修改各委、部、会、院、署、行和各级地方政府与国家法律、法令和政务院决议、命令相抵触的决议和命令；向中央人民政府委员会提出议案的立法职权。④根据1949 年 12 月 26 日政务院制定的《大行政区人民政府委员会组织通则》的规定，大行政区人民政府享有拟定与地方政务有关的暂行法令条例的立法职权；根据 1950 年 1 月 6 日政务院制定的《省、市、县人民政府组织通则》的规定，省人民政府享有拟定与本省政务有关的暂行法令条例的立法职权，直辖市、大行政区辖市和省辖市的人民政府享有拟定与本市政有关的暂行条例的立法职权，县人民政府享有拟定与县政有关的单行法规的立法职权。根

---

① 熊春泉、聂佳龙：《大数据时代的中国法治建设——一种立法视角的分析》，中国政法大学出版社 2017 年版，第 15-24 页。

据《中华人民共和国民族区域自治实施纲要》的规定,各民族自治区的自治机关在中央人民政府和上级人民政府法令所规定的范围内,依其自治权限,享有制定本自治地方的单行法规的立法职权。

据统计,从1950—1953年,中央立法共435件,年均立法109件,地方立法没有全面的详细统计数字。

(二) 1954年—1979年的中国立法概况

1954年9月,经普选产生的第一届全国人大第一次会议通过了1954年宪法。根据1954年宪法规定,全国人大是行使国家立法权的唯一机关,享有修改宪法、制定法律、监督宪法的实施的立法职权。全国人大的常设机关全国人大常委会享有解释法律,制定法令,撤销国务院的同宪法、法律和法令相抵触的决议和命令,改变或者撤销省、自治区、直辖市国家权力机关不适当的决议,决定同外国缔结的条约的批准和废除的立法职权。民族自治地方享有制定自治条例、单行条例的立法职权。地方不享有立法职权。

为了弥补过于集中的立法体制,1955年第一届全国人大第二次会议通过了《关于授权常委会制定单行法规的决议》。该决议规定,全国人大常委会享有制定单行法规的立法职权。

在此期间制定了54宪法、《中央人民政府委员会选举办法》、《中华人民共和国土地改革法》、《中华人民共和国民族区域自治实施纲要》、《中国人民解放军军官服役条例》、《保守国家机密暂行条例》、《中华人民共和国惩治反革命条例》、《中华人民共和国惩治贪污条例》、《高级农业生产合作社示范章程》、《公私合营工业企业暂行条例》、《国务院关于在公私合营企业中推行定息办法的规定》、《国务院关于目前私营工商业和手工业的社会主义改造中若干事项的决定》、《全国人民代表大会常务委员会关于法律解释问题的决议》、《全国人民代表大会常务委员会关于同外国缔结条约的批准手续的决定》等。

1957年起,建国初期法制建设沿着正规化前进的趋势被打断,并遭受挫折甚至是倒退。全国人大在1957至1976年二十年间,只通过了《1958年到1967年全国农业发展纲要》和1975年宪法。享有法令制定权和单行法规制定权的全国人大常委会自行通过的条例、办法仅有10个。据统计，从1954年宪法颁布后至1979年，包括各种意见、办法、命令、决议、决定、通知、报告、答复、办法等在内的中央立法共1115件，年均59件。

（三）1979年—党的十八大（2012）中国立法概况

1978年底召开的十一届三中全会明确指出，"为了保障人民民主，必须加强社会主义法制，使民主制度化、法律化"，"从现在起，应当把立法工作摆到全国人大及其常委会的重要议程上来"。在这一总纲领和总方针的指导下，1979年地方组织法规定，省级人大及其常委会享有地方性法规制定权。1981年11月全国人民代表大会常务委员会作出《关于授权广东省、福建省人民代表大会及其常务委员会制定所属经济特区的各项单行经济法规的决议》。1982年制定的宪法（即"八二宪法"）规定：全国人民代表大会修改宪法；制定和修改刑事、民事、国家机构的和其他的基本法律；全国人大常务委员会制定和修改除应当由全国人民代表大会制定的法律以外的其他法律；国务院根据宪法和法律，规定行政措施，制定行政法规，发布决定和命令；国务院各部、各委员会法律和国务院的行政法规、决定、命令，在本部门的权限内，发布命令、指示和规章；省、直辖市的人民代表大会和它们的常务委员会，在不同宪法、法律、行政法规相抵触的前提下，可以制定地方性法规，报全国人民代表大会常务委员会备案；民族自治地方的人民代表大会有权依照当地民族的政治、经济和文化的特点，制定自治条例和单行条例。经过1982年和1986年对《地方组织法》的两次修改，地方性法规制定权逐渐扩大到省级政府所在地的市和经国务院批准的较大市的人大及其常委会。

随着中国立法体制的变化，中国的立法进入了高潮期。其中，1982年宪法制定至1992年，全国人大及其常委会制定通过或批准发布的法律及规范性决定、决议183件，国务院制定发布的行政法规及规范性文件1003件，国务院部委制定通过的规章及其他决定、命令等规范性文件共计10837件。1993年宪法修改至1998年，除地方立法之外，产生的宪法修正案（1993）、法律、行政法规、规章及规范性文件13183件，其中全国人大及其常委会制定通过的法律及法律性决议180件，国务院制定的行政规章及行政决定、命令、指示等646件,国务院部委制定的行政规章、决定、命令等12357件。1999年宪法修改至十八大,1999年3月15日第九届全国人大二次会议通过宪法修正案,将依法治国的基本方略写进了宪法;2004年全国人大再一次通过宪法修正案,将人权写进了宪法;2011年伊始,中国特色社会主义法律体系已形成。

(四) 党的十八大至今的中国立法概况

党的十八大以来,在习近平新时代中国特色社会主义思想特别是习近平法治思想的指导下,中国的立法有了更加长足的发展。例如,2014年召开的十八届四中全会就"完善立法体制""深入推进科学立法、民主立法""加强重点领域立法"等问题作了原则性规定;2015年3月15日第十二届全国人民代表大会第三次会议通过《全国人民代表大会关于修改〈中华人民共和国立法法〉的决定》,对《立法法》修正;2020年5月28日第十三届全国人民代表大会第三次会议通过《中华人民共和国民法典》(以下简称《民法典》);2023年3月13日第十四届全国人民代表大会第一次会议通过《全国人民代表大会关于修改〈中华人民共和国立法法〉的决定》,对《立法法》再次修正。除此之外,根据社会发展尤其是数字技术的发展,出台了《中华人民共和国反家庭暴力法》、《中华人民共和国家庭教育促进法》、《中华人民共和国电子商务法》、《中华人民共和国密码法》、《中华人民共和国数据安全法》、《中华人民共和国网络安全法》(以下简称《网络安全法》)、《中华人民共和国个人信息保护法》(以下简称《个人信息保护法》)等法律。

需要特别说明的是,在习近平总书记的"全面推进依法治国,必须努力形成国家法律法规和党内法规制度相辅相成、相互促进、相互保障的格局"[1]这一重要思想的指导下,党内法规建设也取得了长足的发展,形成了以"1(党章)+4(党的组织法规、党的领导法规、党的自身建设法规、党的监督保障法规)"为基本框架的党内法规体系。

---

[1] 习近平:《论坚持全面依法治国》,中央文献出版社2020年版,第96页。

第四节 立法学体系

一、立法学概述

(一) 立法学的产生与发展

法学对法律问题的研究首先是对立法活动的研究，由此关于立法的理论与学说的历史特别悠久。但是作为学科的立法学的出现却是在近代。正如有学者所指出的："从现有的文献和地下发掘出来的资料中可以看到，在古希腊，以雅典为代表的古希腊城邦国家的成文法不多，且法律的制定和适用通常采用直接民主的程序和方式，没有健全的专门法律机构和职业法学家集团，因而也就不可能有独立的法学。只在古希腊丰富多彩的哲学、政治学、伦理学、文学、美学作品中涉及一系列法学问题。在中世纪的欧洲，意识形态的一切形式——哲学、政治学、法学都合并到神学中，成为神学中的科目。16世纪的文艺复兴和宗教改革运动，使西方法学朝着世俗化的方向发展和变革。17、18世纪资产阶级革命以及在革命中建立起来的资产阶级民主和法制，既需要法学，也解放了法学。到了19世纪，欧洲大陆陆续出现了哲理法学派、历史法学派、分析法学派"[1]，至此立法学才有了成为独立法学学科的基础与条件。立法学的独立学科地位得以初步确立是在20世纪初。

立法学成为独立学科后不断成熟与发展，到20世纪80年代，已经有了自己的研究对象、研究范围。但实事求是地讲，此时的立法学还不是很成熟，主要表现在："其一，各国关于立法学的研究很不平衡，许多国家的法学体系中尚无立法学应有的地位。其二，在立法学研究相对先进的国家，立法学同法学的其他学科相比，还是一个发展中的学科，或是还处于相对次要的

---

[1] 刘和海、李玉福：《立法学》，中国检察出版社2001年版，第1页。

地位。其三,注重研究具体的、实际的立法问题,或注重对立法问题做实证研究,但对立法问题做有深度的理论研究或对立法问题做法哲学研究,在不少国家的立法学研究中尚显薄弱,这就使得对立法理论和立法实践的研究呈现不协调状况。其四,关于如何把现代科学技术和诸多学科的方法引进、运用于立法实践的研究,总的说还颇为少见。其五,把现代法治和民主对立法和立法学的要求,与立法学研究结合起来,在许多国家还远未做到。"[1]这些不成熟之处预示着立法学尽管成为一门独立的法学学科,但是还需要继续发展与完善。

我国的立法学产生于20世纪80年代,到了90年代才基本成为一门独立的法学学科。但这时的立法学正如有学者指出的那样:"在实践中,我国立法学研究还刚刚开始,与社会主义法制建设的需要有相当的距离。首先,从立法学教学来看,在大多数高等法律院校中,立法学还未成为本科生的必修课程。其次,从立法学研究的成果来看,有关立法学研究的著述和论文对我国立法进行了有益的探索和研究,但在理论上进行专门性深入探究的学术论文却寥若晨星。再次,从立法学研究的工具书来看,至今仍没有专门为立法学研究而出版的工具书。最后,我国还没有一个全国性的立法学研究机构。由此可见,我国立法学研究的进程与蓬勃发展的立法实践的客观需求相距甚远,具有明显的薄弱性和滞后性。"[2]2000年3月15日,《立法法》的通过推动了我国立法学的研究进入一个新的阶段。由此,我国立法学有了长足的发展。但我们必须清醒地看到,当前我国立法学还需要继续发展与完善。

(二) 立法学的概念

立法学成为独立的法学学科首先必然要对"立法学"这样核心的概念进行界定。有学者认为:"立法学是专门以法的创制活动及其规律为研究对象的法学分支学科。所谓法的创制活动,是指有关国家机关在其法定的职权

---

[1] 周旺生:《立法学》(第2版),法律出版社2009年版,第20页。
[2] 薛佑文、邓建宏:《立法学学习指要》,重庆大学出版社1998年版,第7-8页。

范围内,依照法定程序,制定、修改和废止规范性文件以及认可法律规范的各种活动。"[1]也有学者认为,立法学是指一门以各种立法现象、立法规律以及与立法现象、立法规律有关的种种事物为研究对象的学问[2]。还有学者认为,立法学是指以立法现象及其发展规律为研究对象的一门独立的法学学科[3]。从这些学者对"立法学"的界定来看,都是从立法学的研究内容来着手。因此,要界定"立法学"首先要清楚立法学的研究内容。

当前学界普遍认为,立法学不仅要研究立法中的一般理论和制度问题,而且还要研究立法实践中提出的应用性问题;立法学不仅要研究立法的基本制度,而且也要研究立法过程;立法学不仅要研究宏观的立法制度和理论问题,也要分析微观的立法技术问题。由此可知,立法学研究范围以立法原理、立法制度、立法过程与立法技术,以及立法活动中带有规律性、共同性的现实问题。

根据以上分析,本书认为,立法学是指一门以立法原理、立法制度、立法过程与立法技术,以及立法活动中带有规律性、共同性的现实问题为研究范围的独立法学学科。

二、立法学体系概述

(一) 关于立法学体系的各种观点介评

尽管西方关于立法学的著述相当丰富,但并未解决好立法学的体系问题[4],而我国学者对这个问题则有较多的讨论。其中比较有代表性的是以周旺生教授为代表的"立法原理—立法制度—立法技术"三要素说和以朱力宇教授为代表的"立法原理—立法制度—立法过程—立法技术"四要素说。

1. 三要素说

周旺生教授认为:"立法学体系由立法原理、立法制度、立法技术三要素

---

[1] 朱力宇、叶传星:《立法学》(第 4 版),中国人民大学出版社 2015 年版,第 1 页。
[2] 周旺生:《立法学》(第 2 版),法律出版社 2009 年版,第 1 页。
[3] 徐向华:《立法学教程》(第二版),北京大学出版社 2017 年版,第 2 页。
[4] 周旺生:《立法学体系的构成》,载《法学研究》1995 年第 2 期。

构成,既弥补了西方学者在这个学科的体系建设上的不足,又汲取、借鉴了他们研究这个学科的合理之处。"[1]周旺生教授还认为,立法原理包括"关于整个立法的、总的基本原理"、"关于立法制度的原理"和"关于立法技术的原理"等内容;立法制度包括"关于立法体制的制度"、"关于立法主体的制度"、"关于立法权的制度"、"关于立法运作的制度"、"关于立法监督的制度"和"关于立法与有关方面关系的制度"等内容;立法技术包括"法的结构营造技术""法的语言表述技术"等内容。

2. 四要素说

朱力宇教授等是基于立法学的研究范围来确定立法学体系的。他们认为:首先,立法学不仅要研究立法中的一般理论和制度问题,而且要研究立法实践中提出的应用性问题,以保证在立法实践中,科学、正确、合法地创制法律规范;其次,立法学要以我国立法活动中带有规律性、共同性的现实问题为主要研究对象;再次,立法学不仅要研究立法的基本制度和有关规定,而且也要研究立法过程;最后,立法学不仅要研究宏观的立法制度和理论问题,也要分析微观的立法技术问题。由此,认为立法学体系是由立法理论、立法制度、立法过程和立法技术构成。

3. 简要评析

无论是三要素说,还是四要素说都肯定了立法原理、立法制度和立法技术是立法学体系的内容,唯一有争议的是立法过程。前面已述及,立法是指享有立法权的特定主体依据一定职权和程序,运用一定技术制定、认可、变动法的活动,而立法学是研究立法的学问。由此,立法学体系究竟包括哪些内容必然会或多或少地隐藏在"立法"概念之中。从前述的立法概念中不难知道,立法本质上是一种社会活动,任何社会活动都是有一定过程的。从这个角度看,立法过程可以成为立法学体系的内容。更为重要的例证是,从当前研究成果来看,大多数学者认为立法过程是立法学体系的内容。基于此,本书认为立法过程是立法学体系的内容。

---

[1] 周旺生:《立法学体系的构成》,载《法学研究》1995年第2期。

（二）关于新时代立法学体系的思考

2014年10月20日,习近平总书记受中央政治局委托所作的《关于〈中共中央关于全面推进依法治国若干重大问题的决定〉的说明》中的"第四,完善立法体制"部分不仅谈到了立法领域面临的一些突出问题和"推进科学立法、民主立法,是提高立法质量的根本途径",还特别谈到了前面已经提及的"要努力形成国家法律法规与党内法规制度相辅相成、相互促进、相互保障的格局"①。而在《中共中央关于全面推进依法治国若干重大问题的决定》中,"完善立法体制"安排在"二、完善以宪法为核心的中国特色社会主义法律体系,加强宪法实施"之中,而"加强党内法规制度建设"内容则安排在"七、加强和改进党对全面推进依法治国的领导"之中。由此可知,在我国立法体制有狭义和广义之分,其中狭义的立法体制指的是国家法律立法体制,而广义的立法体制还包括党内法规制定体制机制。这样,立法学有广义与狭义之分,从而立法学体系也就有了广义与狭义之分。

2017年5月3日,习近平总书记在中国政法大学座谈会上发表的重要讲话中指出:"一些外国政要也经常跟我谈'法治',听下来他们认为法治只有一种模式,就是他们搞的那一套东西,不亦步亦趋跟他们搞就要被打入'异类'。我告诉他们,中国是一个法治国家,中国法治有中国特色,我们需要借鉴国外法治有益经验,但不能照搬别国模式和做法,最好不要用你们那套模式来套我们。"②中国特色是由中国的现实问题决定的。具体到立法学,其必须要研究我国立法活动中带有规律性、共同性的现实问题。也就是说,我国立法活动中带有规律性、共同性的现实问题是我国立法学体系结构中一个重要的问题,该问题在不同时期是不一样的。但研究我国立法活动中规律性、共同性的现实问题必然会涉及立法原理、立法制度、立法过程和立法技术中的全部或者其中的几个。而立法原理、立法制度、立法过程和立法技术相较于立法活动中规律性、共同性的现实问题,更具有较强的稳定性。因

---

① 习近平:《论坚持全面依法治国》,中央文献出版社2020年版,第95—96页。
② 习近平:《论坚持全面依法治国》,中央文献出版社2020年版,第176页。

此,立法学体系可以分为"静—动"两个层面。这样分既可以体现立法学的共性,也可以体现中国的特色。

基于上面的分析,本书认为在新时代全面推进依法治国的背景下,理解立法学体系应该注意以下两点:

第一,立法学体系有广义和狭义之分。本书中的立法学体系是狭义的。

第二,狭义的立法学体系分为"静—动"两个层面。"静"的层面包括立法原理、立法制度、立法过程和立法技术;"动"的层面包括当前我国立法活动中规律性、共同性的现实问题。

第二章
立法体制

第一节 立法体制概述

一、立法体制的概念

立法体制这一概念与立法权有着紧密的联系,它是对立法权限进行划分安排后形成的一种格局体系,其内容包括:立法权限的划分、立法权的行使体系和立法权的承载体系。其中,立法权限的划分体系及相关制度规定处于核心地位,这是因为明确的权限划分是立法权得以有效行使的基础,只有得到依法授权后,立法机关才能在法定权限范围内行使立法权。立法体制本身是静态和动态统一平衡的产物,而通过相对稳定的法律文件确立的立法权限的划分构成了这三大要素中最具稳定性和中心性的静态内容,其主要内容包括:立法权的归属、立法权的性质、立法权的种类和构成、立法权的范围、立法权的限制、各种立法权之间的关系、立法权在国家权力体系中的地位和作用、立法权与其他国家权力的关系等方面的体系和制度。立法权的行使体系指的是被赋予立法权的国家机关在立法活动中所须遵循的有关提案、审议、表决、通过法案和公布规范性法律文件的法定步骤和方法。立法权的行使体系需要以明确的立法权限划分为前提，由于其规定内容主要是程序性事项，随着时间的推移，其内容会与时俱进地不断完善，使得程序内容更加周密、严谨，以适应社会的发展和机构改革的需要。在性质上，立法权的行使体系属于建立在静态立法权限划分基础上的动态内容，其在秉承静态的合理立法权限划分基础上不断进行程序上的修改完善。立法权的承载体系，其内容包括依法享有立法权的主体或者机构在机构建制、活动程序、组织原则等方面相关的一切规定。此处的依法享有立法权的主体或机构不仅包括制定和修改法律文件的立法机关，还包括非专门立法机关但依法行使国家立法权的机关和为完成相关立法工作任务成立的临时性机关以及其他虽然不享有立法权但是参与立法活动的机关。立法权限的承载体系既包括静态的权限划分规定和基本理念原则规定，也包含动态的组织程序规定，在性质上其属于兼具静态和动态两种表现形式的要素内容。

二、决定和影响立法体制的因素

立法体制在内容上主要是立法权限和结构的划分，其核心内容是"权力"。而立法权力这一事项本身又是依附于国家制度存在的，没有国家制度的确立，就没有权力的产生。一国的立法体制确立，受到该国的政治传统、民族精神、历史文化、宗教信仰、政治体制等一系列因素的影响。没有凭空产生的立法体制，一切立法体制的发展都根植于一国的政治、经济、科学文化的发展水平，与所在国家的基本国情密不可分。立法体制的确立过程，实际上就是统治者根据维护自身统治的需要，将本阶级的利益表达和诉求与本国现实国情相结合，在客观条件允许的情况下，最大限度地将自身的主观意志融会贯通于国家制度之中，具体表现为符合本国国情又有利于统治阶级的政体和国家行政结构形式。而立法制度作为国家制度的重要组成部分，其内容也必然带有统治阶级的总精神，这种精神的确立主要是通过宪法来对立法体制进行确定。由此可以看出，立法体制的决定性因素是国家的政体和国家的结构形式。

国家的政体，是指国家政权的组织形式，是对一国进行管理的一种行政模式，其主要内容是如何对处于同一权力位阶的行政机关进行赋权，就立法体制而言，主要是指立法权限在立法机关、行政机关、司法机关之间如何分配的问题。政体不同，权限划分的方式和各个机关之间获得的立法权限大小也不同。在当今社会，比较具有代表性的两种政体是西方资本主义国家的议会（院）制和我国的中国特色社会主义人民代表大会制度。在立法权限的划分上，西方国家普遍继承了孟德斯鸠在《论法的精神》中的三权分立制衡理论，在立法问题上确立了立法权高于行政权和司法权的基本原则，由立法机关独立行使立法权，行政和司法机关在一般情况下完全不享有立法权限。而我国的人民代表大会制度在立法权限划分上采取了议行合一制度，这一制度的理论来源于巴黎公社，马克思曾评价："公社不应当是议会式的，而应当是同时兼管行政和立法的工作机构。"所谓"议行合一"，其主要特点是：将立法权和行政权统一集中于一个国家机关，该机关作为国家权力机关，既负责制定法律和重大问题的决策，又负责法律的贯彻与执行，立法权和行政权都由一个国家机关统一行使。这里，"议行合一"的"议"指的是立法的职能，"行"指的是执行法律的职能，所谓"合一"指的是立法权和行政权的"合一"。宪法规定："中华人民共和国的一切权力属于人民。人民行使国家权力的机关是全国人民代表大会和地方各级人民代表大会"，"全国人民代表大会和地方各级人民代表大会都由民主选举产生，对人民负责，受人民监督"。"国家行政机关、监察机关、审判机关、检察机关都由人民代表大会产生，对它负责，受它监督。"这种依据宪法确立的政体上的差别，必然导致横向立法权限划分的差异。

国家的结构形式，是指在一国领域内中央和地方之间的关系以及行政区划规范问题的表现形式。从立法体制层面来看，国家的结构形式决定了立法权限的纵向划分，即明确哪些立法权限属于中央和哪些立法权限属于地方。由于纵向立法权限的划分相较横向立法权限的划分更具参差性，其对立法体制架构的影响程度相较于国家政体更为深远。不同形式的国家结构孕育出了不同的立法体制，而国家结构主要可以划分为单一制国家结构和联邦制国家结构。在单一制国家结构的体系下，一般将立法权集中于中央国家机关,即国家立法权只能由中央最高国家权力机关行使,各归属于中央国家机关管辖的行政区域和其他中央国家机关只能在国家权力机关赋予其的法定权限内行使立法权,或者根据中央国家权力机关的授权行使立法权,其制定的法律文件要遵循中央国家权力机关的立法基本原则和理念,且在具体规定上不得与中央国家权力机关制定的既有法律规范相冲突。我国就属于单一制国家体系,具体在立法体制上表现为全国人民代表大会及其常务委员会作为我国的最高权力机关集中统一行使立法权,同时全国人民代表大会通过制定宪法和《立法法》,赋予其他国家机关以及从属于中央的各个省、自治区立法权,具体表现为授予国务院制定行政法规的权力,授予各省、自治区、直辖市的人民代表大会及其常务委员会制定地方性法规的权力,授予民族区域自治地方制定自治条例、单行条例的权力。这些被赋予立法权的机关(行政区域)制定法律文件的依据均来源于宪法和法律,并与之基本立法精神相一致,形成了平行发展、互不冲突的有序立法格局。这一单一制国家体系下中央和地方两级立法结构有效地奠定了中国特色社会主义法律体系的基调。在联邦制国家结构中,联邦作为一个统一国家,由几个成员单位(如共和国或邦、州等)联合组成,在联邦宪法的规定下,各成员单位均设有自己的立法机关和行政机关,可以制定在成员单位范围内部生效的宪法和法律,对其辖区范围内产生规制效力。在这种国家结构下,立法权力的分配呈现出分散性的局面,除了联邦宪法的法律保留事项外,各个成员国可以对一切联邦宪法明文规定的法律保留事项外的行为进行立法规制,与单一制国家结构中国家最高权力机关的立法处于最高效力的局面不同,在少数情况下联邦制国家结构中成员单位制定的法律在一定条件下其效力位阶并不必然低于联邦立法,甚至在发生效力冲突的时候存在成员单位(地方)立法优先适用的情况。联邦制立法结构最具有代表性的国家就是美国,美国在中央和地方(州)之间的立法权力分配建立在其"三权分立"的基本权力制衡理念上。其在宪法规定的基础上,赋予联邦政府独有的基本权力,如立法、纳税、举债、州际交易、宣战、缔约等方面的权力,而把其他的权力保留给各州,这样就确保了美国的中央政府掌握核心权力的同时又能够防止联邦政府过度集权可能造成的独裁。为了维护国家主权和保持国家统一,美国宪法第 6 条第 2 款规定:"本宪法以及在履行本宪法时所制定的合众国法律,以及以合众国的权力所订立或将订立的公约,均为全国的最高法律,即使其条文与任何州的宪法或法律有冲突,各州法官均应恪守。"对于各州所享有的权利,联邦宪法修正案第 10 条规定:"凡本宪法所未规定或未制止各州行使的权力,由各州或人民保留。"此外,依据联邦宪法的规定,除经各州的同意外,联邦不得改变州的疆界;在不违宪的前提下,州政府的规定假如同联邦政府的规定产生冲突,也可以继续执行州政府的规定;关于联邦和州各自具有的"专有权力",则更不允许僭越和侵犯。在中央(联邦)与地方(州)法律发生冲突时,主要依据以下两个美国宪法中的准则进行处理:一是最高条款(Supremacy Clause),是指假如联邦法律和州制定的法律发生冲突,联邦法效力位阶高于州法,州法因与联邦法抵触而作废,因而美国国会(联邦法的制定机关)具有极大的权力;二是立法权限(Enumerated powers),是指国会在宪法赋予的权力范围内立法。一旦国会制定的联邦法侵犯了州的基本权益或者人权,则联邦法处于无效状态。所以,当美国联邦法与州法冲突时,一般由最高法院做出裁判,即最高法院依据宪法来判断国会的中央立法是否违宪,一旦最高法院认定国会立法违宪,则会出现上文中所说的联邦制国家结构中少数情况下地方法律优先适用的情况。

三、立法体制的分类

法律是服务于政治的工具,是统治阶级的意志表达。法律的这一基本性质决定了一国的立法体制必须服从于国家结构形式和政治体制,各国的立法体制均是建立在其特有国情和国家政治格局基础上的,而国家立法权的行使是一国政治权力分配中的重要环节。为此,对立法体制的分类需要从国家形式角度着手,依据国家立法权的行使情况进行分类。

(一)国家管理形式角度的分类

1. 独裁立法体制和民主立法体制,其划分依据是国家立法权赋予及国家立法活动过程是否民主。前者主要存在于实行君主专制或独裁统治的国家,在这种国家,国家立法权通常是依靠继承或者武力获得的,然后将其集中于一人或少数人手中,且立法活动的过程较为随意,通常是由统治者一人决定或少数统治者内部商讨决定,人民群众几乎不能参与和决定立法权的分配和行使。后者主要存在于民主共和国家,国家立法权依据民主制定的宪法被赋予最高权力机关或最高立法机关,诸如国会、议会、人民代表大会等。其立法过程的决策也体现着充分的民主性,通常是采用少数服从多数的民主投票制度来进行立法活动。在当今社会,除了极少数君主专制封建国家,无论是资本主义国家还是社会主义国家,其在立法体制的形式上均属于民主的立法体制,虽然各国在民主的本质、具体程序、形式、程度、机关上存在着或多或少的差别,但并不影响其作为民主立法体制的本质。

2. 单一制立法体制和复合制立法体制,其划分依据是立法权是否由单一类别的国家机关行使。前者是指立法权只由单一类别的国家机关行使,即只有一种国家机关有权行使立法权,一般表现为由权力机关单独行使立法权或者行政机关单独行使立法权,在国家立法权层面上表现为由最高权力机关行使国家立法权或最高议会行使国家立法权,在当今社会大部分国家都属于单一制立法体制。后者是指至少由两个及以上国家机关有权行使立法权,这种立法体制主要存在于当代的英美法系国家,由于英美法系国家以法院判例作为重要的法律渊源之一,法院作出某一判决中的法律规则不仅适用于该案,而且往往作为一种先例而适用于以后该法院或下级法院所管辖的案件。并且只要案件的基本事实相同或者接近,就必须依照判例规定进行判决。可以说英美法系国家的法院,即司法机关一定程度上也在行使立法权,构成了与权力机关并行的复合立法体制。

3. 单一的立法体制和制衡的立法体制,这种划分依据主要是判断行使国家立法权的中央立法机关是否会受到其他国家机关的制约。前者是指处于最高地位的、享有国家立法权的立法机关在立法活动过程中不受任何其他国家机关监督和制约,包括我国在内的当代大多数国家均采用了单一的立法体制。后者是建立在行政、立法、司法三权相制约的基础上的立法体制,实行制衡的立法体制国家,其立法权原则上归属于专门的立法机关,但是其行政机关首脑(一般是总统)也有权对立法活动施加行政影响,例如总统有权批准或颁布法律,有权要求将法律草案提交公民投票,有权要求议会对某项法律重新审议,甚至有权否决议会立法或解散议会。同时司法机关也有途径对立法活动进行监督,比如最高法院可以宣布立法机关的立法因违宪而无效。当今社会不只是英美法系国家采取了制衡的立法体制,一部分受到西方三权分立思想影响的大陆法系国家(如法国)也采用制衡的立法体制。

(二)中央与地方关系形式角度的分类

1. 一级立法体制和二级立法体制。一级立法体制是指国家立法权专属于中央一级机关行使的体制,在当代社会中所有单一制国家均属于一级立法体制。依据各国国情的不同,有的国家的中央立法权由一个专门的立法机关行使,该机关一般被称为立法会或立法委员会;有的国家的中央立法权由一个以立法为主同时兼具其他权力职能的机关行使,该机关虽兼有其他职能,但其在性质上仍是唯一的中央立法机关;有的国家的立法权由一个兼有立法和行政两方面职能甚至涵盖一切主要权力的中央机关行使,这一机关在有的国家称为议会,在另一些国家称为总统委员会、军事委员会、救国委员会;有的国家的中央立法权由君主或总统、总督与议员联合组成的议会掌握和运行;有的国家的中央立法权由一个建立在立法、行政、司法三权分立基础上的中央议会掌握和运行。二级立法体制是指中央立法权由国家最高权力机关和地方的权力机关分别或共同行使,联邦制国家由于其组成单元均享有极高的自治性和自主权,因此在性质上所有当代联邦制国家的立法体制都可以被归为二级或多级立法体制。

2. 中央集权立法体制和中央地方分权的立法体制。这种分类行使与上一种分类近似,只是其内容涵盖除国家立法权外其他的立法事项。在单一制国家,权力更集中于中央政权,作为权力来源的立法权也基本集中于中央,中央立法机关制定的法律无论在数量还是效力等级上均高于地方立法机关;而联邦制国家中权力的分配较为分散,各地方均享有较高的自主权,在立法上表现为在遵循统一宪法的前提下,联邦(中央)立法与州(地方)立法各司其职,立法权依照立法事项的不同由联邦(中央)与州(地方)分别行使。

四、我国的立法体制

从国家性质上来讲,我国是工人阶级领导的、以工农联盟为基础的人民民主专政的社会主义国家,以中国共产党为领导核心,坚持具有我国特色的根本政治制度即人民代表大会制度;从历史角度来看,我国一直是以大一统为主的、中央集权的单一制国家。以上因素决定我国的立法权必须相对集中于中央国家机关,不能过于分散,这既是对法制一统原则的坚守和遵循,也是对国家主权、领土完整的保障。同时,由于我国疆域辽阔,各地区之间的现实情况和传统文化差异较大,为此也要赋予地方一定变通的权限,这样才能因地制宜地发挥中央和地方的积极性;我国是一个统一的多民族的国家,需要充分尊重少数民族同胞的风俗习惯,在少数民族聚居的地方实行民族区域自治;我国正在进行经济体制改革和其他各项改革,需要不断完善法制,等等。这些因素又决定我国的立法权限不能过于集中,必须因地制宜、因时制宜,才能更好地调动各方面的主动性和积极性,加快我国建设社会主义现代化强国的脚步。

出于对以上情况的充分考量,我国通过宪法、《立法法》和相关法律确立了既统一、又分层次的立法体系。所谓统一,一是指所有立法都必须以宪法为依据,不得同宪法相抵触,下位法不得同上位法相抵触;二是指国家立法权由全国人大及其常委会统一行使,法律只能由全国人大及其常委会制定。所谓分层次,就是在保证国家法制统一的前提下,国务院、省级人大及其常委会和设区的市的人大及其常委会、自治地方人大、国务院各部委、省级人民政府和设区的市人民政府,分别可以制定行政法规、地方性法规、自治条例和单行条例、行政规章。

第二节　立法主体和立法权限

一、全国人大及其常委会

根据《宪法》第58条："全国人民代表大会和全国人民代表大会常务委员会行使国家立法权。"国家立法权，是指一国的最高立法机关以整个国家的名义行使的，在该国立法权体系中居于最高地位、最为重要的一种立法权。国家立法权主要用以调整该国最基本、最重要、具有全局性的社会关系，是产生宪法、法律基础和依据所在。国家立法权的行使在我国表现为全国人大行使制定和修改刑事、民事、国家机构的和其他的基本法律的职权，同时根据《宪法》第62条第1项职权，全国人民代表大会行使"修改宪法"的职权，其法理依据是修宪权属于最高立法权，其只能由最高国家权力机关，即全国人大行使；全国人大常委会制定和修改除应当由全国人大制定的法律以外的其他法律，在全国人大闭会期间，全国人大常委会可以对全国人大制定的法律进行部分补充和修改，但不得同该法律的基本原则相抵触。同时，对于属于最高立法权的法律保留事项，《立法法》第11条规定："下列事项只能制定法律：（一）国家主权的事项；（二）各级人民代表大会、人民政府、监察委员会、人民法院和人民检察院的产生、组织和职权；（三）民族区域自治制度、特别行政区制度、基层群众自治制度；（四）犯罪和刑罚；（五）对公民政治权利的剥夺、限制人身自由的强制措施和处罚；（六）税种的设立、税率的确定和税收征收管理等税收基本制度；（七）对非国有财产的征收、征用；（八）民事基本制度；（九）基本经济制度以及财政、海关、金融和外贸的基本制度；（十）诉讼制度和仲裁基本制度；（十一）必须由全国人民代表大会及其常务委员会制定法律的其他事项。"

依据《宪法》和《立法法》的相关规定，全国人大行使国家立法权主要表现为以下四个方面：

1. 制定和修改宪法的权力。宪法作为我国的根本大法，是我国治国理政的总章程，在整个中国特色社会主义法律体系中居于最高位置，其作为母法的重要性决定了制宪和修宪的权力应该被慎重对待，应由我国的最高权力机关全国人民代表大会行使。在我国的立法实践过程中，1954年、1975年、1978年、1982年宪法的制定和2018年宪法的修改均属于全国人民代表大会行使制定和修改宪法权力的体现。

2. 制定和修改基本法律的权力。基本法律，是指调整国家和社会生活中带有普遍性的社会关系的法律文件的统称。我国的基本法律有：刑法、刑事诉讼法、民法、民事诉讼法、立法法、行政诉讼法、行政处罚法、反分裂国家法、全国人大和地方人大代表法、全国人大和地方人大选举法、全国人大组织法、国务院组织法、地方各级人大和地方各级政府组织法、民族区域自治法、香港基本法、澳门基本法、人民法院组织法、人民检察院组织法、民法典等。依据宪法第62条第3项的规定，全国人民代表大会行使"制定和修改刑事、民事、国家机构的和其他的基本法律"的权力。同时《立法法》第10条第2款规定："全国人民代表大会制定和修改刑事、民事、国家机构的和其他的基本法律。"

3. 立法监督权。根据现行宪法和《立法法》的规定，全国人民代表大会享有的立法监督权主要表现在两个方面：一方面，全国人民代表大会有权改变或撤销全国人大常委会不适当的决定，这些决定中有一部分是法律范围内的、具有规范性的法律性决定，如《全国人民代表大会常务委员会关于惩治骗购外汇、逃汇和非法买卖外汇犯罪的决定》。这一监督权源自《宪法》第62条第12项，全国人大有权"改变或者撤销全国人民代表大会常务委员会不适当的决定"。另一方面，全国人民代表大会有权监督宪法的实施，这种权力中也包含有权对立法活动过程中的违宪行为进行监管，从而对立法活动起到有效的监督。

4. 其他立法权。主要是指依据宪法第62条规定的其他立法权限，在此不一一阐述。

依据宪法和《立法法》的相关规定，全国人大常委会行使国家立法权主要表现为以下五个方面：

1. 解释宪法和法律的权利。依据宪法第67条第1项和第4项的规定全国人民代表大会常务委员会行使"解释宪法，监督宪法的实施"和"解释法律"的权力。同时《立法法》第48条规定："法律解释权属于全国人民代表大会常务委员会。法律有以下情况之一的，由全国人民代表大会常务委员会解释：（一）法律的规定需要进一步明确具体含义的；（二）法律制定后出现新的情况，需要明确适用法律依据的。"

2. 制定和修改其他法律权。宪法第67条第2项规定全国人民代表大会常务委员会行使"制定和修改除应当由全国人民代表大会制定的法律以外的其他法律"的职权。《立法法》第10条第3款也对该权力进行了确认："全国人民代表大会常务委员会制定和修改除应当由全国人民代表大会制定的法律以外的其他法律。"

3. 部分修改和补充基本法律的权利。依据宪法第67条第3项规定，全国人大常委会在全国人民代表大会闭会期间，有权对全国人民代表大会制定的法律进行部分补充和修改，但是不得同该法律的基本原则相抵触；《立法法》第10条第3款也规定："在全国人民代表大会闭会期间，对全国人民代表大会制定的法律进行部分补充和修改，但是不得同该法律的基本原则相抵触。"

4. 经授权获得立法权的权利。全国人民代表大会常务委员会经全国人大授权后行使国家立法权的例子为：1981年12月13日，第五届全国人大第四次会议在《关于全国人民代表大会常务委员会工作报告的决议》中提出："原则批准《中华人民共和国民事诉讼法草案》，并授权常务委员会根据代表和其他方面提出的意见，在修改后公布试行。在试行中总结经验，再作必要的修订，提交全国人民代表大会审议通过公布施行。"1982年3月8日，第五届全国人大常委会第二十二次会议通过了《中华人民共和国民事诉讼法（试行）》，自1982年10月1日起试行。该法试行了八年多以后，第七届全国人大常委会第十八次会议决定，把修改后的《中华人民共和国民事诉讼法（试行）》提交第七届全国人大第四次会议审议。1991年4月9日，第七届全国人大第四次会议正式通过《中华人民共和国民事诉讼法》，并公布施行。

5. 立法监督权。全国人大常委会的立法监督权主要体现为：首先，对规范性文件进行备案审查。依据宪法和《立法法》，全国人大常委会有权对行政法规、地方性法规、自治条例和单行条例，以及司法解释进行备案审查，有关国家机关、社会团体、企业事业组织以及公民认为规范性文件同宪法和法律相抵触的，可以向全国人大常委会书面提出进行审查的要求或建议。全国人大常委会也可以主动进行审查。其次，全国人大常委会有权撤销与宪法、法律相抵触的规范性法律文件。再次，其可以监督宪法的实施。最后，依据《立法法》第105条："法律之间对同一事项的新的一般规定与旧的特别规定不一致，不能确定如何适用时，由全国人民代表大会常务委员会裁决。"据此，全国人大常委会还享有法律冲突的裁决权。

二、国务院及其部委

国务院在性质上属于行政机关，是我国代表最高行政权力的行政机关，其根据宪法和《立法法》制定的法律文件被称为行政法规。行政法规，是国务院为了便利国家各项行政工作的运行，在宪法和《立法法》的基础上，按照《行政法规制定程序条例》的规定而制定的政治、经济、教育、科技、文化、外事等各类法规的总称。其具体表现为条例、办法、实施细则、规定等几种形式，颁布程序需要国务院总理签署国务院令。从效力等级上看，行政法规的效力仅次于宪法和法律，高于部门规章和其他地方性法规。具体依据是，宪法第89条第1项明确规定国务院可以"根据宪法和法律，规定行政措施，制定行政法规，发布决定和命令"。同时，《立法法》第72条也规定："国务院根据宪法和法律，制定行政法规。行政法规可以就下列事项作出规定：（一）为执行法律的规定需要制定行政法规的事项；（二）宪法第八十九条规定的国务院行政管理职权的事项。"

《立法法》第91条规定："国务院各部、委员会、中国人民银行、审计署和具有行政管理职能的直属机构，可以根据法律和国务院的行政法规、决定、命令，在本部门的权限范围内，制定规章。"这些国务院部门所制定的规章，被称为部门规章。另外第91条还规定："部门规章规定的事项应当属于执行法律或者国务院的行政法规、决定、命令的事项。没有法律或者国务院的行政法规、决定、命令的依据,部门规章不得设定减损公民、法人和其他组织权利或者增加其义务的规范,不得增加本部门的权力或者减少本部门的法定职责。"

由此可见,相较于行政法规,部门规章具有很强的从属性,其效力等级在所有中央立法中处于最低位阶。部门规章既要服从宪法和法律的规定,还要服从于行政法规且其制定过程中很大程度上要依赖于国务院的命令和决定。这是因为部门规章创设之初的目的就是为了便利法律和行政法规的实施,内容上主要是法律和行政法规的细化性规定,这种细化性规定具有很强的行业性、专业性色彩。此外,行政规章的低效力等级特征主要表现为《立法法》第108条第3项:"国务院有权改变或者撤销不适当的部门规章和地方政府规章。"国务院部门立法的另一个显著特征就是集合性,由于各个部委之间行政管辖范围或多或少地存在重合,对于一些属于两个及以上部委管辖范围内的事项需要制定部门规章时,就需要多个部委联合制定规章。对此,《立法法》第92条规定:"涉及两个以上国务院部门职权范围的事项,应当提请国务院制定行政法规或者由国务院有关部门联合制定规章。"

三、军事机关

军事作为国家和社会生活的重要领域之一,其一切活动也应该受到法律的约束。军事机关所享有的立法权本质上是国家立法权的分支之一,因此应当受到统一的国家立法规范。我国用于规制立法活动的基本法律就是《立法法》,军事机关应当严格遵循《立法法》的相关规定,在《立法法》授权的范围内合理行使军事立法权。根据《立法法》第117条的规定:"中央军事委员会根据宪法和法律,制定军事法规。中国人民解放军各战区、军兵种和中国人民武装警察部队,可以根据法律和中央军事委员会的军事法规、决定、命令,在其权限范围内,制定军事规章。军事法规、军事规章在武装力量内部实施。军事法规、军事规章的制定、修改和废止办法,由中央军事委员会依照本法规定的原则规定。"从效力层次上来看，军事机关所制定的法律文件属于法规和规章层次，具体表现为中央军委制定的军事法规、中央军委与国务院联合制定的军事行政法规，与国务院制定的行政法规处于相同效力位阶；各总部单独制定的军事规章和国务院联合制定的军事行政规章与国务院部门规章处于相同效力位阶。由此可见，军事机关立法除了规制事项与行政机关不同，其立法活动和制定法律文件在流程、性质、效力等级上和行政立法几乎别无二致。

四、民族自治地方机关

民族自治地方（即自治区、自治州、自治县）的人民代表大会有权依照当地民族的政治、经济和文化的特点，制定自治条例和单行条例。自治区的自治条例和单行条例，报全国人大常委会批准后生效；自治州、自治县的自治条例和单行条例，报省、自治区、直辖市的人大常委会批准后生效。自治条例和单行条例可以依照当地民族的特点，对法律和行政法规的规定作出变通规定，但不得违背法律或者行政法规的基本原则，不得对宪法和民族区域自治法的规定以及其他有关法律、行政法规专门就民族自治地方所作的规定作出变通规定。

要了解民族自治地方机关的相关立法活动和立法规范，就必须从调整民族关系、确立民族自治地方自治权、协调中央与民族自治地方机关之间关系的基本法——《中华人民共和国民族区域自治法》（以下简称《民族区域自治法》）说起。《民族区域自治法》第3条规定："民族自治地方设立自治机关，自治机关是国家的一级地方政权机关。民族自治地方的自治机关实行民主集中制的原则。"第4条规定："民族自治地方的自治机关行使宪法第三章第五节规定的地方国家机关的职权，同时依照宪法和本法以及其他法律规定的权限行使自治权，根据本地方的实际情况贯彻执行国家的法律、政策。自治州的自治机关行使下设区、县的市的地方国家机关的职权，同时行使自治权。"以上法律规定表明，民族自治地方机关的立法权，不是没有边界任意行使的，其行使范围必须以宪法和法律的规定为限。民族自治地方机关进行立法活动时,在遵守宪法和法律的大前提下,可以根据当地民族的政治、经济、文化特点制定自治条例和单行条例。对于自治条例和单行条例的立法权限边界,《立法法》第85条第2款规定:"自治条例和单行条例可以依照当地民族的特点,对法律和行政法规的规定作出变通规定,但不得违背法律或者行政法规的基本原则,不得对宪法和民族区域自治法的规定以及其他有关法律、行政法规专门就民族自治地方所作的规定作出变通规定。"通过《立法法》第85条的规定可以看出,中央对民族自治地方的立法权限控制主要体现在两个方面:(1)基本原则控制,民族自治地方立法的一切变通性规定均要在法律原则的范围内进行,换言之,民族自治地方所享有的立法变通权仅适用于非原则性问题或原则未规定的问题;(2)重要事项法律保留,即对国家机关组织结构、国家主权、民族区域自治基本制度、刑法、民事基本制度、司法审判制度等重大基本制度必须由中央立法机关进行规定,民族自治地方机关在未获得有关法律授权时,不得行使变通事项立法权。

五、地方人大及其常委会

《宪法》第100条规定:"省、直辖市的人民代表大会和它们的常务委员会,在不同宪法、法律、行政法规相抵触的前提下,可以制定地方性法规,报全国人民代表大会常务委员会备案。"《中华人民共和国地方各级人民代表大会和地方各级人民政府组织法》第10条对《宪法》的规定作出了补充,规定:"省、自治区、直辖市的人民代表大会根据本行政区域的具体情况和实际需要,在不同宪法、法律、行政法规相抵触的前提下,可以制定和颁布地方性法规。"《立法法》第82条规定:"地方性法规可以就下列事项作出规定:(一)为执行法律、行政法规的规定,需要根据本行政区域的实际情况作具体规定的事项;(二)属于地方性事务需要制定地方性法规的事项。除本法第十一条规定的事项外,其他事项国家尚未制定法律或者行政法规的,省、自治区、直辖市和设区的市、自治州根据本地方的具体情况和实际需要,可以先制定地方性法规。在国家制定的法律或者行政法规生效后,地方性法规同法律或者行政法规相抵触的规定无效,制定机关应当及时予以修改或者废止。设区的市、自治州根据本条第一款、第二款制定地方性法规,限于本法第八十一条第一款规定的事项。制定地方性法规,对上位法已经明确规定的内容,一般不作重复性规定。"根据以上《宪法》和《立法法》的相关规定,可以总结出地方性法规的两个立法权限范围:一是执行性的事项;二是地方性事务的事项。

六、地方政府

《立法法》第93条第1款规定:"省、自治区、直辖市和设区的市、自治州的人民政府,可以根据法律、行政法规和本省、自治区、直辖市的地方性法规,制定规章。"这种由地方政府作为制定主体的规章一般被称为地方政府规章。为了防止行政权力的肆意扩张和确保地方规章的合理性与稳定性,地方政府规章制定完成后应当报国务院和本级人大常委会备案,设区的市制定的地方政府规章应当同时报省、自治区人大常委会和政府备案。如果地方政府规章存在不适当内容,不仅国务院有权改变该不适当的地方政府规章,地方人大常委会也有权撤销该规章(前提是规章是由同一级别人民政府制定的)。

从效力等级层面来讲,地方政府规章的效力等级低于宪法、法律、行政法规,其效力等级同国务院部门规章处于同一档次。如果就同一事项地方政府规章与国务院部门规章的规定存在冲突,究竟该选择哪一规章适用应当由国务院裁决。虽然地方政府规章在中国法律效力等级体系中处于最低效力等级层面,其本质上却是对宪法、法律、行政法规进行的细节化、地方化的法律文件,对宪法、法律和行政法规在地方具体事项上的贯彻落实起到了很好的作用;同时,行政法规在数量上领先于其他法规,其数量基础决定了它的调整范围必然是巨大的,它的存在对地方各级人民政府推进本级行政工作起到了极大的便利作用。

在立法权限上,《立法法》第93条第2款规定:"地方政府规章可以就下列事项作出规定:(一)为执行法律、行政法规、地方性法规的规定需要制定规章的事项;(二)属于本行政区域的具体行政管理事项。设区的市、自治州的人民政府根据本条第一款、第二款制定地方政府规章,限于城乡建设与管理、生态文明建设、历史文化保护、基层治理等方面的事项。已经制定的地方政府规章,涉及上述事项范围以外的,继续有效。"

总的来说,地方政府规章可以就以下具体事项作出规定:(1)执行本级人大及其常委会的决议和上级国家行政机关的决定和命令,规定行政措施,发布决定和命令方面的事项。(2)领导所属各部门和下级政府的工作;依照法律的规定任免、培训、考核和奖惩国家行政机关工作人员方面的事项。(3)执行国民经济和社会发展计划、预算,管理本行政区域内的经济、教育、科学、文化、卫生、体育事业、城乡建设事业和财政、民政、公安、民族事务、司法行政、监察、计划生育等行政工作方面的事项。(4)保护公有财产和公民私人所有的合法财产,维护社会秩序,保障公民的人身权利、民主权利和其他权利;保障农村集体经济组织应有的自主权;保障少数民族的权利和尊重少数民族的风俗习惯,帮助本行政区域内少数民族聚居的地方依法实行区域自治,帮助各少数民族发展政治、经济和文化的建设事业;保障宪法和法律赋予妇女的男女平等、同工同酬和婚姻自由等各项权利方面的事项。(5)办理上级国家行政机关交办的其他事项。

第三节　我国立法体制的完善

一、巩固加强中国共产党对立法工作的领导

党的领导是中国特色社会主义制度的最大优势,也是中国特色社会主义的最本质特征。中国共产党第二十次全国代表大会修订通过的《中国共产党章程》中指出,中国共产党的领导是中国特色社会主义最本质的特征,是中国特色社会主义制度的最大优势。党政军民学,东西南北中,党是领导

一切的。坚持党领导一切同样适用于我国的立法领域,党领导立法是习近平法治思想的重要内容,是确保全面依法治国伟大事业成功的根本保障。自从党的十八大以来,立法工作在以习近平同志为核心的党中央领导下有序发展,以宪法为核心的中国特色社会主义法律体系建设已取得了巨大成效。中国特色社会主义新时代背景下的立法工作朝着提高立法质量,坚持科学立法、民主立法、依法立法,创新立法体制机制的方向发展,同时在立法过程中将坚持党的领导这一基本原则同社会主义民主相结合,实现了立法工作中的坚持党的领导和人民民主的有机结合。

(一)加强党在立法启动环节的领导

立法启动环节往往关系着法律的规制范围和价值倾向等重要事项,是立法活动的开端,也是立法活动的重点所在。因此,在立法启动环节凡是立法内容关涉到国计民生重大事项以及体制、方针政策类问题时,必须报党中央讨论决定,同时要严格执行请示汇报程序,不能出现越级上报和随意上报等违反党内纪律的问题。这既是坚持党领导一切的最终决策权的体现,也是广大人民群众的真实愿景。在具体程序上表现为如果全国人大常委会党组认为某一立法事项属于重大事项时,应由其向党中央报告,由中共中央常委会讨论决定。同时,全国人大常委会在规划未来立法计划安排时,凡是涉及将来可能产生重大影响或者有关重大体制政策调整的立法规划、预案,同样要报党中央审议,同时及时根据党中央反馈的意见对规划、预案进行修正和调整。不只是由全国人大及其常委会制定的宪法、法律需要报党中央讨论决定,如果由国务院制定的行政法规,各省、自治区、直辖市制定的自治条例、单行条例涉及上文所述的重大事项和制度、体制问题时,同样需要报党中央讨论决定;国务院制定的行政法由国务院直接报党中央讨论决定,省、自治区、直辖市制定的法律文件应当先报国务院审阅,再由国务院报党中央讨论决定。

(二)加强党在立法过程环节的领导

立法过程环节,是国家立法机关把党的政治主张、重大决策转化为具有强制性的国家法律的一个重要环节。对于加强党在立法过程环节的领导，主要重心需要放在法案表决环节。在法案表决环节，采取的主要是投票、无记名投票、举手等表决方式。例如，《全国人民代表大会议事规则》明确规定："宪法的修改，采用投票方式表决。"在表决过程中，党员代表要牢牢树立政治站位、坚决保持与党中央的高度一致性，积极履行党员义务，坚决拥护、赞成党中央的主张，确保党的意志能顺利上升为国家法律；对于非党员代表，应当由党员代表或立法机关向其宣传党的主张，帮助非党员代表理解、认同党的决定，以保证党的决议能够顺利贯彻执行。为了加强党在立法工作中的领导，还可以在法案表决环节临时设立一个党中央政策宣讲小组，由具备宣传能力、理解能力和政治信仰的党员同志组成，负责向参加表决的与会代表宣传党的政策主张，帮助其理解党中央的工作意图，这样能够更好地在确保立法表决过程民主的同时有效加强党对立法工作的领导，将党的立法主张经过法定程序转化为国家法律，以作为我们党执政和治国理政的依据。

二、确保立法过程公开和民主立法

2014年10月20日，在关于《中共中央关于全面推进依法治国若干重大问题的决定》的说明中，习近平总书记指出："民主立法的核心在于为了人民、依靠人民。要完善科学立法、民主立法机制，创新公众参与立法方式，广泛听取各方面意见和建议。"根据习近平总书记的讲话可以看出，立法工作的核心目的就是服务广大人民群众，因此在立法活动中应当充分地反映民意，听取人民群众的立法建议以确保立法活动中的社会主义民主。民主不是装饰品，不是用来做摆设的，而是要用来解决人民需要解决的问题的。一个国家民主不民主，关键在于是不是真正做到了人民当家作主，要看人民有没有投票权，更要看人民有没有广泛参与权；要看人民在选举过程中得到了什么口头许诺，更要看选举后这些承诺实现了多少；要看制度和法律规定了什么样的政治程序和政治规则，更要看这些制度和法律是不是真正得到了执行；要看权力运行规则和程序是否民主，更要看权力是否真正受到人民监督和制约。如果人民只有在投票时被唤醒、投票后就进入休眠期，只有竞选时聆听天花乱坠的口号、竞选后就毫无发言权，只有拉票时受宠、选举后就被冷落，这样的民主不是真正的民主。在立法活动过程中，立法公开就是一项重要的民主措施。

在确保最广大的普通群众能够有效了解、参与立法活动的同时，还要注重发挥我国特有的制度优势——人民代表大会制度，进一步加强人大代表在立法过程中的参与度。这是因为人大代表是人民利益和意志的代言人，是践行全过程人民民主的重要推动力量。在法律文件的制定过程中，应当尽可能地做到倾听每一位人大代表的意见，可以通过直接向每一位代表寄送相关法律草案或者向一个地区的人民代表大会常务委员会发送相关的立法信息草案，代表们在阅读草案后可以将自身建议通过电子邮件的方式发送至特定的立法机关，也可以由特定地区的人大常委会负责组织代表进行意见听证会，及时收集代表们的意见并集中统一向上反馈。

三、发挥人大在立法工作中的主导作用

人民代表大会作为我国的权力机关，同时也是立法机关，其最重要的工作内容就是在中国共产党的领导下进行立法工作。发挥人民代表大会及其常务委员会在立法工作中的主导作用既是新时代中国特色社会主义国情下坚持、完善人民代表大会制度的要求，也是丰富我国立法体制的时代需要。立法活动存在着环节复杂、程序烦琐的特点，因此要确保人民代表大会能够主导每一个立法工作的具体环节，诸如立项、起草、审议、修改、表决等。2014年10月23日党的十八届四中全会通过的《中共中央关于全面推进依法治国若干重大问题的决定》中明确指出要充分发挥人大及其常委会在立法工作中的主导作用，就是通过每届人大任期内的未来立法规划以及年度立法计划，科学、有序地安排立法活动。负责编纂立法规划、立法工作计划的人民代表大会常务委员会，应当以如何能更好地贯彻党中央的重大决议为出发点，以服务治国理政的大局为目的，通过充分调研以及征求社会各界的意见，在经过科学的评估论证后设计出符合国情和人民立法需求的，科学

的、有针对性的立法规划。在规划过程中，全国人大常委会下辖的各个委员会应当在各自的领域职责范围内起到有效的监督作用，积极促进、协调各个相关方面落实立法规划。

《中共中央关于全面推进依法治国若干重大问题的决定》还指出，对涉及综合性、全局性、基础性等重要法律草案的起草，由全国人大相关的专门委员会、全国人大常委会法制工作委员会组织有关部门参与起草，并建立相应的机制。这体现出了党中央对改进现有人大法律起草机制的重要指示，法律起草机制的改革离不开社会各界的支持和立法机关的有效领导。因此，必须对我国现有的立法机关主导，相关部门参与，专家学者，企事业单位人大代表和群众共同参与的法律法规草案起草机制进行完善。根据现有规定，由相关部门在进行起草法律草案工作的时候，全国人大有关的专门委员会、常委会工作机构可以提前参与法律草案的起草工作。对专业性较强的法律，还可以探索委托有关专业单位研究提出方案。

发挥人大在立法工作中的主导作用，离不开"人"的努力。中国特色社会主义新时代的历史背景需要一支在业务上过硬、政治上过关的专业立法工作队伍。《中共中央关于全面推进依法治国若干重大问题的决定》中指出："全面推进依法治国，必须大力提高法治工作队伍思想政治素质、业务工作能力、职业道德水准，着力建设一支忠于党、忠于国家、忠于人民、忠于法律的社会主义法治工作队伍，为加快建设社会主义法治国家提供强有力的组织和人才保障。"立法工作需要坚定的政治站位、丰富的专业知识以及充分的实践经验。为此，立法队伍建设中要将思想政治建设摆在首位，加强理想信念教育，深入开展社会主义核心价值观和社会主义法治理念教育，坚持党的事业、人民利益、宪法法律至上，在日常工作中培养立法队伍成员的法治思维方式；在业务能力培养上加强岗位培训，设立公平、科学的晋升渠道，完善立法工作人才选拔任用、生活保障等机制，同时积极推进干部交流，为立法工作队伍成员积累实践经验提供便利条件。

第三章
立法准备

第一节 立法预测

一、立法预测的概念和作用

(一) 立法预测的概念

所谓立法预测,就是以社会和法律发展的基本规律为出发点,运用一定的科学方法和手段对立法的未来发展趋势、走向进行预先研判的一种活动。纵观古今中外的立法实践活动,其发展的过程均有一定内在规律,总体上讲,立法活动的发展规律和法律的发展规律基本走向是一致的;而法律的发展规律和社会发展的基本走向也是一致的。具体表现为,随着社会的进步和发展,约束社会关系的法律内容呈现出数量增多、种类细化、规制范围扩大的局面;而随着法律数量的激增和法律内容的细化,就必然对立法活动提出更高的要求,立法实践活动从程序上变得更加严密,执行程序所需的阶段和时间也呈现出增加和延长。通过正确把握立法活动的规律,有助于预测立法的未来发展趋势和动向,从而使立法者能够更好地进行预先研判,在立法活动中更好地克服法律的滞后性特点，通过预测活动预先对未来社会生活可能出现的法律状况设置相应的规制手段，尽量避免"黑天鹅"和"灰犀牛"事件的发生，并使立法健康发展，充分发挥立法的引领推动作用，从而使法律能够充分满足社会发展的需要，进而促进经济社会的健康发展。

预测这一概念起源甚早，古代传统预测学是集阴阳、五行、周易、四柱、八卦、奇门遁甲等于一体的以推测已知或未知的事件为目的的一门学科。进入近代以后，雅各布·伯努利（Jakob Bernoulli，1654—1705）创立了预测学，目的在于减少人类生活各个方面由于不确定性导致错误决策所产生的风险。预测学的理论部分致力于对无知和随机的后果进行数学化分析和描述，无知和随机的具体化就是变异性。预测学的实验部分运用模型，为决策者提供恰当决策的必要信息。20世纪五十年代以来，预测学渐渐地形成了一门独立的学科，国内外各部门、各行业不断应用各种预测理论和方法来进行社会预测、经济预测、科学预测、技术预测、军事预测等。同时，决策过程也逐步由经验型向决策分析技术型过渡发展。预测决策理论和方法得到了广泛的应用，并已发展成为理论分析、方法技术与实际应用相结合的专门学科。而立法预测正是在这一时期获得了空前的发展。

立法预测作为预测学科的重要组成部分，是进行立法研判、制定立法规划、起草法律草案和法律审议的重要前提。进入21世纪以来，随着科学技术和经济金融的高速发展以及全球化的日益加强，国际关系和国际政治的不断复杂化使得人们的生活环境对比以往发生了翻天覆地的变化，这一系列现象使得21世纪出现的法律问题具有很大的交叉性，这一特征无疑会使立法活动变得更加复杂化、琐碎化，因此立法预测也成为一项必须的立法活动。与此同时，大数据算法、人工智能技术的突飞猛进使得立法预测的可操作性大大加强，借助一系列先进的科学手段能够帮助立法者有效地判断未来立法动向，进而做出科学合理的判断。我国自二十世纪八十年代起对立法预测工作开始重视并先后进行了大量工作。进入中国特色社会主义新时代后，出于建设中国特色社会主义法律体系的需要，立法预测的作用又被进一步强调，习近平总书记在《求是》杂志刊发的重要文章《坚持走中国特色社会主义法治道路，更好推进中国特色社会主义法治体系建设》一文中对立法预测工作进行了重要指示,习总书记强调:"要加强国家安全、科技创新、公共卫生、生物安全、生态文明、防范风险等重要领域立法,加快数字经济、互联网金融、人工智能、大数据、云计算等领域立法步伐,努力健全国家治理急需、满足人民日益增长的美好生活需要必备的法律制度。要发挥依规治党对党和国家事业发展的政治保障作用,形成国家法律和党内法规相辅相成的格局。要聚焦人民群众急盼,加强民生领域立法。对人民群众反映强烈的电信网络诈骗、新型毒品犯罪和'邪教式'追星、'饭圈'乱象、'阴阳合同'等娱乐圈突出问题,要从完善法律入手进行规制,补齐监管漏洞和短板,决不能放任不管。这些年来,资本无序扩张问题比较突出,一些平台经济、数字经济野蛮生长、缺乏监管,带来了很多问题。要加快推进反垄断法、反不正当竞争法等修订工作,加快完善相关法律制度。"由此可见,习近平总书记通过高瞻远瞩的战略眼光,有效地预测了社会生活中将要出现的各种法律风险,并为立法活动指明了方向,习近平总书记的这一指示,正是对立法预测的有力诠释。

(二)立法预测的作用

立法预测的目的是获取未来一定时间段内的立法发展动向和发展趋势,从而通过各种手段分析出针对某一社会生活领域的发展对规范性法律文件的总体要求,进而为立法者和立法机关提供有关立法规制范围、规制方法等方面的情报信息,进而提高立法质量。正是其所具有的重要作用,使得立法预测受到世界各国的普遍重视和广泛应用。就其作用而言,可以被分为以下几点:

第一,立法预测有助于提高立法的科学性。从性质上讲,立法活动是由立法工作人员依据宪法和法律制定新的法律的一种活动,其本身受到立法者主观认识因素和法律文化素养的影响,必然带有一些盲目性和随意性的因素。为了提高立法的科学性,就必须尽可能地减少立法者的主观因素对立法活动所造成的影响。而立法预测通过对相关立法信息和资料进行综合分析,能够得出较为科学、合理的结论,而以这些具有科学性的结论为依据进行立法决策和法律草案的制定,能够最大限度地避免因立法者的主观因素造成的不利影响，使立法活动更具科学合理性。

第二，立法预测有助于协调立法和社会发展的关系。社会本身是不断动态发展的，这种发展是伴随着生产力发展和社会需求扩张而进行的，而法律本身具有一定的滞后性，其发展速度和调整范围必然落后于社会发展。为此，立法活动必须主动积极适应社会发展节奏，并依据社会发展规律对其规制事项不断进行调整，才能适应社会发展，发挥其规制效能。为了充分发挥法律对社会生活的有效规制作用，就必须依据现代科学技术进行立法预测，对因社会进步发展所出现的法律空白进行填补，对因发展出现的法律问题予以积极回应。积极出台适应社会发展的新法律，对难以适应发展需要的旧的法律进行修改或废止。

第三，立法预测有助于协调法律内部关系。立法预测能够对政治、经济、文化的发展轨迹进行深刻把握，通过对以上社会生活事项进行深入分析，能够得出适用于法律制定、废止、修改的科学依据，使得法律体系内部的法律更新换代有理有据、相互协调，由此建立起一个良好协调的法律内部关系。

第四，立法预测是科技发展的必然要求。当今社会是一个高度信息化的社会，无论是个人、社会还是国家均被高度发达的信息网所包裹，国际社会之间的法律活动的频繁程度也达到了前所未有，这就要求我们必须要对别国立法动向进行了解，及时参考借鉴别国的最新法律事项，从而对我国法律进行完善，以适应国际法律活动的需要。同时，随着工业科技、网络芯片技术的发展，各种新型法律问题层出不穷，对法律的规制要求更上一层楼。为此，我们必须重视立法预测的作用，通过科学手段对新兴的社会关系、生产关系进行有效调控。

第五，对我国而言，立法预测具有独特的作用。就我国而言，从国情上讲，虽然我国刚刚建成了全面小康社会，但是我国仍然属于发展中国家，我国的科学技术水平和人均国民生产总值仍然急需提高，这就需要我们主动学习发达国家的经济金融知识和高新科技，并对其经济、科技方面的法律规制进行深入学习，在基于我国国情的前提下，通过立法预测取其精华去其糟粕，对发达国家的立法进行适当借鉴和法律移植。另一方面，从党的十八大以来，我国进入了中国特色社会主义新时代，中国特色社会主义法律体系已经基本形成。但由于我国的法律体系建立时间较短，进入中国特色社会主义新时代后我国综合国力、科技的高速发展，导致部分法律内容仍然存在一定滞后性，需要完善。为此，我们应当通过科学的立法预测加快法律制定速度，提高立法的科学性，进而完善中国特色社会主义法律体系。

二、立法预测的分类

依据不同的划分标准，立法种类具有多种类型，立法者应当以立法目的为出发点对立法预测类别进行选择。

1. 短期预测、中期预测和长期预测。这种分类方法的划分依据是预测时间的长短，但具体多长一段时间，是短期、中期和长期，学界尚无严格的规定。不过，按照通常理解，短期立法是对一年以上五年以内的立法趋势进行预测，其主要适用于近期立法规划和立法决策，其中最具代表性的短期预测就是年度立法预测。短期预测受限于其时间跨度，有着预测时间短、预测覆盖领域较小的缺点，但是其预测验证时间快，预测结果能够达到较高的准确程度。短期立法预测可以作为中期立法预测和长期立法预测的基础或者检验标准，其简易、得出结论快的性质决定了其适用机关一般是地方立法机关或者其他次重要的立法机关。中期立法预测一般是对五年以上十年以下的立法趋势进行预测，其覆盖面和精准、详细程度适中，它一般以短期预测为基础，以长期预测为指导，在短期预测和长期预测中承担着承上启下、连接短期预测和长期预测的作用。就我国而言，中期立法预测适合用于行政法规的制定，也可以用于全国人大及其常委会制定法律。长期预测主要适用于较长时间段的立法，一般预测的起步时间是十年以上，甚至可以达到二十年、三十年或更久。它主要用于长时期的、原则性的法律方针政策制定，长期预测的覆盖面过大导致了其预测结果较为笼统、宽泛，在适用上一般仅被国家立法机关所采用。

2. 宏观预测和微观预测。宏观预测是从宏观的、整体的视角对立法前景和发展所进行的预测,例如对某个部门、某个地区乃至国家的立法原则、立法制度进行预测;微观预测主要是从具体法律事项入手,对某一项特定的法律制度、立法将产生的作用和未来的发展趋向进行预测。

3. 全国性预测和地方性预测。这一预测方法的划分依据是行政空间和法的效力范围。对适用效力和全国的宪法、法律、行政法规、部门规章的制定变动及未来发展趋势的预测属于全国性预测,预测所考察的范围极其广泛,要求必须以全国范围内的普遍情况进行综合考察,其预测难度大、预测成本高,预测主体通常是中央国家立法机关。同地方性预测相比,全国性立法预测处于主体地位,两者是指导和被指导的关系。地方性预测,是指对规制效力限定于特定地区的地方性立法未来的发展趋势进行考察预测,这种预测方式一般由地方立法机关采用,以地方实际情况为基础,并以国家立法预测为指导。

4. 其他立法预测。学界对立法预测的种类划分繁多,除了上述的几种类型,还有诸如以研究范式区分的定性立法预测和定量立法预测,按照种类架构区分的体系性立法预测和部门性立法预测等。

三、立法预测的原则

立法预测有着其本身的内在规律和应当遵循的基本原则,只有了解规律、善于利用规律才能够有效地把握立法预测的事物本质,从而服务于立法活动。立法预测一般要遵循以下基本原则:

1. 科学预测原则。立法预测活动从本质上讲,是一种人文主义研究范式的科学活动,它对活动过程的专业性和科学性均有着极高的要求。首先,科学预测原则要求立法预测活动要以事实和社会发展的客观情况为依据,将法律发展规律和社会发展规律有机结合,在活动中尽量最大限度地减少人为的主观因素的干扰,从司法实践中汲取经验。此外,科学预测原则要求立法预测活动中要重视调查和资料分析,尤其是要善于利用科技手段进行立法预测。

2. 预测合宪原则。是指立法预测必须以宪法为依据,在宪法规定的范围内进行预测活动,立法预测的范围规划必须是宪法确定的发展道路,不得违背宪法所确立的基本法律制度和政治制度。

3. 预测系统协调原则。立法预测活动不是孤立进行的,还要综合考虑整个法律在法的体系中所处的位置。对某一部门法进行预测时,还要综合考量其他部门法将来的发展趋势和法律之间的相互影响、相互作用关系。

4. 预测合目的性原则。立法预测的最终目的是提高立法质量,制定顺应社会发展趋势的、科学的法律文件,一切立法预测活动必须以此为目的。因此,在预测方法的选择上,要选择效果最好、最有利于提高立法质量的预测方法。在保证预测效果的前提下,预测流程应当尽量简短,保证可操作性。

四、立法预测的步骤

大部分立法预测活动是按照以下步骤进行的:

1. 确定立法预测的目标。即明确哪些项目需要进行立法预测,预测的时间范围的取值和预测的追求目标。其中,预测目标要明确具体,这种明确既包括预测质量的明确也包括预测主体和预测流程的明确。

2. 明确立法预测队伍参与人员的选择。在人员选择上要做到结构合理,确保组成人员具有良好的法律素养,在知识上能够互补,在工作中能够高效地沟通与合作。

3. 对相关立法信息进行收集。立法信息的收集要具有广泛性,不能仅仅关注法律相关信息,还要收集政治、经济、文化等可能对立法产生影响的相关信息。

4. 对收集到的立法信息进行分析。

5. 正式进行立法预测,同时形成书面的立法预测报告。通过对立法预测信息经过系统、科学的分析后即可形成立法预测报告,这种报告不一定是最终方案,一个报告中可以包含多种方案以供选择,经过谨慎研判后最终择一定稿。

第二节 立法规划

一、立法规划的概念和作用

（一）立法规划的概念

立法规划，是指享有立法权的相关主体在科学的立法预测前提下，依据一定原则和程序在自己的法定职权范围内所计划的、准备用于将来实施的立法工作设想和安排。从性质上讲，立法规划具有一定法的色彩，但又不是真正的法律文件，其性质较为特殊，将其定义为规范性文件更为准确。而制定立法规范这一活动本身，应当被视为准立法行为。

我国的立法规划起步较晚，自20世纪八十年代才开始逐渐重视立法规划的作用。1983年第六届全国人大一次会议上，彭真委员长第一次提出"我们要根据实际的需要和可能，有计划有步骤地进行立法工作，做到既积极又谨慎，以保持法律的严肃性和稳定性"。1988年7月1日，第七届全国人大常委会第二次会议通过的工作要点明确提出，立法工作要制定规划，抓住重点，有计划、有步骤地进行。

七届全国人大常委会后期，开始立法规划编制工作。1991年年初，中共中央印发了《关于加强对国家立法工作领导的若干意见》，明确提出全国人大常委会编制立法规划。这一时期有一个鲜明的主线就是中国特色社会主义法律体系的形成。纵观中国特色社会主义法律体系形成的过程，从中国特色社会主义法律体系的初步形成、基本形成到最终形成，立法规划在其中发挥着重要作用，确保了每一阶段的工作任务都能有计划、有步骤地实现。党的十八大以来，全面深化改革取得重大突破，取得了改革开放和社会主义现代化建设的历史性成就。在这一过程中，立法规划适应全面深化改革、全面推进依法治国的要求,不断对规划的形式和内容进行探索创新。党的十八大确定了全面建成小康社会和全面深化改革开放的目标。为贯彻落实党的十八届三中、四中全会提出的改革举措,确保重大改革于法有据、立法与改革决策相衔接,根据经济社会发展的需要,十二届全国人大常委会对立法规划做了调整,调整后,立法规划项目从原有的68件增至102件。报经党中央通过后,2015年6月以中发文件形式印发了调整后的十二届全国人大常委会立法规划,这是第一次以报中央批准的方式调整立法规划。落实党中央重大决策部署,加强十三届常委会立法规划与改革决策的衔接。中国特色社会主义进入新时代,党的十九大站在更高起点上谋划和推进全面深化改革、扩大改革开放,提出了一系列重要改革举措,部署了一系列重大改革任务。十三届全国人大常委会立法规划紧紧扣住落实党中央重大决策部署,紧紧扣住回应人民群众重大关切,紧紧扣住厉行法治、推进全面依法治国,将党中央提出的一系列重大改革举措涉及的立法项目,作为重点列入立法规划,占规划项目总数的85%。同时,立法规划作出原则性的预期安排,规定为落实全面深化改革等需要制定、修改或者废止法律的,或者需要由全国人大常委会作出有关决定的,适时安排审议。这是第一次在立法规划中对改革涉及的立法项目作出原则性的预期安排,使立法规划与党中央的重大改革举措结合得更加紧密。2023年10月份,第十四届全国人大常委会立法规划公布,该立法规划的鲜明特点是,既坚持急用先行,又着眼长远谋划。立法项目分为三类:第一类项目为"条件比较成熟、任期内拟提请审议的法律草案",共79件;第二类项目为"需要抓紧工作、条件成熟时提请审议的法律草案",共51件;第三类项目为"立法条件尚不完全具备、需要继续研究论证的立法项目",并对贯彻落实党中央决策部署需及时开展的相关立法、修法项目作出兜底性安排。新的立法规划,绘就五年立法规划蓝图。

(二)立法规划的作用

之所以要制定立法规划,就是为了确保立法工作能够按照既定的程序步骤有条不紊地进行,以此确保立法工作的计划性和科学性。具体而言,立法规划的作用有以下几个方面。

第一，立法规划有利于贯彻落实党中央的大政方针。在我国，可以说立法规划就是党中央在我国不同发展阶段工作重心的一个缩影，它体现了党中央的执政意志，最全面、最集中、最直接地体现党中央对立法工作的要求。通过落实立法规划，确保党中央的重大决策部署通过法定程序转化为国家意志。例如，1997年党的十五大报告提出，到2010年形成中国特色社会主义法律体系。为实现这个目标，第九届、十届、十一届全国人大常委会的立法规划，紧紧围绕形成中国特色社会主义法律体系的目标，突出重点、区分轻重缓急，先是安排现实急需且立法条件比较成熟的立法项目，然后是重点安排在法律体系中起支架作用的立法项目，最后是着力加强薄弱环节立法，有计划、分步骤地接续奋斗，推动了中国特色社会主义法律体系如期形成并不断完善。

第二，立法规划有利于提高立法质量和立法效率。立法规划是建立在立法预测的基础上经过多方严密论证形成的，它有着一套体系化的流程模式，可以极大地减少立法工作的主观随意性。可以说，经过立法规划后进行的立法是科学的、高质量的。同时立法规划也提高了立法机关对立法的审议质量和审议效率。没有立法规划、立法计划，立法工作只能被动等待，在缺乏计划的前提下容易导致程序出错或者程序混乱，立法队伍工作人员难以提前进行研究准备，立法机关的审议质量和审议效率也就难以提高。立法规划和立法工作计划有效地增强了立法工作的主动性，更好地发挥立法机关在立法工作中的主导作用。

第三，立法规划有利于立法资源的合理配置和确保法律体系的和谐统一。立法工作的人力和经费资源是有限的。立法机关在确保立法质量的基础上，能够审议通过的法律草案存在一定的数量限制。在有限的立法资源的制约下，必须区分轻重缓急，将有限的立法资源统一配置合理使用。立法规划有重点地安排立法工作，有计划、有步骤地推动立法工作，减少和避免立法工作中的重复、交叉问题，确保了有限的立法资源得到有效利用。同时，立法规划有效地保证了法律体系内部的和谐统一，通过编制和实施立法规划，立法机关可以对法律之间的关系进行通盘考虑，将互相关联或者可能存在冲突的立法项目统筹考虑，确保制度互相衔接。

第四,立法规划有利于发挥立法对改革的引领作用。习近平总书记在中央全面深化改革领导小组第六次会议上强调,要实现立法和改革决策相衔接,做到重大改革于法有据、立法主动适应改革和经济社会发展需要。而立法规划的前瞻性特点,通过将改革急需的立法项目列入立法规划,发挥立法的引领和推动作用,为改革提供有力的保障。例如,十四届全国人大常委会立法规划以习近平新时代中国特色社会主义思想为指导,紧紧围绕党的二十大战略部署,从"加快构建新发展格局,着力推动高质量发展"、"发展全过程人民民主,保障人民当家作主"、"扎实推进依法行政,严格公正司法"、"实施科教兴国战略,推进文化自信自强"、"增进民生福祉,提高人民生活品质"、"推动绿色发展,促进人与自然和谐共生"、"推进国家安全体系和能力现代化,坚决维护国家安全和社会稳定"等七个方面,对立法项目作出具体安排,为全面推进国家各方面工作法治化,在法治轨道上全面建设社会主义现代化国家提供坚实法治保障。

二、立法规划的分类

根据不同的标准,立法规划可以分为不同的种类:

1. 权力机关与行政机关的立法规划。这种方式的划分依据主要是立法机关的性质,权力机关立法规划是由国家权力机关编制的立法规划,我国的国家权力机关是全国人大及其常委会,因此我国的权力机关立法规划包括全国人大及其常委会编制的立法规划,省、自治区、直辖市的人大及其常委会编制的立法规划,设区的市人大及其常委会编制的立法规划。行政机关立法规划是由行政机关编制的立法规划,包括国务院及其部门的立法规划,省、自治区、直辖市和设区的市人民政府编制的立法规划。

2. 综合立法规划和专门立法规划。这一立法规划分类的依据主要是立法规划所涉及的领域,综合立法规划往往涉及社会生活的多个领域,它主要是将党和国家的大政方针融会贯通于立法工作的方方面面;专门立法规划则涉及方面较窄,主要是为了解决社会生活中某一单方面的问题,例如医疗、金融、教育、环保领域内的专项立法工作,这种立法规划具有较强的专业性,因此在编制过程中要注重汲取相关行业的专业知识经验。

3. 短期立法规划、中期立法规划和长期立法规划。这种划分依据主要是立法规划的时限长短。一般来说,短期立法规划是指五年以下的立法规划,我国最为常见的是时间为一年的立法规划,这种立法规划一般被称为年度立法规划,如国务院近年来每年都编制年度立法规划。短期立法规划的目的性较强,规划内容相较于中、长期立法规划更具体精确,可操作性更强。从三种规划的关系上来讲,短期立法规划是中、长期立法规划的具体表现,在中、长期立法规划出错或者偏离既定方向时,可以通过短期立法规划进行纠正改错。中期立法规划一般是五年以上十年以下的立法规划,它的特点在于,相较于短期立法规划具备更强的指导性,同时相较于长期立法规划更加具体,可操作性更强。它在短期立法规划和长期立法规划中间起到承上启下的连接作用,在长期立法规划出现偏差时对其进行修正,并为短期立法规划提供相关指导。长期立法规划通常是指十年以上甚至更长的立法规划,它主要聚焦于战略性、指导性的规划,工作重心更关注于长期未来可能出现的问题。长期立法规划在制定过程中需要牢牢把握宏观大局,为今后的立法工作发展提供多种可能和指导。需要注意的是,长期立法规划离不开短期和中期立法规划,在为它们提供指导的同时汲取经验,用于修正长期立法规划过程中可能出现的错误。

三、立法规划的原则

立法规划的原则是立法规划工作所要依据的总方针,它主要围绕着科学、实践、法制三个方面进行原则性总结。

1. 科学原则。科学原则是指立法规划在编制过程中要注意把握基本现实情况,尊重社会和法律发展的客观规律,因地制宜、因时制宜地进行相应的立法规划部署安排。在存在多个立法规划选择的情况下要选择最适合、最有利于立法工作开展的方案。科学原则还对立法规划提出了放眼全局、通盘考量的大局观要求,在进行立法规划时必须以国家法制建设的总体要求为出发点,避免出现行业优先主义和地方保护主义等"拉山头"式的狭隘局部主义,做到顾及全局、分清轻重缓急,合情合理地按照立法需求紧迫性程度安排立法规划方案的先后顺序。

2. 实践原则。实践原则是指在编制立法规划时要清楚认识到立法规划在未来变成现实的可能性,要在坚持实事求是、从实际出发最后应用于实践的基础上进行立法规划工作。坚持实践原则,首先必须了解社会现实的实际情况和对立法的需求,并以此作为立法规划工作的出发点,使得立法能够积极回应社会问题;其次,需要对准备应用于未来社会生活的立法进行实践可能性推演、研判,以此来检验立法工作能否被未来社会生活中的人们所接受以及立法能否满足彼时彼刻的实践需求;最后,要确保立法规划能够真正落到实处,对立法规划中的经费需求和人员队伍要求是否均能得到满足,立法规划能否在预定期间完成,完成后能否通过相关审核程序等问题进行考察验证。

3. 法制原则。法制原则是指编制立法规划工作必须以既有法律为指导并符合相关法律规定,同时立法规划内容不得与现行法律相冲突。从性质上讲,立法规范具有"准法"的性质,其效力等级必然低于既有的"法",立法规划活动必须被纳入法律的规制范畴中。因此,"法制原则"也可以被理解为"依法立法规划"原则。

四、立法规划的步骤

1. 提出立法项目。在权力机关立法上,以全国人大常委会为例,立法项目的提出主要是全国人大各专门委员会、国务院有关部门、最高人民法院、最高人民检察院、中央军委有关部门、国家监察委员会、全国人大常委会工作机构及人民团体等;在行政机关立法上,以国务院为例,主要是国务院相关部门提出立法项目。

2. 立法项目的集中汇总。在相关部门提出立法项目后,主要工作就是对立法项目进行集中汇总,并对其内容和相关内涵进行总结界定。不同的立法机关负责汇总的工作部门各不相同,全国人大常委会主要是秘书处负责汇总工作;国务院则由国务院负责立法工作的部门汇总。

3. 对立法项目进行审查并编制立法规划。在立法项目集中汇总后,由接收单位对立法规划的科学性、可行性和指导思想进行审查并得出相关结论,审查通过后着手进行立法规划的编制。

4. 对立法规划进行审议、批准。通过审议编制后形成立法规划草案,可以向机关内部和社会公众广泛征求意见,然后提请相关有权机关审议和批准。在立法规划经过审议、批准流程后,在组织实施的同时还要注重吸取司法实践和社会发展的经验对立法规划不断进行补充和完善,确保立法规划的与时俱进和生命力。

第三节 立法决策

一、立法决策的概念及其相关特征

立法决策,是指享有立法权的相关立法主体在其法定的职权范围内,就立法活动中遇到的实际问题作出某种价值选择的行为。随着立法活动的进行,会产生各种不同的问题,对于这些问题需要采取哪种方法解决、依据什么样的价值观和原则,都需要由立法主体来做出决策。立法决策具有以下特征:

1. 主体限定性。立法决策的主体是且只能是立法主体,包括依法享有立法权的国家机关和这些机关的行政首长。其立法决策权力来源于法律的明文规定(主要是《立法法》),未获得法律授权的行政机关和个人不享有立法决策权。虽然在立法实践活动中,一些未获得法律授权的非立法主体也对立法产生重要作用,甚至是关键作用、决定性作用,但这并不意味着其享有立法决策权或者其进行了立法决策,原因在于立法决策是一种独立的立法行为,这项权限的行使依据是法律的授权,而并非在立法工作中所起到的作用。

2. 职权法定性。立法决策的做出必须在法定权限内进行,只能在自己的法定职权范围内进行立法决策,对于法律未明确授权的事项不得超出法定授权进行立法决策。比如地方政府就不能对限制人身自由的相关事项做出立法决策。

3. 实践性。立法决策的目的是对实践问题进行价值取向判断选择,因此一些对立法活动中的理论、研究做出相关判断、决定的选择并非立法决策。

4. 选择性。立法决策的本质就是对立法相关问题进行价值判断、选择,在这一过程中必然存在着取舍,这就要求相关立法主体积极发挥主观能动性进行判断,要求立法主体在特定条件下做出相对更加合适的选择。

二、我国的立法决策

(一) 我国的立法决策主体

在我国,立法相关活动主要是依据《宪法》和《立法法》进行的,《宪法》第61条第2款规定:"全国人民代表大会举行会议的时候,选举主席团主持会议。"《立法法》第17条规定:"全国人民代表大会主席团可以向全国人民代表大会提出法律案,由全国人民代表大会会议审议。全国人民代表大会常务委员会、国务院、中央军事委员会、国家监察委员会、最高人民法院、最高人民检察院、全国人民代表大会各专门委员会,可以向全国人民代表大会提出法律案,由主席团决定列入会议议程。"该法第18条第1款规定:"一个代表团或者三十名以上的代表联名,可以向全国人民代表大会提出法律案,由主席团决定是否列入会议议程,或者先交有关的专门委员会审议,提出是否列入会议议程的意见,再决定是否列入会议议程。"由此可见,在我国,立法决策的主体是我国的国家权力机关,即全国人民代表大会及其常务委员会。此外,主席团也是立法决策主体。除主席团外,在全国人大常委会行使立法决策权时,委员长会议是另一重要立法决策主体。《立法法》第30条规定,常务委员会组成人员十人以上联名,可以向常务委员会提出法律案,由委员长会议决定是否列入常务委员会会议议程。通过以上法律相关规定,可以总结出,我国的立法决策主体主要是主席团和委员长会议。除主席团和委员长会议外,以全国人大宪法和法律委员会为代表的各专门委员会在立法决策中也依照法律明文规定起到相应的辅助作用,这些专门委员会在性质上属于全国人大常委会的工作机构,并非权力机关,但是其依照相关法律规定亦可享有立法决策权。《立法法》第23条规定:"列入全国人民代表大会会议议程的法律案,由宪法和法律委员会根据各代表团和有关的专门委员会的审议意见,对法律案进行统一审议,向主席团提出审议结果报告和法律草案修改稿,对涉及的合宪性问题以及重要的不同意见应当在审议结果报告中予以说明,经主席团会议审议通过后,印发会议。"

(二)我国立法决策和改革决策的紧密结合

我国立法工作的进行开展从总体格局上来讲,是同社会发展与改革开放政策呈正向相关态势。自从我国实行改革开放以来,社会生活的快速发展和体制改革的不断推进与法律制度的稳定性之间产生了一定的矛盾性,为了适应改革工作的需要,立法应该更加积极、更加主动地朝着改革发展方向进行完善,为改革事业提供有效的法律支撑。习近平总书记指出:"凡属重大改革都要于法有据。在整个改革过程中,都要高度重视运用法治思维和法治方式,发挥法治的引领和推动作用,加强对相关立法工作的协调,确保在法治轨道上推进改革。"这段话反映了习近平总书记强烈的法治意识,强调了依法办事、依法律程序办事。这虽然是针对实施改革措施讲的,同时也是对立法工作提出的要求,对于我们处理好立法与改革关系具有重要指导意义。习近平总书记的这一指示要求我们必须要把立法决策和改革决策有机结合起来,正确把握法律的稳定性与改革的变动性之间的关系,努力做到重大改革于法有据、立法主动适应改革和经济社会发展需要。对实践证明行之有效的,要及时上升为法律;对不适应改革要求的法律法规,要及时修改和废止。我国国家权力机关就很好地理解了习近平总书记的相关指示,并将其融会贯通于工作的方方面面,其按照党中央提出的一系列改革决策部署,依照法定程序做出了若干授权或者改革决定,为特定的地方、特定的领域推进改革先行先试提供法律依据和支撑。

三、立法决策的分类

1. 集体决策和个人决策。按照决策主体分类，立法决策可以分为集体决策和个体决策。集体决策是由立法主体中的决策、领导团体做出的，这种领导团体包括议会、委员会、主席团等等，它们做出立法决策的最主要方式就是少数服从多数的集体表决模式，在集体决策模式下，个人所起的作用较为有限，主要是集体意见的表达。个人决策是指相关立法主体的主要领导成员通过个人决定的方式，按照个人的判断力、知识、经验和意志所作出的决策。个人决策并不一定意味着独断专行，它通常是领导者在集中多数人的正确意见，经过反复思考后作出的，也具有相应的合理性。在我国，立法决策的实行方式通常是集体讨论、首长负责的民主集中制，其兼具了集体决策和个人决策两种方法的优点，是我国政治制度优越性的一大重要体现。

2. 宏观决策和微观决策。依据空间范围和事项的复杂程度，立法决策可以分为宏观决策和微观决策。宏观决策主要是就全国性、重大性、纲领性的立法事项所做出的决策，其一般是由国家一级立法主体做出的，这类决策通常在范围上涵盖全国地区、在性质上重大紧急、在实践上存在复杂情况，其通常也要作为微观决策的依据和指导。微观立法决策通常是对局部性、地区性、行业性、个别性的法律问题进行的立法决策，它一般由地方一级或者其他位阶较低的相关立法主体做出，其决策的产生通常要以中央一级或者上级的宏观决策为依据或重要参考。可以说，在性质上宏观决策是微观决策的依据和指导，微观决策是宏观决策的延续和贯彻体现。

3. 常规决策和特殊决策。依照决策的规律程度和决策进行程序的不同，立法决策可以分为常规决策和特殊决策。常规决策是指具有规律性、例行性特点的立法决策，往往有一定的规律期间，决策程序上往往依照既有惯例进行，程序重复程度高，最为常见的常规立法决策就是对年度立法事项的决策。特殊立法决策，主要是对偶然突发立法事项进行的决策，在适用程序上往往不能依照常规立法程序进行，需要采纳特殊程序或者根据紧急程度的需要采用简易程序进行立法决策。在多数情况下，常规决策通常是宏观决策，而特殊决策通常是微观决策。但也不能一概而论地断定常规立法决策就是对重要事项所做出的决策，特殊决策就是对不重要事项做出的决策。一些针对战争、重大突发事件、公共卫生事件所进行的重大事项立法决策往往为了追求效率而采用特殊决策类型，比如我国新冠肺炎期间对禁止"吃野味"相关法律问题进行的立法决策（以《全国人民代表大会常务委员会关于全面禁止非法野生动物交易、革除滥食野生动物陋习、切实保障人民群众生命健康安全的决定》为代表）。

四、立法决策的步骤

立法决策作为一种具有相应程序范式的活动，在通常的常规决策情况下需要遵循特定的程序与步骤，这样才能确保决策质量和决策的民主性、科学性。在大多数情况下，立法决策可以分为以下五个步骤：

1. 明确决策问题。立法决策之前要先明确所要进行价值判断选择的是何种问题，该问题是否适合用法律手段进行规制，是否属于立法决策的范围。只有对决策问题进行充分了解，才能进行立法决策程序的下一步骤。

2. 确定立法决策的目标。在决策之前要设立一个明确的目标，这一目标既包括立法以及法律修改的相关内容与范畴，也包括完成目标的时限和立法各个阶段的阶段性目标。目标设置得合理、科学与否与立法决策能否顺利进行息息相关，只有确立了合理立法决策目标，才能确保决策的正确性。

3. 设计解决方案。在完成以上步骤后就正式进入了立法决策的具体操作阶段，即设计方案阶段。出于立法决策的价值取向性，在方案设计上通常要设计两个或以上的方案以供相关主体进行考量，如果只是设计单一方案，相关立法主体对方案的态度只能是采纳或拒绝，就无法进行价值判断取舍。

4. 做出决策。这一步骤可以被看作立法决策中最重要的一步，表现为在所提出的设计方案中择一适用。选择哪一种方案，就意味着要采用哪种方案的具体方式来制定法律。但是，做出决策并不一定意味着对所提方案的全盘接纳,在决策后,对被接受的方案内容可能会进行相应的修改和完善。

5. 对决策内容的完善。几乎没有任何一项方案是完美无瑕的,在立法决策后的实施过程中,要依据社会对法律的反馈和实际情况对已做出的决策进行修改完善,使其更加适应社会发展的需要。

第四节 法案起草

一、法案起草的相关概念

法案起草,又称立法议案起草,是指依法享有立法提案权的立法机关、组织或者相关人员以及受委托的主体以书面形式将立法议案形成文字的活动。从构成要素方面讲,起草中的法律议案应当包括下列要素:立法议案的标题、提案理由、由何机关于何时通过议案的建议、由哪些机构或人员起草与该议案相配套的法律草案的建议、法律草案的主要内容、接受议案机关的名称、提案者署名和提案日期。草案的起草者可以是有立法提案权的机构和人员,也可以是其工作机构和人员或受其委托的机构和人员,如全国人民代表大会的专门委员会、全国人民代表大会常务委员会的工作委员会和国务院法制机构及各部委都可以起草法律草案。起草法律草案应注意:(1)起草前进行必要的准备。主要是确定起草机构和挑选具备条件的起草人员,了解立法意图,研究相关的法律、法规和政策,调查研究立法所要调整的社会关系的情况和有关材料。(2)起草过程中先拟提纲,再拟条文,逐步形成初稿;然后广泛征求意见,再反复修改;最后由起草的决策机构确定草案正式稿。(3)起草时应注意贯彻立法意图,具有法律依据,保持与法律体系和相关政策协调一致,使规范有可行性,防止本位主义,并注意集思广益和提高起草效率。(4)结构要合理,要件要完整,文字准确、明白,含义要便于理解。(5)起草法律草案的同时要起草草案说明并考虑实施细则问题。

二、法案起草主体与法案起草人

法案起草主体,是以书面形式将立法议案形成文字的机关、组织及相应人员,也就是法律草案的创制者。法案起草主体主要由三部分构成,即起草机关、起草团队、起草人员。需要注意的是,法案起草主体并不等于法案起草人,它们之间的关系是包含与被包含的关系,但是法案起草人在法案起草主体中具有极其重要的地位,法案起草的具体工作执行也是由法案起草人完成的,一个法案在起草阶段的成败,很大程度上取决于法案起草人的素养和水平。

(一) 法案起草人的任务

法案起草人的首要任务,就是确保统治阶级的意志能够得以实现,将立法主体的意愿有效地融会贯通于法案之中。其在法案起草过程中的任务,具体表现为以下三点:

1. 实现立法者的意图。立法意图是指立法者赋予法律的目的,既体现为一种价值目标,也落实在规制或改变人们的行为模式上。法案起草人就需要将这种目的予以总结、归纳并将这种精神以文字形式予以阐述。在立法实践中,立法者的意图往往是原则性、概括性的大方针,这就需要法案起草人对这种缺乏具体性的意图予以细化表现,这一特性决定了法案起草人在相当大的程度上影响法案起草的质量。只有文字的表达意图与实际意图相一致,才能形成具有"良法"精神的法案。但在现实情况下,人的认知总是参差不齐的,立法技术也存在一定的局限性,在拟定草案内容时,起草者并不一定能确保立法者的意图得到完全的表达,这是因为立法者只是将泛泛的、初步的"意图"转述给起草者,在这一转述流程中可能会产生语言上的偏差,且立法者的授权在大多数情况下并不是明确具体的,某些地方仍然存在授权空白的问题。为此,这就需要法案起草主动揣摩立法者的意图,并体现在文字层面。起草者既要确保立法者的意图能够得到充分表达,又要确保这种意图适合于具体法律,尽量避免因主观因素造成的错误解读。此外,在立法者没有明确阐明立法宗旨的特殊情况下,起草人就需要主动确定法律草案所追求的具体目标,要以社会公平正义和良法善治为出发点主动构建立法意图,从而确保法律草案的正义性、有效性。

2. 提供具体规则。起草者是具体规则的初步构建者。在法律规范的制定中,起草者不只是单纯的意志传达者,他们更是将法律原则精神转化为具体规则表达的操作者。起草人是制定政策的实质参与者。如果只是简单地把起草者视为立法意图的传递者,无疑是对起草工作者的重大误解,因为起草者不仅关注法案的形式,而且关注法案背后的精神原理和事实逻辑。他们在表达形式上,通过各种主动操作,用下定义、总结归纳、体系化归类等手段使立法者意图得以明确、无歧义地表达。同时对制度进行具体设计和改造平衡多方利益,协调各种社会主体之间的纷争,确保社会公共利益优先,有效评估法案的成本与收益,揭示法案实施的潜在风险。

3. 平衡立法和改革之间的关系。起草者要妥当地平衡立法与改革的关系。事实上,一部理念过于超前的法律草案,在通过后,会受到备案审查方面的质疑以及遭遇司法实践上的适用困难。而一部语言明确、权利义务清晰、结构内容完全立足于当下社会发展的草案,又会难以适应未来可能出现的变故以及改革发展的需要。因此,在立法者明确了立法的方针性政策及意图后,就需要起草者有效地平衡法律的稳定性和改革变动性的关系。起草者在对既往改革成果予以肯定的同时要高瞻远瞩地洞察社会发展的新方向,在遵循依法立法、民主立法、科学立法的原则下,积极修改完善不合时宜的法律规范,为社会改革与发展指引方向。具体表现为在立法理念上,吸收新兴政策、民俗习惯等社会规范,将法律规范和社会规范的优点相结合,为政策、习惯融入社会规范提供法制化保障;在立法技术上,在拟定前沿法律条款时保持适当弹性,为日后改革留有空间。

(二) 对法案起草人的要求

法案起草人主要可以分为三类:职业起草人、半职业起草人和非职业起草人,依据他们所起的作用和承担任务的不同,对他们的要求也不尽相同,具体表现为：

对于职业起草人，他们一般是立法主体中专门从事法案起草的工作人员，也包括立法主体外以承接立法起草为业的机构、人员。这一群体是专业性最高、法律业务素养最好的，是承担法案起草工作的主力军。为此这一群体必须具备较高的受教育水平以及广泛的法律知识，并对他们提出较高的法律素养要求。

对于半职业起草人，他们主要是从事立法研究的人员或者高校、相关法律单位的学者、法律工作人员，他们往往专精于某一个或者某几个法律部门、法律方向研究，研究的理论性较强。一般情况下他们主要承担某一部门法的法案起草工作或者具有理论导向的法案起草，为此，要求半职业法案人具有较深的法学理论研究水平和特定部门法研究经验，且对立法学有着自己独到研究和见解。

对于非职业起草人，一般不提出额外的特殊要求，只需满足立法起草人的共性要求即可。这是因为非职业起草人往往不是法律行业的从事者，而是各行各业专门领域的相关人员，他们参与法案起草工作主要是对行业性、专业性较强领域的法案起草提供相关意见。

无论是哪一种法案起草人，在满足上述依照其工作特点所提出的要求后，还必须满足法案起草人的共性要求，主要表现为：

1. 能够正确反映立法者、提案者的意图。

2. 能够有效处理法案起草中遇到的各种问题，并对可能出现的问题提供相应的解决建议。

3. 对宪法、法律法规有着充分的了解，熟悉立法主体的相关权限和职责，对法律草案规制对象亦有着深刻了解。

4. 懂得立法方法和立法所应当遵循的具体程序，对依法立法和科学立法的相关特性有着充分了解。

5. 善于学习，有较强的理解能力和逻辑判断能力，热爱立法工作，对自己所承担的任务具有责任心。

6. 有着高效的工作效率和良好的工作作风，具有团队精神，能够在法案起草团队内部和同事间有效地合作与沟通，积极接受相关批评建议。

7. 具有较强的法律意识，尊重法制尊严，在思想上认同统治阶级的意志，有坚定的思想政治素养。

三、法案起草的步骤

在我国，法案起草可以被划分为九个步骤。

1. 作出法案起草决策。法案起草决策是整个立法决策的一个重要的、具体的环节。法案起草决策者必须是有立法提案权的机关和人员。现行宪法和有关宪法性法律所规定的向全国人大及其常委会行使提出议案权的机关和组织，向有关地方人大及其常委会行使提出议案权的机关和组织，有权制定行政法规和行政规章的政府或政府部门的行政首长，都可以是各有关法案起草的决策者。法案起草的决策根据主要是：(1)法定职权和职责；(2)法定要求；(3)国家的总政策和基本政策；(4)立法规划的规定；(5)上级有权机关的要求；(6)有关方面的立法动议、立法建议；(7)自身认为需要起草某项法案；(8)当时形势的客观需要。

2. 确定法案的起草机关。法案起草机关的范围十分广泛，不仅包括依法享有立法提案权的相关组织机关，也可以是该机关内部的工作机构，还可以是其委托的机构，这些机构即便不享有立法提案权，但并不影响其参与法律草案的起草。在我国的立法实践中，依据法律种类的不同，其相应的起草机关也不尽相同，比如：(1)基本法律由全国人大专门委员会或全国人大常委会法制工作机构起草法案，其他法律有的由全国人大常委会法制工作机构起草法案，大多则由国务院有关部门草拟再由国务院常务会议审议通过后以国务院名义形成法案。(2)行政法规，小部分由国务院法制机构起草法案，大多由国务院有关部门起草法案。(3)地方性法规，小部分由有权的地方人大常委会的法制工作机构起草法案，大多则由有权的地方政府有关部门起草法案。(4)行政规章、自治条例、单行条例、其他法律文件的法案起草，一般也都有相对确定的主体。在特别情况下，如适逢重大法律草案的草拟，往往由立法机关自己进行，或由其他专门成立的法案起草机构进行，或由立法机关授权有关特定机构和人员进行。

3. 组织法案起草队伍。我国尚未建立专门的立法起草机构,也缺乏专职的法案起草人员,每个法律草案的起草,都需要临时组建法案起草队伍,挑选起草人员。对于起草团队的人员结构,自然不宜由单纯身份组成,而至少需要包括以下三个群体:一是作为"主导者"的立法机关或其工作机构。在准备环节,立法机关应当掌握选择第三方的主动权,在起草环节,立法机关应当监督委托起草任务的推进情况,在审议环节,立法机关应当积极引导第三方开展合宪法性审查、法规条文修改等工作。二是作为"操作者"的第三方。第三方的权利义务关系需要基于委托协议确定,在协议中有必要明确为第三方提供充足的时间和经费以便其开展或参与调研交流和征求意见等工作,以避免缺乏时间或物质资料的支撑导致的敷衍了事现象。三是作为"协助者"的行政机关。行政机关应当在立法机关的主导下,协助配合第三方完成委托起草任务,尤其是由于行政机关掌握着行政公权力以及丰富的实践经验和数据资料,其更应该对立法机关征求意见、调研论证等方面予以大力支持。

4. 开展相关调研。开展调查研究,是法律草案起草工作的重要方面。调查研究的形式包括召开各种座谈会、专题研讨以及深入田野调查、收集各方面资料等。调查研究的内容主要包括:一是现行有关法律、法规、规章、政策对立法事项的规定;二是有关国家和地区的相关规定和做法;三是立法事项的理论研究情况;四是实践中的主要做法、成功经验和存在的问题;五是实际工作部门、专家学者对立法事项的意见和建议等。

5. 形成初步提纲。在调研工作结束后,需要对调研结果进行总结分析,并将一些抽象的数据和主观的心得体会形成用专业性语言进行表述的文字提纲。提纲的主要内容应当包括草案的编写方向、章节构成、标题层次、法律草案所依据的总章程和总精神。提纲编写必须在严密的逻辑下进行,使得法案的各个组成部分按由浅入深、循序渐进的方式进行,保证构成草案提纲的关键要素均能得以体现。提纲是法律草案的基本思路和导向,其作用应该是服务于法律草案的制定,实践中当提纲和法律草案的编写目的存在偏差时,应该及时对提纲进行修改完善,使其能够适应草案编写的需求,而不是根据提纲对草案草稿进行修改。

6. 正式起草法案。这一环节需要在立法指导思想和基本原则指导下，以立法需求为出发点，运用相应的立法方法，将草案提纲中的原则和论点予以具体的文字化表达，主要需要明确以下问题：(1)法的结构类型；(2)确定法的名称；(3)法的规范、非规范性内容；(4)具体章节构成顺序、各级标题的安排；(5)立法语言的运用。

7. 征求相关意见。在草案草稿形成之后，要向一定范围内的群体征询对草案的意见，通过对收集到的意见进行总结分析来发现草稿中的缺陷和漏洞。对于要向哪些人群征求意见的问题，一般要依据法案的性质来进行，通常情况下包括法案决策者、与法案有利害关系的相关组织和人员、相关学者和研究机构。一些涉及领域较广或者重要性较强的法律草案还需要向全社会公众征求意见，来倾听多方声音，才能更有利于获得更多的建议声音，帮助草案草稿的完善。

8. 修改后形成送审稿。征求意见稿经反复讨论修改后，形成送审稿，报提案机关讨论通过。形成送审稿前，起草单位通常要就法律草案中的重大问题，向上级机关请示报告或者正式征求有关方面的意见。提案机关不同，对送审稿的审查程序也有所不同。比如，由国务院部门起草的法律案，在送审稿形成之后、国务院决定提出议案之前，先交国务院法制机构审查修改，协调各方面的意见后，报国务院决定。

9. 形成法律草案成稿。这是法律草案起草的最后环节，这一环节的结束标志着立法活动即将进入将"准法"变成"法"的阶段。定稿的基本程序是：首先由起草团队提出书面或口头的定稿要求，然后由起草机关提出定稿的建议并报法案决策者定夺，最后由决策者做出定稿决定即宣告法律草案正式稿的形成。

第四章
立法程序

第一节 立法程序概述

一、立法程序的内涵

从字面上理解,立法程序就是进行立法活动所遵循的相应程序。在我国,根据立法活动主体的不同,立法程序可分为全国人大制定和修改法律的立法程序,全国人大常委会制定和修改法律的立法程序,国务院制定和修改行政法规的立法程序以及地方人大和常委会制定地方性法规的立法程序等。不同的立法程序在制定、修改主体,规定事项,特点等方面存在区别,但总体而言,都属于进行立法活动所应当遵循的程序。

关于立法程序的具体含义,不同学者有不同的表述,有学者从立法程序的主体、内容以及所涉及的步骤和方法出发,将立法程序表述为:"立法程序是指有权国家机关在进行立法活动时所必须遵循的步骤和方法"[①]。与此相

[①] 魏海军:《立法概述》,东北大学出版社2014年版,第199页。

类似的表述有："立法程序是立法主体在立法过程中必须遵循的特定方式、步骤、顺序和时限的总称。"[1]有学者特别强调立法程序的法定性,认为立法程序的法定性要求整个立法过程必须纳入法治轨道,立法应当于法有据,立法程序的法定性是立法严肃性、规则性的体现,是法治与人治的基本区别。[2]有学者从防止立法权力滥用的角度出发,认为立法程序是指立法主体行使立法所必须遵守的条件和过程,立法程序在某种意义上是对立法主体行为的限制和规范,防止其对立法权力的滥用。[3]有学者从立法主体行使立法权活动范围的角度,主张立法程序应当指立法主体行使立法权、创制法律规范性文件的实际过程,而不应指与立法主体行使立法权有关的全部活动。[4]

分析以上学者对于立法程序的不同表述,立法程序概念所包含的内容可概括为如下几方面:

第一,立法程序的主体具有特定性。立法主体是特定的,这种特定性来源于我国宪法和法律的规定,不是所有主体都享有立法权,享有立法权的主体只能是宪法和法律明确规定的相关主体。例如我国《宪法》第58条规定,全国人民代表大会和全国人民代表大会常务委员会行使国家立法权。《立法法》第10条第2款规定,全国人民代表大会制定和修改刑事、民事、国家机构的和其他的基本法律。这就从法律上确立了享有立法权限的特定立法主体的地位。

第二,立法程序所对应的行为内容是立法行为。只有特定主体在从事立法活动时所遵循的程序才是立法程序,立法主体从事立法活动之外的其他行为所参照的行为方式不是立法程序。国家机关职能的多元性决定了只有在从事众多职能中的立法职能时,其对应的程序才是立法程序。

第三,立法程序包含要素众多的客观遵循。立法程序为立法主体开展立法活动提供了一套客观标准,立法主体只有按照这种客观标准从事立法行为才是合法和有效的。立法程序中包含着要素众多的客观遵循,这些要素包括立法活动的时限和步骤、立法过程中各个环节的顺序以及每个环节所应当符

---

[1] 陈柏峰:《法理学》,法律出版社2021年版,第152页。
[2] 《法理》教材编委会:《法理》,东南大学出版社2021年版,第211页。
[3] 周安平:《常识法理学》,北京大学出版社2021年版,第191页。
[4] 刘明利:《立法学》,山东大学出版社2002年版,第131页。

合的标准等。这些客观遵循的要素共同构成立法程序中必不可少的部分。

综上，可以将立法程序界定为：特定的享有立法权的国家机关在从事立法活动时所应当遵循的时限、方法、步骤、顺序等，大体上包含提出法律草案、审议和讨论法律草案、表决和通过法律以及公布法律等流程。

二、立法程序所遵循的基本原则

立法活动是高度规范化、程序化和科学化的过程，需要依照严格的法定程序来进行。在法定程序确立、施行和运转的过程中，相关立法程序原则必不可少。确立立法程序所遵循的基本原则，能够保障立法活动在相应的轨道上有序进行，立法程序的基本原则为立法活动提供了基本遵循。具体而言，立法程序所遵循的基本原则主要包含如下内容：

（一）合法性原则

立法程序中所遵循的首要原则是合法性原则，合法性原则就意味着应当依法立法，即立法应当依照法定的权限和程序，从国家整体利益出发，维护社会主义法制的统一和尊严。在2023年新修订的《立法法》中增加了立法应当"符合宪法的规定、原则和精神"的内容，强化了依宪法立法的理念。由于我国立法体制划分为不同的层级，各个层级的立法都有其相应的权限和规则，因此立法程序遵循合法性原则就是要在立法的过程中从立法权限、立法内容、不同流程等方面遵守相关的规则制度，使得立法活动在法治的轨道上有序进行。

首先，合法性原则要求立法主体要严格遵循相应立法权限的要求开展立法活动。例如全国人民代表大会及其常务委员会虽然都行使国家立法权，但两者的立法权限却是不一样的，全国人大制定和修改刑事、民事、国家机构以及其他的基本法律，而全国人大常委会制定和修改除应当由全国人大制定的法律以外的其他法律。两者的立法权限不能混同，应当由一个立法主体制定和修改的法律，不能因为各种理由而让另一个立法主体制定和修改。这是既符合合法性原则的具体要求，也是从整体上保障我国立法体制有序和完整的必然要求。

其次,合法性原则要求立法活动所指向的立法内容范围大小应当符合法律的规定。对于立法内容范围的要求,集中体现在地方立法活动中。例如在地方性法规的制定中,就规定设区的市的人民代表大会及其常务委员会根据本市的具体情况和实际需要,在不与宪法、法律、行政法规和本省、自治区的地方性法规相抵触的前提下,可以对城乡建设与管理、生态文明建设、历史文化保护、基层治理等方面的事项制定地方性法规,法律对设区的市制定地方性法规的事项另有规定的,从其规定。将地方性法规立法内容的范围限定在城乡建设、城乡管理、生态文明建设、历史文化保护、基层治理等方面,是我国立法体系中对于地方立法权限的恰当安排,有助于地方在充分享有立法权的同时针对特定事项展开立法,在本行政区划内制定符合本地发展的具体规则。在合法性原则的要求下,各个立法主体开展立法活动应当依照法律规定的范围,确保立法活动不逾越法律的规定。

再次,合法性原则要求不同的立法活动应当遵照其相应的程序流程。虽然各个立法主体开展立法活动从宏观层面上有一定的规律,但具体到不同层级、不同主体的立法过程,其程序还是略有不同。不仅人大和政府的立法程序在起草、审查以及协调不同意见等方面存在差别,而且即便是同属于人大系统,全国人大和地方人大的立法程序在草案审议等方面也存在细微差别。在这样的情况下,严格依照《立法法》及相关法律的要求,遵循各自的立法程序,就显得尤为重要。

(二) 民主性原则

我国《立法法》第6条规定了立法活动所应当坚持的民主性原则,民主性原则即"立法应当坚持和发展全过程人民民主,尊重和保障人权,保障和促进社会公平正义"。判断立法质量高低的标准之一,就是要看法律是否能充分地反映人民的意愿。只有在广泛听取民意、了解民情的基础上制定出来的法律,才能够反映人民群众的真实想法和期待,这样的法律也才称得上是高质量的立法。该条以规范的形式揭示了立法民主原则的内涵,它一方面指明发扬社会主义民主最为重要的制度形式就是人民代表大会制度,另一方面又希望通过"保障人民以多种途径参与立法活动"来增强人民代表大会的代议功能,拓宽立法者获取民意的渠道,从而为制定高质量的法律奠定可靠的决策信息基础。①

立法的民主性原则贯穿于立法活动的全过程,从全国人民代表大会制度的确立,到立法活动中的法律案的审议,再到法律案听取各方面意见,这些环节都有效地贯彻了民主性的立法原则。

首先,全国人民代表大会制度是民主性立法原则的坚实基础。我国《立法法》第10条规定,全国人民代表大会和全国人民代表大会常务委员会根据宪法规定行使国家立法权。这一规定本身即是立法民主性原则的直接体现,全国人民代表大会由各省、自治区、直辖市、特别行政区和军队选出的代表组成,这些代表来自我国不同的地域,不同的职业领域,具有广泛的代表性,能够充分表达幅员辽阔的国家里人民的心声与意愿。可以说,全国人民代表大会制度本身已经成为立法民主性原则的坚实基础。

其次,法律案的审议程序是民主性立法原则的重要体现。无论是法律的制定,还是行政法规抑或是地方性法规的制定,法律案的审议都是必不可少的环节。在法律案的审议程序中,民主性立法原则无时无刻不在贯穿。以全国人大立法程序中对法律案的审议为例,列入全国人民代表大会会议议程的法律案,大会全体会议听取提案人的说明后,由各代表团进行审议。在这个过程中,法律案的审议将经历提案人说明、各代表团审议、专门委员会、宪法和法律委员会审议法律案,以及必要时主席团常务主席召开会议审议重大问题等程序。法律案审议流程的严格性、标准性保证了各方意见都能够通过立法程序进行充分表达。

再次,法律案听取各方意见是民主性立法原则的有效保障。除了规定法律案严格、标准的审议流程,在立法过程中针对法律案的讨论也明确了法律案听取各方意见的制度规则。在全国人民代表大会常务委员会的立法程序中,规定了法律案听取各方意见的规则,听取意见可以采取座谈会、论证会、听证会等多种形式。听取各方意见的对象包括专家学者、部门代表和全

---

① 陈玉山:《立法质量的程序控制:以信息输入为视点的考察》,载《浙江学刊》2019年第6期。

国人民代表大会代表等,各个主体都可以从自己的角度阐述对于法律案的意见和修改建议,这样的规定从制度上保障了立法草案可以融汇诸多主体的真实意愿,是立法民主性原则的重要保障。

通过以上的制度安排,将民主确立为立法正当性的基础之一,不仅保障了法律的出台真实反映广大人民的意愿,而且民意的广泛性和真实性也是我国立法程序所具有的鲜明特色之一。

(三) 科学性原则

立法科学性原则的含义是立法应当从实际出发,适应经济社会发展和全面深化改革的要求,科学合理地规定公民、法人和其他组织的权利和义务、国家机关的权力与责任;同时法律规范应当明确、具体,具有针对性和可执行性。立法科学性原则有助于保障立法质量,也有助于立法及时准确地反映社会生活的变化和发展,为恰当地引导公民行为和社会风尚提供帮助。立法科学性原则与法律的本质属性亦不谋而合,立法过程从本质上讲,是从实际的社会生活秩序中概括出行为规范的过程,而不是创造和发明规范。[1]因此,法律的创制不是凭空产生的,也不是脱离实际的主观想法,而是要去细致地考察社会实践,全面地了解社会发展,在此基础上抽象、概括出相应的规范。科学性原则为法律的创制提供了方向性的指引,能够精准化地指导在法律创制过程中的一系列行为规范,使得法律能够反映特定社会的现状和发展趋势,满足公众对于良法的期待。

立法的科学性原则是以事实为导向性的立法原则,主要关注事实层面的问题。正如学者所言,立法的科学性首要的是解决事实问题,即立法必须以对社会事实的调查和正确认知为前提,这其中既要对经济社会的实际状况做出描述,又要指出经济社会发展过程中出现了何种需要以法律的方法予以改变或调整的社会行为;还要进一步解释这些有问题的社会行为产生的原因。[2]法律并不是脱离社会实际而存在的,恰恰相反,法律正是对社会实

---

[1] 陈林林:《法律的社会科学研究》,《光明日报》2010年11月09日,第11版。
[2] 陈玉山:《立法质量的程序控制:以信息输入为视点的考察》,载《浙江学刊》2019年第6期。

际的反映和表达,立法的科学性原则就要求任何法律草案的起草,都必须建立在充分的调查研究以及对社会实践的全面深刻了解之上,脱离了社会实际,法律就失去了赖以生存的基础,必然得不到人民群众的拥护。

三、立法程序的过程

立法活动不是在短时间内一蹴而就的,立法程序的开展需要经历一个过程,中间有诸多步骤、顺序与流程。正如学者所言,立法作为一种有目的的活动,它自然表现为一种过程,立法含义中最中心的内容是"制定、认可、修改、补充和废止法的活动",没有"立"这样一种活动、一个过程,"法"便不会产生。[①]对立法程序过程的分析和研究,有助于我们将立法程序分为不同的阶段,从而确定每个阶段不同的任务和特点,将立法工作做得更好;同时也有助于根据各个阶段的特点从整体上把握立法程序的宏观脉络,使得立法程序更适应我国国情。不同学者对立法程序的环节有不同的认识,例如有学者认为立法活动是由一系列环节构成的复杂过程,其中包括:立法预测、立法规划,法律文件的起草、提出、审议、通过、公布等。[②]通过研究我国立法程序的相关规则,可以发现虽然对于立法程序所包含的具体环节有不同的认识,但大体上立法程序所涵盖的过程包含如下内容,即提出法律案、审议法律案、表决法律案和通过法律案。无论是中央层面的立法还是地方层面的立法,也不管是人大的立法还是行政机关制定规章的立法活动,都大致遵循着这样的过程。

四、立法程序的价值和作用

1. 规范的立法程序有助于立法的科学化和民主化

在我们社会主义国家,法律是最广大人民意志的体现,每一部法律的出

[①] 周旺生:《立法研究》,法律出版社2000年版,第305页。
[②] 魏海军:《立法概述》,东北大学出版社2014年版,第202页。

台都必然是符合最广大人民群众的期待,满足群众的要求。要想持续保证立法能够符合客观实际,符合人民群众的期待,就必须通过完善和规范化的立法程序将立法活动中的相关标准、程序和要求明确,只有这样才能为立法的科学化、民主化提供稳定的支持。正如学者所言,要准确地反映最广大人民群众的意愿和要求,立法主体就应当遵循法定的步骤,以法定的方式在法定的时间内广泛地听取人民群众的意见,并以法定的形式将人民群众的意见融入立法主体的审议之中。[①]

2. 规范的立法程序有助于维护社会主义法律体系的统一和完整

我国《立法法》第 5 条规定,立法应当维护社会主义法制的统一和尊严,这就从法律上为立法活动所追求的目标确立了方向。我国法律体系内容丰富、层次分明、逻辑清晰,上至宪法、法律,下至行政法规、行政规章、地方性法规等,这些不同层级的法律规范需要有一个统领性的规则予以指导,而立法程序在某种意义上就可以发挥这种指导作用。《立法法》中在立法程序大的范围里,设立"适用与备案审查"一章,规定了法律、法规、规章等不同层级法律文件的效力等级,同时对于法律体系内部的冲突设定了裁决办法,这对于维护我国法律体系的稳定和统一具有重要意义。

第二节 法律的制定程序

制定法律的程序主要包括法律案的提出、审议、表决、通过、备案以及公布等。

一、制定法律的权限

全国人民代表大会和全国人民代表大会常务委员会行使国家立法权,

[①] 刘明利:《立法学》,山东大学出版社 2002 年版,第 132 页。

制定法律。在立法权限上,虽然全国人大和全国人大常委会都可以制定法律,但两者具体所享有的权限是有区别的。具体而言,全国人民代表大会制定和修改刑事、民事、国家机构的和其他的基本法律,而全国人大常委会制定和修改除应当由全国人民代表大会制定的法律以外的其他法律。因此,在立法程序上,需要对全国人大的立法程序和全国人大常委会的立法程序作出一定的区分。

在明确了全国人大和全国人大常委会的立法权限后,需要对由全国人大及其常委会制定的法律本身作出清晰的界定。我国《立法法》中规定了只能制定法律的特殊事项,这些事项包括:(1)国家主权的事项;(2)各级人民代表大会、人民政府、监察委员会、人民法院和人民检察院的产生、组织和职权;(3)民族区域自治制度、特别行政区制度、基层群众自治制度;(4)犯罪和刑罚;(5)对公民政治权利的剥夺、限制人身自由的强制措施和处罚;(6)税种的设立、税率的确定和税收征收管理等税收基本制度;(7)对非国有财产的征收、征用;(8)民事基本制度;(9)基本经济制度以及财政、海关、金融和外贸的基本制度;(10)诉讼制度和仲裁基本制度;(11)必须由全国人民代表大会及其常务委员会制定法律的其他事项。涉及以上这些事项的,只能由全国人大及其常委会制定法律。《立法法》该条列明的事项即所谓的法律保留事项,但法律保留有绝对保留和相对保留的区别,在这其中除"犯罪和刑罚""对公民政治权利的剥夺、限制人身自由的强制措施和处罚"以及司法制度外,其余的都是相对保留,即原则上应当由全国人大和全国人大常委会制定法律加以规定,但因为行政管理的迫切需要,也可以授权给国务院先制定行政法规。

二、法律案的提出

1. 全国人民代表大会立法程序中的提案

在全国人民代表大会的立法程序中,提案分为机关提案和个人提案,两种提案方式在提案主体、提案要求上存在差别。就机关提案而言,相关主体包括:主席团、全国人民代表大会常务委员会、国务院、中央军事委员会、国家监察委员会、最高人民法院、最高人民检察院和全国人民代表大会各专门委员会,机关提案最终应当列入大会议程。就个人提案而言,相关主体包括一个代表团或者三十名以上的代表联名,个人提案最终是否列入会议议程由主席团来决定。

2. 全国人民代表大会常务委员会立法程序中的提案

在全国人民代表大会常务委员会的立法程序中,提案同样分为机关提案和个人提案。机关提案的主体包括:国务院、中央军事委员会、国家监察委员会、最高人民法院、最高人民检察院、委员长会议和全国人民代表大会各专门委员会,其中委员长会议可以向常务委员会提出法律案,由常务委员会会议审议;其余提案可以向常务委员会提出法律案,由委员长会议决定列入常务委员会会议议程,或者先交有关的专门委员会审议、提出报告,再决定列入常务委员会会议议程。如果委员长会议认为法律案有重大问题需要进一步研究,可以建议提案人修改完善后再向常务委员会提出。

全国人民代表大会常务委员会立法程序中的个人提案是指,常务委员会组成人员十人以上联名,可以向常务委员会提出法律案,由委员长会议决定是否列入常务委员会会议议程,或者先交有关的专门委员会审议、提出是否列入会议议程的意见,再决定是否列入常务委员会会议议程。

三、法律案的审议

(一) 全国人民代表大会法律案的审议

1. 审议的一般程序

全国人民代表大会法律案的审议包含多个环节,主要步骤如下:

第一,法律草案的发放。为了保证全国人大代表在开会时能够对法律草案有充分的了解和认识,提请全国人民代表大会审议的法律案,其文本应当提前一定期限发放给各位代表,即常务委员会决定提请全国人民代表大会会议审议的法律案,应当在会议举行的一个月前将法律草案发给各位代表。值得注意的是,与全国人民代表大会法律案的审议相比,全国人民代表大会常务委员会在审议法律草案时规定的草案提前提交时间略有不同，即列入常务委员会会议议程的法律案，除特殊情况外，应当在会议举行的七日前将法律草案发给常务委员会组成人员。

第二，听取提案人说明。我国《立法法》规定，列入全国人民代表大会会议议程的法律案，大会全体会议听取提案人的说明后，由各代表团进行审议。听取提案人说明提案稿有助于帮助大会代表更直接地了解提案产生的背景、提案的内容和价值导向等。

第三，提交代表团和专门委员会审议。在法律案提交审议阶段，相关提案会分别交各代表团和专门委员会进行审议。《立法法》第21条规定，列入全国人民代表大会会议议程的法律案，大会全体会议听取提案人的说明后，由各代表团进行审议。第22条规定，列入全国人民代表大会会议议程的法律案，由有关的专门委员会进行审议，向主席团提出审议意见，并印发会议。之所以选择将法律案在听取提案人说明后分别提交各代表团和有关的专门委员会审议，也是考虑到法律提案审议的民主性和专业性。由各代表团审议可以保证法律案听取最广大人民群众的意见，使得法律案拥有群众基础；而专门委员会更多地从专业性角度对法律案中涉及的专业法律问题进行审议，并提出相应的意见。

第四，宪法和法律委员会形成法律草案修改稿。经过各代表团和有关专门委员会审议后，由宪法和法律委员会根据审议意见再进行统一审议，并向主席团提出审议结果报告和法律草案修改稿，最后的表决稿交主席团提交大会进行表决。

2. 特殊情况的处理

在审议的一般程序之外，还存在着两类特殊情况下的法律案审理程序。一类是针对法律案在交付表决前，提案人要求撤回的，应当说明理由，经主席团同意，并向大会报告，对该法律案的审议即行终止；另一类是针对在审议过程中发现法律案有重大问题需要进一步研究的，经主席团提出，由大会全体会议决定，可以授权常务委员会根据代表的意见进一步审议，针对法律案意见的不同情况，大会可以授权常务委员会作出决定或者提出修改方案，并向全国人民代表大会下次会议报告或者提请全国人民代表大会下次会议审议决定。

（二）全国人民代表大会常务委员会法律案的审议

全国人民代表大会常务委员会对法律案的审议与全国人民代表大会的审议一样，也经历提前印发法律草案，提案人派人听取意见，回答询问等程序，具体而言常务委员会审议法律案的程序还具有如下特殊之处：

1. 法律案三审制

列入常务委员会会议议程的法律案，一般应当经三次常务委员会会议审议后再交付表决，此即法律案的三审制。法律案的三审制有利于保证草案经过充分、全面的讨论与审议，对于确保立法质量、广泛吸取相关意见具有重要意义。当然，法律案的三审制，并不是绝对的，也有相关的例外情况。列入常务委员会会议议程的法律案，若各方面意见比较一致的，可以经两次常务委员会会议审议后交付表决；调整事项较为单一或者部分修改的法律案，各方面的意见比较一致的，或者遇有紧急情形的，也可以经一次常务委员会会议审议即交付表决。对于这类意见比较一致或者内容较为单一的草案内容，可以将三次审议流程降为两次甚至是一次，但最终法律案的审议次数不能低于一次。

2. 单独表决和合并表决

全国人民代表大会常务委员会审议法律案时，根据情况的不同将表决分为一般表决、单独表决和合并表决。一般表决即将法律案交付常务委员会进行表决。与一般表决相对应的较为特殊的表决程序是单独表决和合并表决。

单独表决主要是针对法律案中争议相对比较大的重要内容，在法律草案表决稿交付常务委员会会议表决前，委员长会议根据常务委员会会议审议的情况，可以决定将个别意见分歧比较大的重要条款提请常务委员会会议单独表决。单独表决的条款经常务委员会会议表决后，委员长会议根据单独表决的情况，可以决定将法律草案表决稿交付表决，也可以决定暂不付表决，交宪法和法律委员会和有关的专门委员会进一步审议。

合并表决是指对多部法律中涉及同类事项的个别条款进行修改，一并提出法律案的，经委员长会议决定，可以合并表决，也可以分别表决。合并表决适应了法律规范的体系化结构,可以在有效的时间内大大提高表决的效率。

四、法律案的表决和通过

经过以上立法程序后,相关的法律案就可以由主席团提请大会全体会议表决,由全体代表的过半数通过;提请常务委员会全体会议表决的法律案,由常务委员会全体组成人员的过半数通过。最终通过的法律由国家主席签署主席令予以公布。值得注意的是,法律案的通过分为一般通过和特殊通过,两者在法律案通过的标准上存在区别,法律案的一般通过由全国人大全体代表或者全国人大常委会全体组成人员过半数通过;特殊通过即指对于宪法的修改应当由全国人民代表大会以全体代表2/3以上多数通过。

第三节　行政法规的制定程序

行政法规是指由国务院根据宪法和法律,在其职权范围内制定的有关国务院管理职权相关事项的法规。行政法规的制定程序规定在《立法法》以及《行政法规制定程序条例》等相关法律法规中。2017年国务院对《行政法规制定程序条例》进行了修订,其中增设了"党的领导"的要求,除了制定行政法规应当贯彻落实党的路线方针政策和决策部署外,对于制定政治方面法律的配套行政法规,应当按照有关规定及时报告党中央;对于制定经济、文化、社会、生态文明等方面重大体制和重大政策调整的重要行政法规,应当将行政法规草案或者行政法规草案涉及的重大问题按照有关规定及时报告党中央。在行政法规的制定中增加"党的领导"的要求,有利于维护党中央权威,使得相关立法工作在党的领导下有序推进。总体上来说,行政法规的制定程序包括立项、起草、审查、决定与公布等流程。

一、制定行政法规的权限

国务院根据宪法和法律，享有制定行政法规的权限。我国《宪法》第89条第一项规定，国务院根据宪法和法律，规定行政措施，制定行政法规，发布决定和命令。这是国务院享有行政法规制定权的宪法依据。国务院制定行政法规的立法行为可以分为如下几类：第一类是执法性立法，即为了执行法律的规定而需要制定行政法规的事项；第二类是自主性立法，是针对国务院自主行使行政管理职权的事项进行立法，国务院所具有的职权内容规定在宪法第89条中①；第三类是授权立法，即该规定本应由全国人大或全国人大常委会制定法律加以规定，但由上述机关授权国务院先制定行政法规进行规定。授权立法不得突破法律绝对保留的界限，即涉及《立法法》第11条规定的第四项、第五项以及司法制度的除外。

二、立项

国务院制定行政法规的第一步是立项，国务院法制机构根据国家总体工作部署，对行政法规立项申请和公开征集的行政法规制定项目建议进行评估论证，突出重点，统筹兼顾，拟订国务院年度立法工作计划，报党中央、

---

① 宪法第89条规定国务院行使下列职权："（一）根据宪法和法律，规定行政措施，制定行政法规，发布决定和命令；（二）向全国人民代表大会或者全国人民代表大会常务委员会提出议案；（三）规定各部和各委员会的任务和职责，统一领导各部和各委员会的工作，并且领导不属于各部和各委员会的全国性的行政工作；（四）统一领导全国地方各级国家行政机关的工作，规定中央和省、自治区、直辖市的国家行政机关的职权的具体划分；（五）编制和执行国民经济和社会发展计划和国家预算；（六）领导和管理经济工作和城乡建设、生态文明建设；（七）领导和管理教育、科学、文化、卫生、体育和计划生育工作；（八）领导和管理民政、公安、司法行政等工作；（九）管理对外事务，同外国缔结条约和协定；（十）领导和管理国防建设事业；（十一）领导和管理民族事务，保障少数民族的平等权利和民族自治地方的自治权利；（十二）保护华侨的正当的权利和利益，保护归侨和侨眷的合法的权利和利益；（十三）改变或者撤销各部、各委员会发布的不适当的命令、指示和规章；（十四）改变或者撤销地方各级国家行政机关的不适当的决定和命令；（十五）批准省、自治区、直辖市的区域划分，批准自治州、县、自治县、市的建置和区域划分；（十六）依照法律规定决定省、自治区、直辖市的范围内部分地区进入紧急状态；（十七）审定行政机构的编制，依照法律规定任免、培训、考核和奖惩行政人员；（十八）全国人民代表大会和全国人民代表大会常务委员会授予的其他职权。"

国务院批准后向社会公布。年度立法计划主要包括已经明确的立法项目及负责起草的单位。报请国务院进行行政法规立法立项的主体主要是国务院下属部门,由国务院部门进行报请立项,立项申请应当说明立法项目所要解决的主要问题、依据党的路线方针政策和决策部署,以及拟确立的主要制度。国务院法制机构应当向社会公开征集行政法规制定项目建议。国务院法制机构拟订的国务院年度立法工作计划,在经过党中央和国务院批准后向社会公布。

三、起草

(一) 起草的主体和程序

行政法规的起草是行政法规立法程序的首要阶段。我国《立法法》第74条规定,行政法规由国务院有关部门或者国务院法制机构具体负责起草,重要行政管理的法律、行政法规草案由国务院法制机构组织起草。这条规定从原则上确立了行政法规起草的主体,主要包括:国务院的一个部门或者几个部门或者国务院法制机构。其中起草部门向国务院报送的行政法规草案送审稿(以下简称行政法规送审稿),应当由起草部门主要负责人签署;起草行政法规,涉及几个部门的共同职责需要共同起草的,应当共同起草,达成一致意见后联合报送行政法规送审稿。几个部门共同起草的行政法规送审稿,应当由这几个部门主要负责人共同签署。行政法规起草主体可由一个部门或几个部门负责起草,考虑到了行政管理领域管理范围较为宽泛,涉及对象较为复杂等情况,对于涉及具体单个领域的行政法规起草工作,由单个国务院部门进行起草,而对于涉及主体、范围较为多样化的立法领域,则由国务院几个部门一起联合起草,这样既保证了行政法规起草的专业性,又保障了起草内容能够覆盖到所有主管部门。除此之外,起草行政法规,起草部门应当就涉及其他部门的职责或者与其他部门关系紧密的规定,与有关部门充分协商,涉及部门职责分工、行政许可、财政支持、税收优惠政策的,应当征得机构编制、财政、税务等相关部门同意。

行政法规的起草阶段充分贯彻了立法的民主性原则,立法的民主性可以从以下起草程序中得以窥见:首先,《行政法规制定程序条例》中明确规定,起草行政法规,起草部门应当深入调查研究,总结实践经验,广泛听取有关机关、组织和公民的意见。听取意见可以采取座谈会、论证会、听证会等多种形式。其次,在行政法规的起草阶段就明确了草案向社会公众公布的要求,起草行政法规,起草部门应当将行政法规草案及其说明等向社会公布,征求意见,但是经国务院决定不公布的除外。向社会公布征求意见的期限一般不少于30日。第三,行政法规的起草要充分吸收有关专家的意见,起草专业性较强的行政法规,起草部门可以吸收相关领域的专家参与起草工作,或者委托有关专家、教学科研单位、社会组织起草。

(二) 起草的结果

行政法规经过起草后,最终要向国务院报送草案送审稿。起草部门向国务院报送的行政法规草案送审稿,应当由起草部门主要负责人签署;起草行政法规,涉及几个部门共同职责需要共同起草的,应当共同起草,达成一致意见后联合报送行政法规送审稿,几个部门共同起草的行政法规送审稿,应当由这几个部门主要负责人共同签署。

四、审查

行政法规经过起草后,送审稿报送国务院由国务院法制机构负责审查。审查阶段的主要工作是协调分歧和纠正部门利益倾向,所谓协调分歧是指对草案的不同意见进行协商,以达成解决方案;所谓纠正部门利益倾向是指将行政法规草案中的部门利益倾向减小到最低限度。[1]

国务院对行政法规送审稿的审查同样也贯彻了民主立法的原则。一方面规定了对送审稿的审查,国务院法制机构可以将行政法规送审稿或者修改稿及其说明等向社会公布,征求意见。向社会公布征求意见的期限一般

---

[1] 刘明利:《立法学》,山东大学出版社2002年版,第154页。

不少于30日。另一方面对于行政法规送审稿涉及重大利益调整的,规定了国务院法制机构进行论证咨询的多样化形式,具体包括座谈会、论证会、听证会、委托研究等。

在对送审稿审查过程中,立法程序中规定了详尽的解决意见分歧的办法。首先,有关部门若对行政法规送审稿涉及的具体内容有不同意见的,先由国务院法制机构进行协调,力求达成一致意见;其次,对有较大争议的重要立法事项,国务院法制机构可以委托有关专家、教学科研单位、社会组织进行评估;最后,经过充分协调不能达成一致意见的,国务院法制机构、起草部门应当将争议的主要问题、有关部门的意见以及国务院法制机构的意见及时报国务院领导协调,或者报国务院决定。

五、决定与公布

经过以上诸多行政法规的立法环节,最终进入到决定与公布的阶段。《行政法规制定程序条例》第26条规定,行政法规草案由国务院常务会议审议,或者由国务院审批。这就以法律条文的方式规定了两种决定的方式:第一种是由国务院常务会议审议,通过开常务会议的方式来对草案进行决定;第二种是由国务院审批,也称为国务院传批,即将行政法规的草案进行传阅批准。两种决定方式各有自己的优势,国务院常务会议审议可以通过全体开会的方式集中对草案进行表决,而传批的方式则较为灵活,可以适应开会时间难以统一的现实情况。

行政法规的草案审议通过后,经过签署进行公布。草案修改稿报请总理签署国务院令公布施行。行政法规公布的载体主要有:《中华人民共和国国务院公报》、中国政府法制信息网以及在全国范围内发行的报纸,其中以在《中华人民共和国国务院公报》上刊登的行政法规文本为标准文本。

第四节　地方性法规的制定程序

一、制定主体

地方性法规的制定主体主要包括两类：第一类是省、自治区、直辖市的人大及其常委会；第二类是设区的市、自治州的人大及其常委会。我国《立法法》第 80 条规定，省、自治区、直辖市的人民代表大会及其常务委员会根据本行政区域的具体情况和实际需要，在不同宪法、法律、行政法规相抵触的前提下，可以制定地方性法规。相比于省级地方性法规，设区的市以及自治州一级的人大及其常委会在制定地方性法规时其范围有一定的限制，主要是在内容上限于城乡建设与管理、生态文明建设、历史文化保护、基层治理等方面的事项。在 2015 年我国《立法法》修改之前，关于省级行政区以下地方性法规制定权限的表述为"较大的市的人民代表大会及其常务委员会根据本市的具体情况和实际需要，在不同宪法、法律、行政法规和本省、自治区的地方性法规相抵触的前提下，可以制定地方性法规，报省、自治区的人民代表大会常务委员会批准后施行"。2015 年修订的《立法法》中增加了设区的市一级行政区划制定地方性法规时内容限于城乡建设与管理、环境保护、历史文化保护等方面的事项，对地方性法规的立法权限作出了清晰的界定。紧接着在 2023 年修订的《立法法》中，对于设区的市的立法权限进一步作出了完善，在制定地方性法规的内容上新增了"基层治理"，同时将"环境保护"修改为"生态文明建设"，适应了新时代发展的需要。

二、制定程序

地方性法规的制定主体是省、自治区、直辖市和设区的市一级人民代表大会及其常务委员会，从避免立法重复性的角度上来讲，地方性法规的制定程序参照全国人民代表大会的立法程序来进行。值得注意的是，与全国人民代表大会及常委会的立法权限分工类似，地方人民代表大会及其常务委员会在制定地方性法规时也遵循了类似的规则，即规定本行政区域内特别重大事项的法规，应当由人民代表大会通过。

三、公布程序及公布载体

省、自治区、直辖市的人民代表大会制定的地方性法规由大会主席团发布公告予以公布；省、自治区、直辖市的人民代表大会常务委员会制定的地方性法规由常务委员会发布公告予以公布；设区的市、自治州的人民代表大会及其常务委员会制定的地方性法规报经批准后，由设区的市、自治州的人民代表大会常务委员会发布公告予以公布。地方性法规的公布载体包括：本级人民代表大会常务委员会公报、中国人大网、本地方人民代表大会网站以及在本行政区域范围内发行的报纸。其中，在常务委员会公报上刊登的地方性法规文本为标准文本。

第五节　规章的制定程序

规章是在法律效力上低于法律、行政法规和地方性法规的立法性文件。按照制定主体的不同，规章可以分为部门规章和地方政府规章。部门规章是指由国务院部门或者中国人民银行、审计署等具有行政管理职能的直属机构以及法律规定的机构负责制定的立法性文件；地方政府规章是指由省、自治区、直辖市的人民政府或者设区的市、自治州的人民政府制定的立法性文件。规章的制定程序包括立项、起草、审查、决定、公布、备案与解释等程序。

一、立项

立项是规章制定程序中的第一步,根据规章制定主体的不同,立项的具体程序可以大致分为两类。对于部门规章的立项,由部门内设机构或者其他机构报国务院立项;对于地方政府规章的立项,由政府所属工作部门或者下级政府报规章制定机关立项。

二、起草

1. 起草主体

行政规章的起草由制定机关来组织。部门规章由国务院部门组织起草,国务院部门可以确定规章由其中一个或者几个内设机构或者其他机构具体负责起草工作,也可以确定由其法制机构起草或者组织起草;地方政府规章由省、自治区、直辖市和设区的市、自治州的人民政府组织起草,省、自治区、直辖市和设区的市、自治州的人民政府可以确定规章由其中一个部门或者几个部门具体负责起草工作,也可以确定由其法制机构起草或者组织起草。

2. 听证程序

与行政法规的制定程序一样,行政规章的制定程序中也有听证的环节。对于起草的规章涉及重大利益调整或者存在重大意见分歧,对公民、法人或者其他组织的权利义务有较大影响,人民群众普遍关注,需要进行听证的,起草单位应当举行听证会听取意见。听证会组织的程序大致包括:提前30日公布听证会的时间、地点和内容;参加听证会的机关、组织和公民有权提问和发表意见;听证会应当制作笔录,如实记录发言人的主要观点和理由;在报送审查时,应当说明对听证会意见的处理情况及其理由等。

三、审查

无论是部门规章或地方政府规章,规章送审稿均由法制机构负责统一审查。规章送审稿涉及重大利益调整的,法制机构应当进行论证咨询,广泛听取有关方面的意见。论证咨询可以采取座谈会、论证会、听证会、委托研究等多种形式。法制机构在认真研究各方面的意见,与起草单位协商后,对规章送审稿进行修改,形成规章草案和对草案的说明。规章草案应当由法制机构主要负责人签署,提出提请本部门或者本级人民政府有关会议审议的建议。

四、决定和公布

部门规章应当经部务会议或者委员会会议决定;地方政府规章应当经政府常务会议或者全体会议决定。部门规章公布的载体包括:《中华人民共和国国务院公报》、部门公报、中国政府法制信息网以及在全国范围内发行的报纸;地方政府规章公布的载体包括本级人民政府公报、中国政府法制信息网以及在本行政区域范围内发行的报纸。其中,在国务院公报和地方人民政府公报上刊登的规章文本为标准文本。

第六节 公众参与立法程序

立法的公众参与是实现科学立法民主立法的重要渠道,通过公众参与立法的过程,可以使得立法广泛听取民意,了解人民心声,促进立法的科学性和民主性。不仅中央层面的立法中有公众参与的内容,地方层面的立法中也大量存在。

我国在法律层面为公众参与立法程序作出了规定,《立法法》第 6 条规定,立法应当坚持和发展全过程人民民主,尊重和保障人权,保障和促进社会公平正义。立法应当体现人民的意志,发扬社会主义民主,坚持立法公开,保障人民通过多种途径参与立法活动。这一条规定为公众通过多种途径参与立法活动提供了原则性的基础,也是整个立法程序中公众参与的总纲领。随后,《立法法》在第39条中通过确立法律案听取各方意见的规则为公众参与立法程序作出了更加细致化的规定,一方面规定了听取意见中包括座谈会、论证会以及听证会在内的多种形式;另一方面对在什么情况下应当召开听证会的情形作出了规定,即法律案有关问题存在重大意见分歧或者涉及利益关系重大调整,需要进行听证的,应当召开听证会,听取有关基层和群体代表、部门、人民团体、专家、全国人民代表大会代表和社会有关方面的意见,听证情况应当向常务委员会报告。通过召开座谈会、听证会的方式,普通民众得以参与整个立法活动的过程中,在与立法决策者的交流中表达自己的意愿和想法,从而推动立法的进程。公众的意见和建议能够通过听证会、论证会等形式表达和实现,进而影响立法决策,属于公众参与最核心的权利。[①]

一、立法前期准备阶段的公众参与

公众参与立法程序不仅仅是在立法活动已经开始之后的参与,早在立法的前期准备阶段公众就已经可以通过各种方式参与对立法的讨论之中。前期准备阶段的立法参与主要集中在立法规划和立法起草方面的工作中。

在立法规划方面,我国《立法法》第56条规定,全国人大常委会编制立法规划和年度立法计划,应当认真研究代表议案和建议,广泛征集意见,科学论证评估,根据经济社会发展和民主法治建设的需要,确定立法项目。在立法规划阶段通过向社会公布立法规划的方式广泛征集意见,可以深入了解民众对于某项立法的态度,也有助于认识哪些领域是民众关切的亟需立法

[①] 范海玉:《地方生活垃圾分类立法中的公众参与——以河北省为例》,载《中国政法大学学报》,2021年第1期。

的领域,对于没有响应民众呼声的立法项目,可以在立法的规划阶段再进一步思考其立法的必要性。这样既做到了对立法活动提前安排,确保立法的可预期性,同时又能够在一开始就对不恰当、不合时宜的立法项目进行筛选,确保后续立法工作开展的效率。

在立法起草方面,我国《立法法》第57条规定,针对专业性较强的法律草案,可以吸收相关领域的专家参与起草工作,或者委托有关专家、教学科研单位、社会组织起草。立法活动涉及社会生活的方方面面,其中既有关切绝大多数公众的领域,又有区域性和专业性更强的领域,针对专业性较强的法律草案,法律规定可以由专家、教学科研单位以及社会组织等进行起草,这是公众直接参与立法程序的一个重要方面。

二、立法听证制度

立法听证制度是指立法机关为了收集、获取可靠的立法信息和资料,就立法的必要性和法案内容可行性等问题举行听证会,邀请和接受与法案有利害关系的组织和公民、有关专家学者、实际工作者到会陈述意见,以便为立法决策提供参考依据的制度,为公众发声提供了一个机会和平台。[①]立法听证的参加主体包括立法机关、专家学者以及普通公众。听证开启了一条普通公众表达自己意见的途径,通过对特定问题集中召开听证的方式进行讨论,可以广泛地了解多元化的声音,从而有助于解决立法中遇到的疑难问题。

现阶段,在地方性法规层面,我国已经有多个省级和设区的市一级地方性法规对于立法听证的相关程序和内容作出了规定。包括《广东省人民代表大会常务委员会立法听证规则》、《宁夏回族自治区人民代表大会常务委员会立法听证条例》、《长沙市人民代表大会常务委员会立法听证办法》等地方性法规从提起听证的条件、听证会的具体程序等方面对于公众参与立法程序作出了规定。以《广东省人民代表大会常务委员会立法听证规则》为

[①] 王子正、赵佳丽:《地方立法的公众参与问题研究》,载《河北法学》2018年第3期。

例,为了实现立法听证的程序分流,更加有效地针对不同的听证情况作出相应合理的安排,广东省在听证程序的设置中区分了听证的一般程序和简易程序,尤其是对于专业性、技术性较强的事项以及仅涉及特定群体利益且社会影响较小的事项,适用简易程序进行听证。这样将一部分听证事项抽出来适用简易程序,可以更加快速、便捷地实现听证的目标,大大简化了相关流程,提高了听证的效率。

三、专家论证制度

立法程序中的专家论证制度,是指针对立法过程中存在的专业性问题邀请相关专家学者进行论证,从专业角度为提高立法的科学性做出一定的保障。专家论证制度在我国《立法法》中有相关规定,《立法法》第 39 条第 2 款规定,法律案有关问题专业性较强,需要进行可行性评价的,应当召开论证会,听取有关专家、部门和全国人民代表大会代表等方面的意见。专家论证制度作为公众参与立法程序的一部分,为确保立法草案的专业性和科学性,提升立法质量奠定了基础。通过专家参与讨论的方式,可以对法律案进行专业层面的论证,及时指出法律案中涉及的相关问题,及时纠正法律案不符合客观发展实际、不适应时代发展需要的部分,确保法律案内容符合客观规律。

目前我国立法程序中涉及专家论证制度具体展开的法律规定还相对较少,而且原则性规定较多,在中央立法程序中,《立法法》对专家参与立法程序作出了概括性的规定,在地方立法程序中,也鲜有明确确定专家参与立法的相关程序。因此,未来有待进一步完善专家论证制度,确立专家参与立法活动的流程和对不同论证项目的工作细则,只有这样才能进一步落实专家参与立法的实践,提升专家论证制度在公众参与立法中的地位。

四、立法草案公布征求意见制度

立法必须根植、贴近于基层人民群众的根本利益,立法不是写在纸上的、抽象的"空中楼阁",立法在现实生活中充满复杂的利益博弈与共识妥协。[①]立法草案通过公开的方式征求社会公众的意见可以让法律的制定更加贴近群众生活,更方便群众表达自己的想法和意见。立法信息公开是决定公众参与立法效果的一个关键因素,立法信息的公开性越强,公众参与的积极性也会越高,同时公众参与立法的知情权也能够得到更好的保障。立法草案公布征求意见制度作为公众参与立法的重要一环,是社会回馈立法意见的窗口,也是普通公众最便捷、最直接参与立法活动的一种方式。我国《立法法》第40条规定,列入常务委员会会议议程的法律案,应当在常务委员会会议后将法律草案及其起草、修改的说明等向社会公布,征求意见,但是经委员长会议决定不公布的除外。向社会公布征求意见的时间一般不少于30日,征求意见的情况应当向社会通报。这是在我国公众参与立法程序中立法草案公布征求意见制度的最直接的法律依据。

[①] 黄信瑜:《公众参与地方立法制度创新:实践反思与完善制度》,载《学术论坛》2016年第12期。

第五章
授权立法

第一节 授权立法概述

一、授权立法的概念

授权立法是与职权立法相对的概念,西方最早称之为委任立法,起源于西方议会授权行政机关进行立法的活动,而后授权立法的内涵和外延不断拓展。根据《牛津法律大辞典》的名词解释,授权立法是指"法律非由议会制定,而由议会将特定事项授予无立法权的团体或个人制定,这些被授权者可包括政府、公共事务行政机构和委员会、地方当局、司法机关、法院、大学和其他机构等"[①]。

在我国,学界对于授权立法的理解各不相同,主要有以下几种观点:

有学者认为,授权立法仅能授予行政机关或其他国家机关,而非其他团体组织,是立法机关授权有关国家机关依据所授予的立法进行立法的活动,

---

① [英]戴维·M·沃克:《牛津法律大辞典》,李双元等译,法律出版社2003年版,第315页。

"一般是指立法机关通过法定形式将某些立法权授予行政机关,行政机关依据授权法(含宪法)创制法规的行为"。① 此观点明确被授权主体限定于行政机关或其他国家机关。

有学者认为,立法机关不一定需要通过制定授权法,可以直接将其立法权授出,"授权立法是指一个立法主体依法将其一部分立法权限授予另一个国家机关或组织行使,另一个国家机关或组织根据所授予的立法权限进行的立法活动。"②

有学者认为,授权立法既可以作为动词使用,也可以作为名词使用。作为名词使用时,"授权立法就是指被授权机关根据授权制定的具有规范效力的法文件";作为动词使用时,授权立法"是指一个立法主体将部分立法权授予另一个能够承担立法责任的机关,该主体根据授权要求所进行的立法活动"。③

有学者认为,"授权立法,又称委任立法或委托立法,从狭义上讲,它是指有权立法的国家机关通过一定形式,将属于自己立法权限范围内的立法事项授予其他有关国家机关进行立法,被授权机关在授权范围内进行立法的活动"。④ 该观点强调被授权主体的责任。

综合授权立法的发展史,以及学界对于授权立法的认识,本书将授权立法定义为:授权立法是指有权立法的国家机关,通过一定形式,将其立法权范围内的立法事项授予其他有关国家机关,要求该机关根据授权要求在授权时限内进行法律文件制定的过程。

二、授权立法的特征

(一) 与一般性立法相比

授权立法与一般性立法相比,有如下特征:

---

① 李林:《立法机关比较研究》,人民日报出版社 1991 年版,第 276 页。
② 张根大等:《立法学总论》,法律出版社 1991 年版,第 212 页。
③ 陈伯礼:《授权立法研究》,法律出版社 2000 年版,第 13 页。
④ 朱力宇、叶传星:《立法学》,中国人民大学出版社 2015 年版,第 107 页。

第一,法定性。授权立法必须是法定主体以法定形式将法定范围内的立法权授予另一个法定主体,另一个主体在被授权的范围内进行立法活动。其中包括多重法定性特征:授权主体的法定性、授权形式的法定性、被授权主体的法定性、授权内容的法定性。

第二,派生性。被授权主体所获得的立法权,来源于享有职权立法权机构的授权,从属于授权主体的职权立法,本质上该权力是从授权主体的立法权中派生出来的,并非是被授权主体的原生性权力。而这种派生必定发生于上级机关对下级机关,且不可倒置。

第三,有限性。授权立法不仅受到宪法限制,还直接受到授权法限制,受到授权机关的监督和制约,且被授权主体仅能在授权范围之内进行立法活动,因此被授权主体的立法权是极其有限的,受到深度和广度的限制。

第四,多样性。体现在授权立法目标的多样性和形式的多样性。授权立法的根本目的是为了解决社会的现实需求,而需求又是多种多样的,根据社会的变化而变化。授权立法据此及时制定或修改法律实施细则、处理突发事件,它是在宪法高度稳定性、分权原则权威性与社会对政府职能灵活性需要之间的一种平衡。同时,尽管授权立法的条件与过程受到多种限制,其形式相比于一般立法却较为丰富,根据不同时期的不同需求,可以多种多样的形式展现,有法条授权和决议授权,具体授权与概括授权,主动授权与被动授权等多种类型。

(二) 与职权立法相比

一定级别的机关没有经过立法机关授权立法之时,仍具有一定的立法权限,可制定法规、规章等规范,这种立法权限便是职权立法。职权立法相对于授权立法,具有明显的差别。

	授权立法	职权立法
权力来源	立法机关通过制定法律授权或特别决定授权	宪法和《中华人民共和国地方各级人民代表大会和地方各级人民政府组织法》

续表

	授权立法	职权立法
规范事项	只有在授权范围内的事项,被授权主体才可以进行立法	以宪法、组织法为依据,不超过此范围即可立法
程序	相对宽松,针对特定事项立法即可	十分严格,需严格按照立法程序和要求
权力性质	派生权力	原生权力
监督强度	不仅受到宪法和组织法限制,还受到授权法和授权机关的多重监督和制约	受到宪法和组织法限制,监督力度相对较弱

三、授权立法的分类

1. 按照授权方式的不同,可以将授权立法分为一般授权立法和特别授权立法。

一般授权立法,又称普通授权立法、法律规范授权立法。指的是享有立法权的国家机关,在自己制定的法律文件中,将自己法定职权范围内的立法权授予其他国家机关。目前我国大多数的授权立法形式都是该种方式。其具有如下特点:一是授权分布在各个立法条文之中,数量远大于特定授权立法的数量,二是被授权主体制定的法律规范,往往是为授权的法律规范制定配套的法规、规章。如《立法法》第84条规定"经济特区所在地的省、市的人民代表大会及其常务委员会根据全国人民代表大会的授权决定,制定法规,在经济特区范围内实施"。

特别授权立法又称专门授权立法、试验性授权立法,是指享有立法权的国家机关通过专门的授权决定或授权法,授予其他国家机关对自己立法权范围内的事项先行立法。如第七届全国人大常委会第二十六次会议通过决定,授权深圳市人大及其常委会、深圳市人民政府,分别制定法规和规章,在深圳经济特区内实施。这种授权立法方式具有如下特点:一是需经法定程序,授权主体以专门或决议的形式将立法权限授予被授权主体;二是具有试验性质,通过先行先试为国家后续的立法探索积累经验。

2. 根据授权事项确定与否,可将授权立法分为综合授权立法和单项授权立法。

综合授权立法,也称概括性授权立法、一揽子授权立法,其特点是仅将权力授出,而授权事项较为宽泛甚至模糊。如1988年4月授权海南经济特区的人大及其常委会,根据经济特区的具体情况和实际需要,可以制定法规,在本区域内实施,而什么是"具体情况和实际需要",法规怎么制定、在什么领域制定都没有明确。

相比之下,单项授权立法,则是针对特定事项的立法权进行授权,目的较为明确,内容较为具体。

3. 根据授权的启动状态,可以将授权立法分为主动性授权立法和被动性授权立法。

主动性授权立法,即依职权的授权立法,是授权机关主动通过立法或决议的形式,将部分事项的立法权授予特定机关的授权立法,无须被授权机关提出申请。

被动性授权立法,即依申请的授权立法,这种授权需要被授权机关根据自身需求提出申请之后,有权机关才启动授权立法程序。

4. 根据授权立法产生法律文件的形式进行分类

英国学者将授权立法形式分为以下几种:枢密院令、法规、临时命令、特别程序命令、地方机关命令、细则、再授权立法、国会命令、预算决定。

印度学者将授权立法形式分为细则、规章、法规、命令、公告、法院制定的规则、规划。

而我国学者针对立法实践中产生的授权立法形式,作出如下分类:(1)国务院制定的行政法规;(2)省级地方权力机关制定的地方性法规;(3)经济特区人大及其常委会、人民政府制定的法规或政府规章。

四、授权立法产生的原因

授权立法起源于19世纪末和20世纪初的西方资本主义国家,在此之前,根据资本主义国家的立法、司法、行政三权分立模式,只有作为立法机关的议会才享有立法权,行政机关不能参与任何立法活动。后来资本主义国家经过实践和发展,不仅使得行政机关具有制定法规、规章等立法权,还出现了授权立法。英国1953年议会通过公告法,授权国王以治理国家和维持秩序为目的可发布公告,且效力与议会制定的法律等同,开创了授权立法的先河。这一系列现象的产生主要基于以下原因:

(一) 社会发展的需求

首先,立法速度的需求,19世纪末,随着资本主义国家经济的发展与科技的进步,社会关系日渐复杂,在金融、证券、医疗、航天、福利、环保、交通等社会领域问题激增,需要大量、及时、高效的立法予以调控。其次,对立法质量的需求,由于社会分工细化和大量新兴行业的产生,社会对立法的需求日益专业化,需要立法机关提供针对特定领域的专业性法律规范,而非只是概括性的纲领。再次,垄断资本主义时代经济危机的周期性产生,使得政府需要参与经济活动的干预和调控,而这种行为需要以立法的形式进行。这些因素在客观上为授权立法的产生奠定了基础。

(二) 立法机关的局限性

在社会对立法的需求与要求日益增加的趋势下,立法机关的立法能力却没有及时跟上。首先,立法效率有限,各国的议会具有一定的会期,制定法律也需要经过固定的程序,过程复杂且耗时长久,难以满足如此紧迫的立法需求,众多领域存在无法可依的问题。其次,立法机关中不具备各行各业的专业技术人员,导致针对某些领域展开立法活动之时,往往只能进行"骨骼式的立法",缺乏"血肉和器官",因此制定的法律规范缺少可操作性,终究难以解决社会实践的诸多问题。

(三) 行政机关的立法优势

在上述情况下,立法机关尝试通过授权其他机关来完成立法任务,以满足社会对立法的需求。行政机关具有较强的应变能力和灵活性,相比立法机关,行政机关的立法程序较为简洁迅速,能够满足社会大量的立法需求,且能够应对天灾、动乱、战争等紧急情况作出变通,满足社会管理的需要。此外,由于经常管理专业技术领域的事务,行政机关拥有大量专业人员,能够针对新兴行业及新问题,制定具体且可操作性强的立法规范,满足立法的专业性需求。

基于以上原因,授权立法应运而生。

第二节 我国授权立法制度

我国授权立法制度的产生也具有上述类似的因素。一方面,以往的立法主体较少,很多重要事项只能由全国人民代表大会制定法律,且立法任务繁重,无法满足现实需求,因此需要将制定法律的权限不断向下授权,向其他权力机关及行政机关授权;另一方面,由于权力机关在很多行政管理领域缺乏专业性,很多法律的落实工作最后还要交给行政机关,但行政机关对于法律保留事项不具有立法权,需要得到授权。因此,从1955年至今,通过不断构建、完善授权立法制度,总结积累立法经验,为制定更成熟、稳定的法律规范创造条件。

一、我国授权立法制度的发展历程

根据授权主体和被授权主体的不同,将我国的授权立法分为三大类,分别是全国人民代表大会对其常务委员会的授权、全国人民代表大会及其常务委员会对国务院的授权、全国人民代表大会及其常务委员会对地方人民代表大会及其常务委员会的授权。

(一)全国人民代表大会对其常务委员会的授权

该类授权立法的授权主体是全国人民代表大会,被授权主体是全国人民代表大会常务委员会,主要可分为两个阶段。

1. 第一阶段是1955年至1982年宪法颁布之前。

该阶段全国人大常委会没有立法权,在此期间的宪法只规定全国人大常委会有权"制定法令",而非制定法律。为了适应社会发展的需要,全国人大对其常委会先后进行三次授权。第一次授权是1955年7月30日,第一届全国人大第二次会议通过了《关于授权常务委员会制定单行法规的决议》,明确规定在全国人大闭会期间,全国人大常委会可以代其制定部分法律。第二次授权是1959年4月28日,第二届全国人民代表大会第一次会议通过了《关于全国人民代表大会常务委员会工作报告的决议》,授权全国人大常委会在全国人大闭会期间,根据情况发展和工作需要,对现行法律中的不适用条文进行修改,作出新的规定。前两次授权都是综合授权,并未明确具体授权事项。第三次授权则是单项授权,1981年12月13日,第五届全国人民代表大会第四次会议在《关于全国人民代表大会常务委员会工作报告的决议》中作出决定,批准民事诉讼法草案并授予常委会提出意见。1982年3月全国人大常委会通过了《中华人民共和国民事诉讼法(试行)》。

2. 第二阶段是1982年宪法颁布至今。

该阶段全国人大常委会已拥有立法权,但仍有全国人大授权的情况,共两次授权。第一次授权是1987年4月11日,第六届全国人民代表大会第五次会议通过了《中华人民共和国村民委员会组织法(草案)》,并授权全国人民代表大会常委会根据宪法原则,参照大会审议中代表提出的意见,调查研究、审议修改后颁布实行。同年11月,第六届全国人大常委会根据授权审议通过《中华人民共和国村民委员会组织法(试行)》。第二次授权是1989年4月4日,第七届全国人大第二次会议决定,授权全国人大常委会在深圳选举人大代表及常委会之后,再授权深圳市人大制定经济特区法规和规章,之后1992年全国人大常委会决定授权深圳市人大及其常委会,根据具体情况和实际需要制定法规,在深圳经济特区实施。以上两次授权均属单项授权。由于全国人大常委会的立法权限越来越多,授权主体逐渐转移至全国人大常委会,但《立法法》重新将全国人民代表大会对其常务委员会的授权增加进去,规定全国人大常委会可以"在全国人民代表大会闭会期间,对全国人民代表大会制定的法律进行部分补充和修改"、"全国人民代表大会可以授权全国人民代表大会常务委员会制定相关法律"。

（二）全国人民代表大会常务委员会对国务院的授权

该类授权立法的授权主体是全国人民代表大会常务委员会，被授权主体是国务院，主要分为两个阶段。

1. 第一阶段是《立法法》制定前的授权。

1982年《宪法》第67条规定，全国人大常委会制定和修改除应当由全国人民代表大会制定的法律以外的其他法律，即与全国人大共同行使立法权。与此同时，第89条规定，国务院可以根据宪法和法律，规定行政措施，制定行政法规，发布决定和命令，即国务院也有了行政立法权。因此出现了1982年之后全国人大常委会对国务院的三次立法授权。

第一次是授予国务院法律规范的修改权和补充权。1983年9月2日，第六届全国人大常委会第二次会议发布了《全国人民代表大会常务委员会关于授权国务院对职工退休退职办法进行部分修改和补充的决定》，授权国务院修改和补充1978年5月24日第五届全国人大常委会第二次会议原则批准的《国务院关于安置老弱病残干部的暂行办法》和《国务院关于工人退休退职的暂行办法》的有关规定。

第二次是授予国务院对某些法律规范的制定权。1984年9月18日，第六届全国人大常委会第七次会议发布了《全国人民代表大会常务委员会关于授权国务院改革工商税制发布有关税收条例草案试行的决定》（已失效），授权国务院在实施国营企业利改税改革和改革工商税制过程中，拟定有关税收条例，以草案形式发布试行并加以修订。

第三次是授予国务院关于经济体制改革方面的立法权。1985年4月10日，第六届全国人大三次会议发布了《全国人民代表大会关于授权国务院在经济体制改革和对外开放方面可以制定暂行的规定或者条例的决定》，授权国务院对有关经济体制改革和对外开放的问题，必要时可根据宪法，在同相关法律不抵触的前提下，制定暂行规定和条例，并报全国人大常委会备案，等条件成熟时，再由全国人大及其常委会制定法律。

综合上述三次特别授权立法，其最大特点是授权立法内容逐渐具体化、明确化，授权立法趋于完善。

2. 第二阶段是《立法法》制定后的授权。

《立法法》于2000年通过,经过2015和2023年两次修正。最新修订的《立法法》第12条明确了对国务院的授权,对某些尚未制定法律的法律保留事项,可以由全国人大常委会授权国务院先行制定行政法规,但后续在实践中并未继续出现授权。而第16条也增加了授权规定,明确全国人大及其常委会可以根据改革发展的需要,就行政管理领域的特定事项,授权在一定期限内在部分地方暂时调整或暂时停止适用法律的部分规定。其中授权主体是全国人大及其常委会,被授权主体未明确,实践中以国务院为主。

在2013—2021年,全国人大常委会共5次授权国务院对自由贸易试验区的法律适用进行暂时调整的权限。全国人大常委会于2013年8月30日作出《关于授权国务院在中国(上海)自由贸易试验区暂时调整有关法律规定的行政审批的决定》;2014年12月28日作出《关于授权国务院在中国(广东)自由贸易试验区、中国(天津)自由贸易试验区、中国(福建)自由贸易试验区以及中国(上海)自由贸易试验区扩展区域暂时调整有关法律规定的行政审批的决定》;2019年10月26日作出《关于授权国务院在自由贸易试验区暂时调整适用有关法律规定的决定》;2020年4月30日作出《全国人大常委会授权国务院在中国(海南)自由贸易试验区暂时调整适用有关法律规定的决定》;2021年4月29日作出《全国人民代表大会常务委员会关于授权国务院在自由贸易试验区暂时调整适用有关法律规定的决定》。以上试验性的授权立法,有效解决法律废改立周期较长与部分地方发展迫切需要的现实矛盾,为自由贸易试验区发展解决法律上的瓶颈问题提供了便利,从而适应了自由贸易试验区的改革需求。

此外,对于国务院,还有其他相关地方、相关领域的授权。如2012年12月28日作出《全国人民代表大会常务委员会关于授权国务院在广东省暂时调整部分法律规定的行政审批的决定》;2015年2月27日作出《全国人民代表大会常务委员会关于授权国务院在北京市大兴区等三十三个试点县(市、区)行政区域暂时调整实施有关法律规定的决定》;2016年12月25日作出《全国人民代表大会常务委员会关于授权国务院在部分地区和部分在京中央机关暂时调整适用〈中华人民共和国公务员法〉有关规定的决定》;

2021年10月23日作出《全国人民代表大会常务委员会关于授权国务院在营商环境创新试点城市暂时调整适用〈中华人民共和国计量法〉有关规定的决定》。可见,我国授权立法实践中,全国人大常委会对于国务院授权的重要性。

(三) 全国人民代表大会及其常务委员会对地方人民代表大会及其常务委员会的授权

此类授权的授权主体是全国人民代表大会及其常务委员会,被授权主体是地方人民代表大会及其常务委员会。其中主要分为对经济特区的授权和非经济特区的授权。

全国人大及其常委会对经济特区所在地的人大及常委会的授权立法共5次,有7个地方获得授权。《立法法》第84条第1款也进一步明确,经济特区所在地的省、市人大及其常委会,可以根据授权决定制定法规。

第一次是1981年11月26日,第五届全国人大常委会第二十一次会议通过《关于授权广东省、福建省人民代表大会及其常务委员会制定所属经济特区的各项单行经济法规的决议》,授权广东省、福建省人大及其常委会,根据有关法律及政策原则,按照该省经济特区的具体情况和实际需要,制定单行的经济法规,并报全国人大备案。

第二次是1988年4月,第七届全国人大第一次会议通过《关于建立海南经济特区的决议》,授权海南省人大及其常委会,根据海南经济特区具体情况和实际需要,遵循有关法律法规,制定法规,并报全国人大常委会和国务院备案。

第三次是1992年7月1日,第七届全国人大常委会第二十六次会议通过《关于授权深圳市人民代表大会及其常务委员会和深圳市人民政府分别制定法规和规章在深圳经济特区实施的决定》,授权深圳市人大及其常委会、市政府,根据具体情况和实际需要,遵循宪法规定和法律法规,制定法规和规章,在深圳经济特区实施,法规要报全国人大常委会、国务院和广东省人大常委会备案。

第四次是1994年3月22日,第八届全国人大第二次会议通过《关于授权厦门市人民代表大会及其常务委员会和厦门市人民政府分别制定法规和规章在厦门经济特区实施的决定》，授权厦门市人大及其常委会、人民政府根据经济特区的具体情况和实际需要，遵循宪法规定及法律法规，制定法规和规章，在厦门经济特区实施，法规要报全国人大常委会、国务院和福建省人大常委会备案。

第五次是1996年3月17日，第八届全国人大第四次会议通过《关于授权汕头市和珠海市人民代表大会及其常务委员会、人民政府分别制定法规和规章在各自的经济特区实施的决定》，授权汕头市和珠海市人大及其常委会、市政府，根据经济特区的具体情况和实际需要，遵循宪法规定及法律法规，制定法规和规章，在各自的经济特区内实施，法规要报全国人大常委会、国务院和广东省人大常委会备案。

对于非经济特区的地方授权刚刚开始。近年来，随着改革发展的需要，全国人大也逐渐对非经济特区的其他地方人大及其常委会作出授权的决定。2021年6月10日，第十三届全国人大常委会第二十九次会议通过《关于授权上海市人民代表大会及其常务委员会制定浦东新区法规的决定》，直接授权上海市人大及其常委会比照经济特区的法规，制定对法律、行政法规、部门规章具有变通性质的浦东新区法规，并报全国人大常委会、国务院备案。而在2023年修订的《立法法》第84条进一步增加了对上海市、海南省人大及其常委会的立法授权。

二、我国授权立法的构成要素

授权立法的构成要素，一般包括：授权立法的主体、范围、程序、授权方式、效力等级。本书选其中的部分，重点阐述。

（一）授权立法的主体

授权立法的主体包括授权主体与被授权主体两部分。

授权主体是指将其所享有的立法权授予其他国家机关行使的国家机关。需要具备三个条件：一是授权主体必须享有立法权，没有立法权的国家机关不能授权;二是授权主体向被授权主体授权的过程,本质上是立法权的转让,因此转让的必须是属于自己法定职权范围内的立法事项,不能超越自己的法定职权范围;三是授权主体的地位应比被授权主体高,可以是权力机关向行政机关授权,也可以是上级机关向下级机关授权,但不能相反。在现阶段的我国,授权主体只能是全国人民代表大会及其常委会,其他国家机关尚不可成为授权主体。

被授权主体是指接受授权主体的授权而进行立法活动的国家机关。应具有三个条件:一是被授权主体必须具有立法能力,即不具备立法能力的主体不能被授权,从各国授权立法实践中来看,被授权主体以行政机关为主,后也逐渐扩展到地方权力机关、司法机关等主体;二是被授权主体必须是具备完成所授权的立法事项的能力,不具备完成该事项能力的主体不可被授权,这类主体一般都是国家机关,但在国外立法实践中,也有少数社会组织可以作为被授权主体;三是被授权主体与授权立法事项具有相关性。在我国,被授权主体包含全国人大常委会、国务院、经济特区所在地的省、市的人大及其常委会,2023年修订的《立法法》另外增加了上海市人大及其常委会和海南省人大及其常委会作为被授权主体。除此之外,其他国家机关尚不能成为被授权主体。

(二) 授权立法的范围

授权范围是法律保留事项,即专属立法权范围内的事项。因为这些事项只能由立法机关制定法律,如果需要由行政机关和地方制定法规,则需要予以授权。《立法法》第11条对法律保留事项作出了规定:(1)国家主权的事项;(2)各级人民代表大会、人民政府、监察委员会、人民法院和人民检察院的产生、组织和职权;(3)民族区域自治制度、特别行政区制度、基层群众自治制度;(4)犯罪和刑罚;(5)对公民政治权利的剥夺、限制人身自由的强制措施和处罚;(6)税种的设立、税率的确定和税收征收管理等税收基本制度;(7)对非国有财产的征收、征用;(8)民事基本制度;(9)基本经济制度以及财政、海关、金融和外贸的基本制度;(10)诉讼制度和仲裁基本制度;(11)必须由全国人民代表大会及其常务委员会制定法律的其他事项。法律保留事项分为绝对保留事项和相对保留事项,授权立法的事项只能是相对保留事项,而(4)、(5)以及司法制度等绝对保留事项,则不能授权。

此外,授权立法一般是在某些领域制定法律尚不成熟时,才授权相关机关制定行政法规或地方性法规。在授权过程中,作为授权主体的全国人大常委会需要规定授权的范围、授权的事项、授权时间等,且待到制定法律条件成熟时,应当收回授权,重新制定法律。

(三)授权立法的程序

授权立法的程序,是被授权主体获得立法权限后进行立法工作的程序。被授权主体原本是立法主体时,授权立法程序与其原本的职权立法程序相同。

(四)授权立法的效力

授权立法的效力,是指被授权主体根据所授权内容和要求制定的立法规范在法律体系中的位阶。

关于我国授权立法的效力,《立法法》没有直接作出规定,学界对此有不同看法。以张根大教授为代表的二元论认为,授权立法的位阶与立法机关级别和立法程序的复杂程度有关,立法机关级别越高,立法程序越复杂,制定出的授权法的位阶也越高。而以胡玉鸿教授为代表的三元论认为,权力的等级性、事项的包容性和权力的同质性三个标准共同影响授权立法的位阶。本文以二元论为基础,认为授权制定的立法规范与自身职权立法的立法规范效力等同。根据被授权主体在经授权之后制定的立法文件名称可得出,授权立法的效力与立法机关的地位具有直接关联。如国务院被授权后,制定的立法规范为行政法规,经济特区所在地的地方人大被授权后,制定的是经济特区法规。因此,授权立法的效力与被授权主体的地位相关,同一主体制定的立法规范效力应当等同,不同主体制定的法律规范应当不同,地位越高,授权立法的效力就越高,反之则越低。

第三节 我国授权立法制度发展新趋势

《立法法》已对授权立法制度做了较为明确的规定,与以往相比,有了较大进步。然而,面对我国社会日益发展变化的现实,现行授权立法制度仍有进一步提升的空间,尤其是被授权主体范围狭窄的现状,影响了授权立法制度作用的进一步发挥。为此,下面以自由贸易试验区的法治建设为例,对我国授权制度发展的未来趋势进行分析。

自2013年设立上海自由贸易试验区以来,我国进行了4次自由贸易试验区扩展,设立了21个自由贸易试验区,片区数量达到69个,自由贸易试验区呈现扩容态势。这些自由贸易试验区具有两个共同特点:一是国家给予较多的优惠政策,包括财税、金融、贸易便利化等;二是国家鼓励其大力发展经济,先行先试成为试验区的基本方向。现在面临的问题是,国家虽然给予自由贸易试验区非常多的优惠政策,但与自由贸易试验区有关的法律法规并不健全,法治建设没有及时跟上,影响了自由贸易试验区的进一步发展。因此,在自由贸易试验区不断扩容的背景下,加强自由贸易试验区法治建设,尤其是加强自由贸易试验区所在地的地方法治建设,迫切需要授权立法制度的变革。

一、现行授权立法制度存在的现实问题

根据不同的分类标准和分类方式,授权立法可以分为不同的类型,除了上述的分类标准外,根据我国的授权立法中央与地方鲜明分别的特征,可将实践中的授权立法分为两种,一种是一般授权立法,另一种是试验性授权立法。其中,一般授权立法,是在尚未制定法律的情况下,全国人大及其常委会授权国务院对部分事项先制定行政法规;而试验性授权立法,是全国人大及其常委会根据改革发展的需要,决定就行政管理等领域的特定事项授权

在一定期限内在部分地方暂时调整或者暂时停止适用法律的部分规定。目前一般授权立法和试验性授权立法在内容规定上都存在对地方授权不足的问题。

（一）一般授权立法对于被授权主体的规定不足

一般授权立法主要体现在《立法法》第 12—15 条以及第 84 条的规定。其中，第 12—15 条规定了授权立法制度的基本内容，主要规定了被授权主体的国务院、授权事项范围、授权期限以及授权后的监督，并规定了国务院不得进行二次授权的要求等。第 84 条属于特别地方授权立法制度，规定了被授权主体是经济特区所在地、上海市、海南省的人大及其常委会，以及被授权主体经过授权后的立法权限。

值得注意的是，在《立法法》有关授权立法条款中，被授权主体是国务院、经济特区所在地的立法机关以及上海市和海南省人大，其中，最主要的被授权主体是国务院。上述授权立法的规定，难以满足日益增加的地方立法需求，这里以自由贸易试验区为例，阐述为何地方的试点亟需增加授权立法。

第一，被授权主体主要是国务院，难以为试验区提供有针对性的立法规范。按照《立法法》的规定，对于法律保留的事项，在"尚未制定法律的，全国人民代表大会及其常务委员会有权作出决定，授权国务院可以根据实际需要，对其中的部分事项先制定行政法规"。在国家层面上对自由贸易试验区进行立法并非不好，然而，最大的问题在于，国家的立法难以涵盖自由贸易试验区法治建设的全部，更难以代替地方立法的作用。全国有那么多自由贸易试验区，而且每个自由贸易试验区都具有自己的功能定位和特色，国务院不可能为每一个自由贸易试验区制定有针对性的行政法规，就像法律不可能为各个自由贸易试验区制定有针对性的法律规范一样。因此，国务院难以为自由贸易试验区提供多少有针对性的规范，至多只能就某些共性的问题作出原则性规定。

第二，对经济特区以及少数省份的授权立法难以覆盖现有自由贸易试验区的范围。在《立法法》关于授权立法制度中，除了经济特区以及上海、海南作为被授权主体外,其他的地方立法机关并不是被授权主体,也就意味着不能对这些地方进行授权立法。《立法法》中虽然保留了对经济特区所在地的市的立法授权,然而,首先,自由贸易试验区并不一定都在经济特区,因此,对经济特区的授权都无法直接适用到相关的试验区。其次,大部分自由贸易试验区的发展情形已经不同于经济特区的情形,其法治环境建设的要求也不同于经济特区的情形,因此无法借鉴经济特区的优惠立法条件。

第三,自由贸易试验区所在地的地方立法机关没有获得任何特殊的立法权限。在授权立法的规定中,被授权的主要是国务院,而国务院在获得授权后所作出的决定中,又责成国务院相关部门来制定具体办法。这其中,基本上没有地方立法机关的事情,没有对地方立法进行任何立法授权方面的规定,这使得自由贸易试验区所在地的许多地方不能成为被授权主体,使得自由贸易试验区所在地的地方并没有因此获得授权,不能行使《立法法》规定之外的立法权,其地方立法的立法权限还是普通的立法权限,其权限范围要按照《立法法》的规定,以及按照《中华人民共和国行政处罚法》《中华人民共和国行政许可法》《中华人民共和国行政强制法》等单行法规定的立法权限进行地方立法。而这些立法权限,几乎无法满足自由贸易试验区发展的现实需要。也就是说,在自由贸易试验区发展的法治建设中,并没有对地方立法进行专门的关注,而主要的关注点还是在国务院层面,这可能也是自由贸易试验区法治建设滞后的重要原因。

授权立法是一个有立法权的主体将自己的立法权限授予另一个没有立法权限的主体行使的行为。从理论上讲,只要自己拥有立法权限,就可以将其立法权限授权其他主体行使。但实际上,并非如此。也由此产生了另一个问题,即国务院能否将其立法权力授予地方立法机关?从目前的法律规定看,是不行的。也就是说,一个立法主体能否将自己的立法权限授予其他主体,不仅仅取决于自己是否拥有立法权限,更取决于有没有明确的法律规定。就现行法律规定看,首先,国务院不是授权主体。在《立法法》的上述授权立法规定中,不仅被授权主体是固定的,而且授权主体也是固定的,即只有全国人大及其常委会是授权主体,而国务院以及其他立法机关都无权进行立法授权。也就是说,即使自己拥有某些立法权力,国务院也不能将立法权授予其他主体，因为其不是立法授权主体。其次，国务院不能将所授之权进行第二次授权。这是《立法法》所明确规定的，即该法第15条明确规定："被授权机关不得将被授予的权力转授给其他机关"，这意味着国务院不能将被授予的立法权授予包括自由贸易试验区在内的所在地的省市地方立法机关。

（二）试验性立法授权制度只解决了"破"而未解决"立"的问题

试验性立法授权制度主要体现在《立法法》第16条的规定："全国人民代表大会及其常务委员会可以根据改革发展的需要，决定就特定事项授权在规定期限和范围内暂时调整或者暂时停止适用法律的部分规定。"国家权力机关可以对法律适用暂时调整或暂时停止。暂时调整或暂停适用的规定，是2015年《立法法》修改后的一个创新，是随着社会发展并根据实践经验而写入立法的一个非常好的条文，是一种非常灵活的处理方式，体现了立法者更加务实的态度，可以有效解决法律废改立周期较长而自由贸易试验区发展迫切需要的现实难题，可以及时为自由贸易试验区发展解决法律上的瓶颈问题。无论是自由贸易试验区改革试点，还是非试验区的地方改革试点，试验性授权立法的暂时停止和调整适用都成为主要法律依据。

从实践来看，主要也是授权国务院从事此项行为。自从上海自由贸易试验区设立之后，暂时调整与暂停适用的实践便开始，全国人大及其常委会先后就曾对相关自由贸易试验区作出过此类决定。如全国人民代表大会常务委员会作出的《关于授权国务院在中国（上海）自由贸易试验区暂时调整有关法律规定的行政审批的决定》《关于授权国务院在中国（广东）自由贸易试验区、中国（天津）自由贸易试验区、中国（福建）自由贸易试验区以及中国（上海）自由贸易试验区扩展区域暂时调整有关法律规定的行政审批的决定》《关于授权国务院在自由贸易试验区暂时调整适用有关法律规定的决定》《关于授权国务院在中国（海南）自由贸易试验区暂时调整适用有关法律规定的决定》。至今为止，全国人大常委会已经作出过多次这样的决定，紧接着国务院也作出过数十次这样的决定，国务院相关部委的规定也随之而来。

对国家权力机关授权国务院暂时调整或者暂时停止适用法律的部分规定,可以做以下理解:首先,可进一步将其划分为两种行为,一种是暂时调整法律的部分规定,另一种是暂时停止适用法律的部分规定。其次,两种行为的区别在于:暂时停止适用法律的部分规定,使得某些法律条文在试验区内的一定时间暂时失去法律效力,但并不表明其今后在试验区就不再适用,属于暂时的行为;在试验区暂停适用,但并不影响其在其他区域的法律效力,更没有使得该法律规范本身失去效力。而暂时调整法律的部分规定,不仅意味着对不适应试验区的规定作出调整,而且还作出适当变更,所变更的内容仅在试验区内适用。

然而,暂时调整或暂停适用主要解决了暂停适用的问题,解决的是"破"的问题,却没有完全解决"立"的问题,或者说在"立"的方面做得明显不够。"只是'清除'了制度变革性政策试验面临的法律障碍,为其提供了合法性依据,没有全面解决改革试验决策、实施过程中可能面对的其他问题""如果停留在这一层面上,改革试验决策、实施过程的法治建设任务依然不能实现"。[1] 而且,即使是暂时调整行为,也不是真正意义上的立法行为,真正的立法行为包括法律规范的制定、修改行为,都与暂时调整行为有着较大区别。[2] 可以说,在自由贸易试验区里暂时调整或暂停适用相关法律,只是解决了问题的一半,还有更为重要的问题没有解决,即如何为自由贸易试验区提供更多的行为规则。

也许有人会认为,全国人大常委会已授权国务院在自由贸易试验区调整了相关法律的适用问题,地方立法机关据此制定地方立法,已经有了法律依据,而无须再对相关地方进行授权,地方也可以进行立法,并由此认为相关地方立法机关已经获得了较大的立法授权。这种推理是不正确的。国家立法机关授权给国务院的仅仅是暂时调整尤其是暂时停止对某些法律条款的适用,只有国务院才可以行使该权力,而其他地方立法机关则无权行使。

---

[1] 杨登峰:《改革试验法治建设的主要问题与任务》,《甘肃社会科学》2020年第2期。
[2] 例如,法律的修改使得原条文失去了效力,而暂时调整行为仅使得原条文在试验区失去效力,而并没有使得原条文完全失去效力。因此,暂时调整行为不同于通常意义的法律的制定和修改行为。

此外,对于国务院的职权立法,地方立法机关可以在不抵触的情况下作出进一步规定,然而,对于授权立法事项,本来属于法律保留的事项,不经过特别授权,地方立法机关是无权介入的,不能说因为授权了国务院,就想当然地认为属于国务院的立法事项,更不能想当然地认为地方立法机关可以按照通常的不抵触原则作出进一步规定,尤其是在《立法法》规定了被授权主体不能进行再次授权的情况下,实际上完全堵死了地方立法机关对所授予的国务院立法权限的任何介入。

二、增加对地方的授权立法成为我国授权立法制度发展的必然趋势

自由贸易试验区的法治建设问题,不仅需要在国家层面上加强立法工作,更要加大对地方的立法授权,在国家为试验区加强法律规范供给的同时,要重点加强地方立法在其中的作用。这里,要做好国家层面统一立法与地方层面授权立法的分工:国家层面对自由贸易试验区的立法,仍然采取暂停适用或暂时调整的方式,这种方式非常直接地解决法律、行政法规等在自由贸易试验区不适应的问题,为自由贸易试验区发展和法治建设扫平障碍;同时,对于自由贸易试验区发展中的共性问题,可以制定统一的规则,包括法律或行政法规。而对于差异性问题,则留给各个自由贸易试验区所在地的地方立法机关,通过立法授权方式来促进地方立法。

(一)明确试验区所在地的地方立法机关的被授权主体地位

在我国,有立法权的主体并不少,但原生性立法权在国家权力机关,任何立法权限的扩大,都必须经过国家权力机关的授权,而如果没有国家权力机关的授权,其他主体都不能行使立法权;而且这种立法授权,应当通过明确的直接的方式,而不是通过所谓推演或延伸的解释方式。在我国授权立法制度中,被授权主体倾向于中央国家机关,而不倾向于授予地方立法机关。然而,这种倾向实际上达不到授权所希望实现的效果。为此,除了对自由贸易试验区发展中的共性问题作出原则性规定外,国家还要进一步加强

对地方立法的授权。换言之,要加强自由贸易试验区的地方法治建设,首先必须将试验区所在地的地方立法机关作为被授权主体,这是其获得立法授权的前提和基础。要改变只有国务院和经济特区及少数省份作为被授权主体的现状,赋予试验区所在地的地方立法机关被授权主体的资格。

其实,任何制度都不是一成不变的,在我国,即使是授权立法制度的产生与发展,也呈现出发展的态势。例如,由一开始的只有全国人大常委会是被授权机关,到国务院、经济特区成为被授权主体,甚至后来的两高、中央军事委员会等成为被授权机关,都体现了授权立法制度与时俱进的务实性的一面。改革既不是"法外之地",更不是"法律禁地",立法授权改革的方式正在成为一项将改革决策与立法决策相统一、相衔接的日益重要的立法方式。[1] 特别是 2021 年 6 月 10 日,全国人大常委会以决定的形式直接授权上海市人大及其常委会比照经济特区法规,制定对法律、行政法规、部门规章具有变通性质的浦东新区法规[2],这也是全国人大首次授权非经济特区的上海以更大的地方立法权,并将其写入新修订的《立法法》之中,也再次表明了立法授权制度应当与时俱进,应当根据社会经济发展现实的迫切需要而适时作出变革的基本原理。当下,在试验区不断发展而国家权力机关甚至国家行政机关难以制定试验区所需要的立法规范时,赋予试验区所在地的地方立法机关行使相应立法权,成为授权立法制度发展的必然结果。实际上,赋予试验区所在地的地方为被授权主体,并不意味着它们一定就获得相应的授权,而是否授权以及授予何种权力,还必须根据现实需要,由国家权力机关来决定。因此,获得被授权资格,只是具备一种进行立法的可能性,而并非是必然性,不会出现滥用立法授权问题。

为了确保授权立法的质量,在试验区所在地的地方被授权主体中,建议首选的是授权地方权力机关,这是由地方权力机关的性质和立法水平决定的,而在少数情况下也可以授予地方行政机关。但无论如何,不能将试验区管委会作为被授权主体,管委会只能作为管理主体,不能拥有任何形式的立

---

[1] 袁曙宏:《准确把握新形势下改革与法治的关系》,载《学习时报》2015 年 7 月 30 日第 4 版。
[2] 2023 年修订的《立法法》对上海制定浦东新区法规权进行了确认。

法权。对此,国家权力机关可以作出立法解释,明确必要情况下,地方立法机关主要是地方权力机关可以作为被授权主体,从而为试验区的地方立法提供法律空间。

(二) 变通型授权立法应成为试验区地方授权立法的主要形式

通常而言,地方立法有执行性立法和创制性立法。执行性立法是对上位法的执行,显然不是试验区所需要的立法形式,而通常所说的创制性立法,仍然属于一般地方的立法,不是授权后的地方立法,因为"无论是执行性法规还是创制性法规,一般地方性法规所要遵循的一个基本要求是'不抵触',即一般地方性法规不能与法律与行政法规的已有规定不相一致"。[①] 自由贸易试验区的地方立法是具有先行先试性质的立法。如果从更为广泛的意义上讲,先行先试地方立法可以分为变通型立法和填补空白型立法,其中,填补空白型立法是在没有上位法的前提下所制定的地方立法规范。然而,在法治已经比较健全的今天,填补空白型的立法基本上不存在了,而且如果真的有,恐怕也不是地方立法所能解决的。当下,上位法比较健全,基本覆盖所有领域,但并不适应试验区的新情况,难以满足试验区发展需要,在这种情况下,不仅需要在试验区暂停适用,还需要试验区的地方立法机关拥有"立法变通权",对相关上位法的规定作出变通,突破上位法的框架,以求与试验区发展的现实相适应。

立法变通权最初来自民族自治区域和经济特区。前者是指"民族自治地方的立法机关根据法律规定对有关国家法律和行政法规的内容作出一定的改变,使之符合本民族自治地方法治建设的需要"[②];后者是经济特区所在地的地方立法机关运用经济特区立法权力,对国家法律作出的局部突破。

对上位法的变通权必须有国家权力机关的明确授权,因为法律是国家立法机关制定的,如果需要修改,也自然应由国家立法机关作出修改,但囿

---

① 何家华、高頔:《经济特区立法变通权的变通之道——以深圳市变通类立法为样本的分析》,载《河南师范大学学报(哲学社会科学版)》2019年第2期。
② 徐合平:《民族自治地方立法变通权解析》,载《中南民族大学学报(人文社会科学版)》2015年第5期。

于国家立法机关对试验区情况的熟悉程度不如试验区所在地的地方立法机关,为此,将修改变通权授予地方权力机关,更能够为试验区提供所需要的立法规范。变通型立法对试验区来说,至少具有以下功能:一是在法律没有规定的情况下创制出新的条文,起到填补法律规范空白的作用;二是对原有条文作出变更,突破原有法律的规定,修改为适合试验区需要的法律规范;三是对原有条文进行进一步延伸,起到补充作用。因此,如果从更广义上讲,变通型立法可以包含填补空白型立法。

行使立法变通权的主体是地方权力机关,以省级权力机关为主,必要时,可以授权到设区的市的地方权力机关;在变通权限范围方面,主要是经济方面以及与经济发展相关的立法权事项。

变通型立法不仅可以对上位法的内容进行必要修改,而且还可以根据试验区的需要,创新地方授权立法的制定形式。从理论上讲,地方立法通常是地方立法机关在立法权限下制定本地的立法规范,并在本辖区范围内实施,不能超出地域范围在其他地方适用。然而,由于自由贸易试验区涉及发挥比较优势的问题,不能孤立地各自发展,还要运用比较优势形成具有相互支撑的发展格局问题,如果不顾其他自由贸易试验区而只进行独立立法,就难以发挥比较优势的作用,也不易形成一定的发展格局。比如,上海自由贸易试验区、江苏自由贸易试验区、浙江自由贸易试验区、安徽自由贸易试验区四个自由贸易试验区就有推动长三角区域一体化的战略合作目标,而不仅仅是各自独立的发展目标。在这种情况下,不仅要注重本地自由贸易试验区的地方立法问题,还常常通过签订一定的合作协议来加强合作,并充分利用比较优势进行立法。然而,这种所签的合作协议的性质与效力一直是个问题,政府间签订的合作协议效力在我国现行法律中并没有得到承认,不是法律渊源之一,由此也影响这种合作方式的进一步推进和合作协议作用的充分发挥。为此,就需要创新地方立法形式,允许不同自由贸易试验区所在地的地方通过签订合作协议的方式来实现优势互补,并将这种合作协议作为自由贸易试验区地方立法的一种形式,赋予其法律效力,使之成为法律渊源的形式,也作为自由贸易试验区变通型立法的一种形式。

（三）对试验区所在地的地方采取精准授权方式

1. 精准立法授权成为地方立法授权的基本方向

在我国授权立法制度的发展历程中，宽泛式甚至空白式授权是一个重要特征。无论是国家权力机关对国务院的授权，还是对当年经济特区的授权，都授予其非常广泛的立法权限，呈现出一揽子授权特点。一揽子立法授权的最大问题在于，不仅没有针对性，而且也会造成授权立法的滥用，国家难以把控，尤其是各自由贸易试验区所需授权的情形不同，一揽子授权已经不适应新形势下自由贸易试验区法治建设的需要，必须摒弃。新修订的《立法法》虽然对立法授权作出更为具体的规定，要求"授权决定应当明确授权的目的、事项、范围、期限以及被授权机关实施授权决定应当遵循的原则等"，与以往相比，"已经有了很大进步，但仍未跳出粗放型模式，在实践中不易把握，也极易出现滥用授权的情形"。[1]

创新立法授权方式，最关键的是采取精准授权，而不是一揽子授权。精准立法授权是指根据各自由贸易试验区法治建设的需要，采取需要什么授权，就给予其相应的授权，而不需要的，则不必赋予，以此提高立法授权的针对性，由此就形成一区一授权、一事一授权制度。

2. 精准立法授权的具体方式

精准立法授权的最大难题是作为授权机关，如何才能知道相关自由贸易试验区需要什么样的立法权？不能精准地知晓，又如何精准授权？对这个问题，可以采取适当的方式予以解决，即采取申请、批准的立法授权模式来加以解决。

第一，由自由贸易试验区所在地的地方立法机关对所要授权的范围和事项进行申请。各地方根据本地自由贸易试验区发展的需要，根据国家对自由贸易试验区发展的定位，提出立法授权申请。在申请中要充分说明授权的必要性、授权范围、授权后将以何种方式进行地方立法、创制性立法可能突破哪些上位法、地方立法完成的时间以及初步框架等。采取申请的方

---

[1] 王春业：《论我国"特定区域"法治先行》，载《中国法学》2020年第3期。

式,一方面可以调动地方立法的积极性和主观能动性,让他们开动脑筋,而不是被动地等待国家的授权;另一方面也减轻国家授权机关的工作负担,而无须国家授权机关主动去调研。

在申请中,还可以采取分类申请方式:第一类是立法方案的申请,即在地方立法文本制定之前的申请,为进一步制定做好准备。第二类是整部地方立法文本初步形成后的申请,实际上就是一部地方立法的批准程序。第三类是地方立法的部分创新条款的申请,因为在一部地方立法中,不可能都是创新性条款,可能只有几条具有创新性和突破性。此时,相关地方机关可就突破性的创新条款申请批准,以实现精准立法授权。

第二,国家权力机关的审查与批准。我国立法权的根在中央,尤其是在全国人大及其常委会,对于自由贸易试验区授权立法申请是否可行,国家立法机关要进行审查,审查立法授权是否符合中央关于该自由贸易试验区发展的要求,审查授权的必要性和可行性,授权后的效果预测和风险评估等,以决定是否授权和授予哪些立法权限。

第三,地方立法进行创制性立法,并报请国家权力机关作出批准。这主要针对采取立法授权方案申请情况而言的,而对于已经将地方立法文本提交申请的,则不必经过这一程序。批准程序应当是必经环节,因为地方对自由贸易试验区的立法已经在许多方面突破了上位法,尤其是涉及中央事权或省级地方事权的下放问题,只有获得国家权力机关的批准,才能真正解决合法性问题,并为这些地方立法的实施扫平障碍。

第四,建立立法规范适用冲突解决机制。自由贸易试验区创制性地方立法并非是一部孤立的立法,实际上对相关事项往往已经有了上位法或同位法的规定,而当自由贸易试验区创制性的地方立法与上述立法不一致时,就需要解决其优先适用问题,以防止实践中的立法冲突问题出现。为此,需要在相关创制性立法中作出明确规定,或在国家权力机关作出授权决定时就予以明确,为解决立法冲突问题提供依据。

第五,定期评估制度。自由贸易试验区具有试验性特点,同样,自由贸易试验区的地方立法也具有先行先试的特点,立法的效果主要通过实践来检验,为此,国家必须定期对自由贸易试验区授权的地方立法进行评估,主要是评估其实施效果、存在的问题、继续授权的必要性,以及上升为法律的时机是否成熟等,为进一步决策奠定基础。

需要说明的是,当自由贸易试验区所在地的地方立法机关成为被授权主体时,不仅可以根据授权制定所需要的地方立法,而且也可以像国家权力机关一样,对同位的其他地方立法中某些不适应自由贸易试验区发展需要的规定进行暂停适用或暂时调整。对此,也许有人认为,这是其应有的权力,无须授权,其实不然。因为许多地方立法中都涉及对上位法的细化和执行,如果没有授权,是不能随意暂停适用或暂时调整的,而经过授权,此问题便迎刃而解。

第六章
立法解释

第一节 立法解释的概念

立法解释是法律解释[①]的一种形式,区别于法的解释中的非正式解释,是具有法律约束力的正式解释,指享有法定解释权的主体对法律内容和含义所作的说明,这里的法律不限于狭义的法律,而是包括宪法、法律、法规在内的所有法律文件。

我国法律解释制度的基本框架奠定于全国人大常委会1981年公布的《全国人民代表大会常务委员会关于加强法律解释工作的决议》(以下简称1981年《决议》),其中就法律解释的对象、主体、权限划分、内容、争议解决等方面作了原则性规定。结合2023年《立法法》、1982年《宪法》等法律规定以及我国法律的实践过程来看,我国法律的正式解释可以分为司法解释、行政解释和立法解释。司法解释是指国家最高司法机关在适用法律的过程中对如何具体应用法律的问题所作的解释,包括审判解释、检察解释和审判检察联合解释。行政解释是指国家行政机关在依法行使职权时对有关法律、法

[①] 此处的法律解释为专有名词,后文"对法律的解释"中出现的法律解释为立法解释中以全国人大常委会制定的法律为对象的解释。

规如何具体应用问题所作的解释,包括国务院及其主管部门对不属于审判和检察工作中的其他法律如何具体应用问题所作的解释以及省、自治区、直辖市人民政府主管部门对地方性法规如何具体应用的问题所作的解释。

一、立法解释的定义

立法解释的定义有广义与狭义之分,这种区分主要源于对"立法机关"的不同理解。前者是循文责义,把"立法机关"理解为"制定法律的机关","法律"的范围决定"立法机关"的范围。后者是相对于司法机关和行政机关,把"立法机关"理解为"权力机关"。法学教材中常展示广义的立法解释,学术讨论中则更多采用狭义的立法解释。

(一) 广义的立法解释

我国主流教材通常采用广义的立法解释。广义的立法解释中的"立法"为制定法律文件,即解释主体应当是法律文件制定主体,因此立法解释泛指所有依法有权制定法律、法规、规章的国家机关或其授权机关对自己制定的法律文件进行的说明。在这种定义下立法解释的主体为实际进行立法的机关,范围广于规范意义的立法机关。根据所作主体不同,我国广义的立法解释包括:

全国人大常委会对宪法的解释,以及对法律的规定需要进一步明确具体含义或法律制定后出现新的情况,需要明确适用法律依据的解释;国务院及其主管部门对自己制定的需要进一步明确界限或作补充规定的行政法规、规章的解释;省、自治区、直辖市和其他有权制定地方性法规规章的地方人大常委会及政府对自己制定的需要进一步明确界限或作补充规定的地方性法规规章的解释。[①]

广义的立法解释在主体、内容和性质上都有别于司法解释与行政解释。从主体上说,立法解释是指制定机关作出的,为使法律准确适用而对其条款

---

① 张文显:《法理学》,高等教育出版社、北京大学出版社 2007 年版,第 282 页。

的立法含义的明确说明。立法解释严格限于立法机关对自己制定的法律、法规、规章的解释,超越之外就不是立法解释。如国务院对全国人大制定的法律进行解释,为行政解释而非立法解释;从内容上说,立法解释的内容是对不确定或不很确定的法律条文的含义分辨其歧义,明确其界限,补充有缺漏的法律条文,甚至扩充法律条文的基本含义,既不是对法律实施中如何具体把握运用条文所作的说明,也不是对法律条文字面意义的理解说明,这些属于行政解释、司法解释或仅是学理解释、法律解答;从性质上看,立法解释属于立法行为的范畴,通过对原有立法进行解释,弥补原有立法的不足、解决新情况下的新问题,具有完善立法的重要作用,是原有立法的组成部分,与原有立法具有同等的法律效力,而司法解释和行政解释仅是为适用或执行法律而对法律的具体化。因此在任何情况下,同一层次的立法解释的效力都高于司法解释与行政解释。

(二) 狭义的立法解释

从狭义上说,立法解释、司法解释与行政解释以解释主体为单一划分标准,即立法解释专指国家立法机关对法律所作的解释,根据《立法法》第48条,我国法律解释权属于全国人民代表大会常务委员会。

相较于广义的立法解释,狭义的立法解释排除了制定行政法规和行政规章的行政机关对其所制定之法的解释。狭义的立法解释认为拥有行政立法权的机关可以对其所制定之法进行解释,虽然在法理上是遵循"谁制定,谁解释"的原则,但这种解释行为本质上仍属于行政行为而非立法行为。因此行政机关对其所制定之法的解释和行政机关在适用法的过程中所作出的具体应用解释都属于执行中的解释,应当属于行政解释。[1]

二、立法解释的意义

法律的生命在于适用。正如王立明教授所言:"一个解释者的时代到

---

[1] 刘桂新、江国华:《中国立法解释制度的困境与出路》,载《学习与实践》2015年第5期。

来"①。在社会主义法律体系形成后，中国法治建设的重心不再是解决无法可依的问题，而是法律应当如何有效适用的问题。为此，需要有效解释法律、强化法律适用。立法解释相较于行政解释与司法解释，遵循"谁制定，谁解释"的原则，回归立法目的进而发挥法律的社会效果，具有更强的公信度，在法律实践中具有十分重要的意义。

《立法法》第48条规定了应当进行立法解释的两种情况：法律的规定需要进一步明确具体含义时和法律制定后出现新情况需要明确适用法律依据时。由此可见，立法解释在实践中的两方面重要意义：维护法制统一进而定分止争，保障稳定性的前提下对抗滞后性。

第一，立法解释可以化解调和法律实践中的争议。法律实施过程中常出现理解上的争议，一方面是由于法律效力的普遍性决定了条文本身不能过于具体，天然保留解释的空间；另一方面是法律术语与日常表达的不同，部分源于法律职业者的创设，文义理解要求较高，并且由于个体认知水平、生活经验等主观因素各不相同，即使是同一法律条文也能产生不同的理解判断，需要立法者做出权威解释；同时争议还会出现在制定过程中，因立法主体效力等级、部门归属的不同，常导致所立之法产生矛盾抵触、交叉重复或空白缺陷等，此时也需要立法解释加以调和解决。

第二，立法解释可以更高效地调和法的滞后性与稳定性的矛盾。法具有滞后性但又要保持一定的稳定性，这意味着法律要顺应社会变迁作出必要改变，但改变幅度应当在合理范围内，让公众能够平稳接受，保障法律的权威性。当社会中出现纷繁复杂的变化时，需要通过法的制定、修改或法的解释来弥补。充分发挥法律的调整功能，并不等于要制定出数量庞大、事无巨细的法律。人类法律发展史上曾经出现过诸多制定"完备"法律的努力，但均未取得圆满结局。并且，相较于程序严格的法的制定与法的修改，法的解释显然是更高效与经济的选择。

但同时需要注意的是，立法解释在法的实施中发挥的重要作用仅限于明确法条的具体含义以及针对新情况的说明，不包括补充新内容。"补充"

---

① 王利明：《论法律解释之必要性》，载《中国法律评论》2014年第2期。

意味着修改甚至制定,如果以补充法律的方式进行立法解释,就模糊了立法解释与立法的界限,造成立法解释功能的越界。这是当前立法解释制度存在的问题之一,将在本章第三节进一步论证。

三、立法解释的种类

广义的立法解释对象包括宪法、法律、行政法规、地方性法规、规章,狭义的立法解释对象包括宪法和法律。另外,港澳基本法还特别规定了全国人大常委会对两个基本法的解释权。本书重点阐述对宪法、法律、行政法规、地方性法规的解释。

(一) 对宪法的解释

目前,我国采用立法机关解释宪法的体制,即由全国人大常委会解释宪法。原因有三:一是全国人大常委会享有国家立法权,立法权与解释权的统一符合法律解释"探寻和依照立法原意或立法意图"的基本原理,[1]有利于全面、准确地把握法律含义,保证宪法解释的科学性;二是全国人大常委会是宪法实施的监督机关,监督权与解释权的统一有利于宪法解释的权威性;三是全国人大常委会作为国家最高权力机关的常设机关,其组成人员富有政治和社会经验,具有充沛的知识储备,能够保证宪法解释的合法性与合理性。

然而,对宪法的立法解释制也存在着明显的局限性,立法机关在解释工作中占主导,容易使立法机关的意思代替宪法的原意,从而出现汉密尔顿所说的那种情况,即"代表的地位反高于所代表的主体,仆役反高于主人,人民的代表反高于人民本身"。[2] 因此,立法解释的对象是否包含宪法在理论界是有争议的。

一种观点认为宪法解释是特殊的立法解释,其特殊性体现在两方面:一

---

[1] 张志铭:《关于中国法律解释体制的思考》,载《中国社会科学》1997年第2期。
[2] [美]汉密尔顿等:《联邦党人文集》,程逢如等译,商务印书馆1980年版,第392页。

是宪法解释只允许进行立法解释,而不允许进行行政解释或司法解释;二是宪法解释主体具有专一性,只能由一个专门的、最权威的机关来实行。宪法解释的特殊性来源于宪法本身的特殊性,宪法是"法律的法律",宪法与普通法律相比,具有历史性、简洁性、包容性、妥协性、敏感性等不同特征,因此宪法解释也就具有与一般立法解释不同的许多特点。同时,宪法作为根本大法,宪法解释程序必然比普通法律解释程序更加严格。然而即便存在特殊性,宪法仍是法律的一种,宪法解释仍是一种广义的立法解释,宪法解释的原则、方法、程序以及运作的一般原理都遵循立法解释的一般规律。

另一种观点认为全国人大常委会对宪法的解释权并不是立法解释权,而是我国违宪审查制度的内在组成部分。首先,我国宪法实施的方式具有特殊性,全国人大常委会通过解释宪法来实施对其他法律、法规的违宪审查,因此宪法解释权在实践过程中发挥着保障宪法实施、进行违宪审查的作用,这与普通法律解释弥补法律漏洞、明晰法律含义的功能并不相同。其次,我国《立法法》规定的法律解释的对象也是限于普通法律,没有宪法解释的明确说明,至于宪法的解释程序,也应当在宪法中作出规定,不宜与普通法律的立法解释程序混淆。由此可见,在功能与规范上宪法解释更宜纳入违宪审查制度内,区别于普通的法律解释权。

(二) 对法律的解释

作为立法解释对象的法律是狭义的法律,指全国人大及其常委会制定的法律。我国宪法规定了全国人大常委会有权解释法律。1981年《决议》规定,凡关于法律、法令条文本身需要进一步明确界限或作补充规定的,由全国人民代表大会常务委员会进行解释或用法令加以规定。《立法法》中关于法律解释的内容也有较为详细的叙述,如第48条规定:"法律解释权属于全国人民代表大会常务委员会。法律有以下情况之一的,由全国人民代表大会常务委员会解释:(一)法律的规定需要进一步明确具体含义的;(二)法律制定后出现新的情况,需要明确适用法律依据的。"第53条明确规定了立法解释的法律效力:"全国人民代表大会常务委员会的法律解释同法律具有同等效力。"

(三) 对行政法规的解释

仅广义的立法解释包含行政机关对行政法规的解释,狭义的立法解释排除了最高国家行政机关对其所制定的行政法规作出解释的情境。

行政法规是否能够作为立法解释的对象虽存有争议,但学界关注一直较少。一是因为行政法规解释的本身需求较小,行政法规是基于行政管理职能而制定的,为提高可操作性,条文内容本就较为具体,立法解释的空间较小,开展频率较低。二是《立法法》对行政法规的解释权归属也没有明文规定,行政法规解释的理论讨论在实践中暂无依托。仅1999年国务院办公厅发出的《国务院办公厅关于行政法规解释权限和程序问题的通知》(国办发〔1999〕43号),对行政法规的立法解释作了规定:"凡属于行政法规条文本身需要进一步明确界限或者作补充规定的问题,由国务院作出解释。"实践中如果行政法规附则中没有规定解释主体的,则一般推定由国务院解释。行政法规也可以由国务院授权其他机关进行解释。

(四) 对地方性法规的解释

省级人大常委会是地方性法规的解释主体。1981年《决议》按照"法律条文本身"和"法律具体应用"的思路作出规定:"凡属于地方性法规条文本身需要进一步明确界限或作补充规定的,由制定法规的省、自治区、直辖市人民代表大会常务委员会进行解释或作出规定","凡属于地方性法规如何具体应用的问题,由省、自治区、直辖市人民政府主管部门进行解释",前者为立法解释,后者为行政解释。

地方性法规的立法解释在理论上是清晰的,但实践中却是复杂而不统一的,尤其是将地方性法规的解释权明确授予其他国家机关行使,如政府及其他有关部门等,明显有违1981年《决议》。其出现的主要原因是地方性法规要起到补充国家立法以及各地因地制宜自主解决本地方事务的重要作用,立法解释就需要依托更高的治理技术与行政经验,因此将地方性法规的解释权授予其他具有更丰富一线工作治理经验的国家机关。这种"有权制定法律的机关并不一定亲自解释该法律"的模式在我国立法解释体制中并非首例，如全国人大制定的法律就由全国人大常委会进行解释，因为人大架构庞大、会期稀疏很难亲自解释法律，只能将法律解释权授予人大常委会。从现实需要来看，这种立法解释模式是一种更可行和可取的选择，但将其推及地方性法规的解释权转授是不合适的。

四、立法解释的效力

关于立法解释的效力问题，学者们普遍认为它具有同等性，即立法解释与被解释在法律效力上具有同等效力，但也有某些方面的特殊性。具体而言：

第一，效力等级的同等性。立法解释是立法的延伸，因此，经由合法程序做出的立法解释与被解释的法应当具有同等级的效力。也就是说，被解释的法在法律体系中的位阶怎样，立法解释的效力就怎样。《立法法》第53条规定，全国人大常委会的法律解释同法律具有同等效力。《行政法规制定程序条例》第3条规定，行政法规的解释与行政法规具有同等效力。依此推论，省级、设区的市级人大常委会对相应的地方性法规的解释同地方性法规具有同等效力。

第二，在适用空间和对象上与法本身效力的同等性。被解释的法律文件在什么范围内有效，立法解释就在什么范围内发生效力。被解释的法适用于哪些对象（自然人、法人等），立法解释就适用于哪些对象。

第三，时间效力上的特殊性以及无害追溯性。与法的时间效力具有复杂性一样，立法解释的时间效力也是一个比较复杂的问题。一般来说，立法解释的时间效力从属于法的时间效力，即法从什么时候起生效，立法解释的效力也从什么时候开始。但是，在某些情况下，立法解释的时间效力就成为一个值得研究的问题。如立法解释发生在法律生效之后，有些立法解释可能是法律生效之后数年、数十年甚至更长时间才做出的。这就出现立法解释对于此前发生的行为有无溯及力的问题。我们认为，在此问题上应当遵循两个原则：

一是不溯及既往原则。法是指导人们行为的准则，一般只适用于它生效后的行为、事件和形成的关系。国家不能用今天的法律规范指导昨天人们的行为,命令人们昨天应该做这或做那,亦不能以人们先前的某种行为现在看来违法为由而制裁他们。所以,新公告的立法解释不能推翻此前已经生效的法律判决和已经实施的其他法律行为。

二是有利追溯原则。法不溯及既往的原则不是绝对的。在有些情况下,立法者可以把新法溯及既往适用于过去的行为、事件和关系,以补充非溯及既往原则的缺失。但这样做时,应遵循无害追溯原则。无害追溯在民法中多表现为容易滥用的本性,立法解释也不例外,所以此处有加强监督的必要。

第二节 立法解释的方法

立法解释的方法由表及里包括立法解释的方式、程序、技术及原则。立法解释的方式指呈现于公众视野下的立法解释形式与成果,立法解释程序是指部门间对解释发起至公布的全过程准则,立法解释技术是对具体法律条文进行释疑说明的方式手段,立法原则贯穿立法解释工作始末,是应当恪守的底线与追求的目标。

一、立法解释的方式

虽然在《立法法》和《行政法规制定程序条例》中对立法解释程序进行了简要规定,但我国立法解释工作尚未制度化。不同部门对如何进行立法解释各有规定,甚至同一部门在进行立法解释时也难免出现不遵循已有规定或方式方法不统一等现象。

目前主要的立法解释的方式有三种:一是立法时,在法律附则中对法律条文中的一些名词进行解释,这种立法解释形式又被称为事前解释,是为预防法律、法规在实施时产生疑问而预先在法律、法规中对有关条款和概念术语加以解释；二是根据法定的立法解释权，由立法机关针对法律实施中提出的具体问题或带普遍性的问题进行解释，这种解释也被称为事后解释，一般所说的立法解释是事后解释；三是有的法律在提请审议时的说明中，对法律的原则或条文进行解释说明，这也是具有一定法律效力的解释。[①] 本章讨论的主要是第二种形式的立法解释。

理论上，进行立法解释的机关应当明确宣称是对某条法律内容的解释，但分析全国人大常委会的立法解释情况，不难发现鲜有以解释为名的解释，都是以专门决定或决议的方式进行的。例如1955年间，全国人大常委会通过第8次、第23次会议分别对1954年宪法中关于地方人大任期问题、地方各级人民委员会组成人员范围问题进行解释说明，同年第26次会议关于地方人民法院院长和人民检察院检察长可否兼任人民委员会组成人员问题的决定，则是对宪法、人民法院和人民检察院组织法有关条文的补充说明。1979年2月，第五届全国人大常委会第六次会议决定设立全国人大常委会法制委员会，法制委员会的职能包括"解释宪法""对各省、自治区、直辖市人大常委会及中央和国家机关有关部门提出的有关法律方面问题的询问进行研究予以答复"，因此法制委员会实际承担了立法解释的工作，但法制委员会并没有解释权，所作解释只能算作一般法律解答，不具有法律效力。

由于全国人大常委会的解释工作均以决定的方式进行，后期很大部分解释工作又转移至法制委员会，以答复形式呈现，解释性并不明显，导致有观点认为全国人大常委会并未作出过正式的法律解释，但就实质效力而言，全国人大常委会仍在法律解释工作中发挥着主导作用。

二、立法解释的程序

（一）宪法解释的程序[②]

我国是立法机关解释宪法的体制，全国人大常委会享有宪法解释的权

[①] 蔡定剑、刘星红：《论立法解释》，载《中国法学》1993年第6期。
[②] 周叶中：《宪法》，高等教育出版社2016年版，339-340页。

力。宪法解释程序与一般的立法程序基本相同。首先是向全国人大常委会提出宪法解释，提出宪法解释的主体与提出一般立法解释的主体相同，为国务院、中央军事委员会、国家监察委员会、最高人民法院、最高人民检察院和全国人民代表大会各专门委员会以及省、自治区、直辖市的人民代表大会常务委员会，值得注意的是，《立法法》2023年的最新修正中增设国家监察委员会也可提出法律解释要求或提出相关法律案，范围比较广泛。其次是审查宪法解释，即宪法解释机关按照一定程序审查，决定是否进行解释。全国人大常委会可以直接审查部分宪法解释要求，也可以委托全国人民代表大会设立的专门委员会先进行审查，审查结束后再向全国人民代表大会常务委员会提交审查报告。再次是对宪法解释进行表决，宪法解释机关一般都是通过会议的形式行使宪法解释权，对宪法解释进行表决时须过半数赞成方可通过，表决可采用举手方式，也可采用无记名投票的方式。最后是对通过表决的宪法解释予以公布。宪法解释机关对宪法作出解释形成相应的决议，并按照一定程序予以宪法公布，通常自公布之日起发生法律效力。宪法解释一般由国家元首公布。从一般的情况看，宪法解释一旦作出后便成为宪法的组成部分，与宪法条文一样产生普遍的约束力。

（二）法律解释的程序

关于立法解释程序，在《立法法》之前一直没有相应的法律规定，《立法法》第49—52条结合已有的立法解释实践，规定了一个较为简易的程序：提出法律解释要求、拟定法律解释草案、审议法律解释草案、表决并公布法律解释。第一，要启动法律的立法解释，应当由国务院、中央军事委员会、国家监察委员会、最高人民法院、最高人民检察院、全国人民代表大会各专门委员会以及省、自治区、直辖市的人民代表大会常务委员会向全国人民代表大会常务委员会提出法律解释要求。只有执行法律的机关在法律执行中遇到问题才可以提出法律解释要求，理论研究中或普法中遇到的问题，可以采取讨论或法律询问的方式解决。同时在法律执行过程中遇到需要作法律解释时，应当先向其上级机关提出，上级机关能答复解决的，则无须提出立法解释要求。因此能够提出法律解释要求的只能是级别较高的法律执行或适用机关。第二，对于需要解释的法律，统一由常务委员会工作机构即法制工作委员会按照原来制定法律的原意，研究拟订法律解释草案，由委员长会议决定列入常务委员会会议议程。法制工作委员会在研究拟订法律解释草案过程中，应当广泛听取各方面的意见，包括全国人大常委会其他工作机构、法律执行部门、专家学者，以及有关公民、法人和其他组织的意见。第三，法律解释草案进入常务委员会会议审议程序后，由宪法和法律委员会根据常务委员会组成人员的审议意见进行审议、修改，提出法律解释草案表决稿。在这个过程中，法制工作委员会是否需要对法律解释草案内容进行说明，宪法和法律委员会是否提出审议结果报告以及其他专门委员会是否进行审议，暂无明确规定，依据法律草案复杂程度、审议修改程度及实际需要作出相应选择。第四，法律解释草案表决稿由常务委员会全体组成人员的过半数通过，由常务委员会发布公告予以公布。法律解释并不是新的法律，而是原有法律的一部分，因此没有规定要由国家主席签署公布法律解释。但法律解释享有与法律相同的效力，因此规定了常委会应以公告的形式公布法律解释。

（三）行政法规解释的程序

关于行政法规解释的程序，《立法法》中没有明确规定，在2017年修订的《行政法规制定程序条例》第六章中作出关于提出解释要求、答复解释内容、拟定解释草案及公布解释的简要规定：国务院各部门和省、自治区、直辖市人民政府可以向国务院提出行政法规解释要求。对属于行政工作中具体应用行政法规的问题，省、自治区、直辖市人民政府法制机构以及国务院有关部门法制机构请求国务院法制机构解释的，国务院法制机构可以研究答复；其中涉及重大问题的，由国务院法制机构提出意见，报国务院同意后答复。国务院法制机构研究拟订行政法规解释草案，报国务院同意后，由国务院公布或者由国务院授权国务院有关部门公布。行政法规的解释与行政法规具有同等效力。

三、立法解释的技术

立法解释方法分为两大类：一般解释方法和特殊解释方法。其中，一般解释方法包括语法解释、逻辑解释、系统解释、历史解释、目的解释和当然解释等；特殊解释则包括字面解释、扩充解释、限制解释和狭义解释、广义解释。除此以外，学界还提出了社会学解释方法[1]，即法作为社会中的法，将社会学解释方法引入法解释学形成社会学解释，对前述每一种解释可能产生的社会效果加以预测，然后以社会目的衡量何种解释所产生的社会效果更符合社会目的。

立法解释不仅具有工具的维度，还具有价值的取向，其目的是实现社会的善治和法律的善。因此立法解释方法的选择能够折射出解释者内心的目标追求，这种追求可能是立法者的原旨、法律文本的字面文义、解释者内心理解的某种正义价值，还可能是立法本身的精神与价值、社会当下的主流价值追求等。[2] 相较于司法解释与行政解释，由立法机关进行的立法解释目的更集中于对立法原旨、立法文本原意的探寻，同时考虑到立法解释的权威性，也兼顾社会效果预测的目的衡量。基于此类的目的选择，立法解释技术主要集中于文义解释、体系解释、目的解释、限制解释及社会学解释。

(一) 文义解释

文义解释是指按照法律条文的字面含义和日常含义来理解法律的意思，以对法律服从的姿态来追求"法律文本"的意旨。

文义解释的具体方法有：(1)根据语言文字的通常意义予以解释。虽然法律语言具有一定的专业性要求，但法律条文的表述仍应充分考虑本民族的语言习惯。在解释法律文本时，也应当依据语法规则，以最常用、自然、明显的含义进行表述。(2)依某一专业学科的通行理论或学说解释。如《民法

---

[1] 梁慧星：《论法律解释方法》，载《比较法研究》1993年第1期。
[2] 解永照：《论法律解释的目标》，载《山东社会科学》2017年第3期。

典》中规定的"出生"和"死亡",就应当参考医学上概念,按照医学的一般意义予以解释。(3)依法律用语的特定含义解释。法律工作者之间的交流或相关法律文件中会使用法律专业术语,其含义不同于日常用语的字面含义,即所谓"法言法语",在对有关术语进行解释时,应当遵循立法者的界定。如《民法典》中所称"善意第三人"中的善意,不能依其语词意义解释为善良或慈善,而是指不知情;同样,"恶意"也非指恶劣意愿或罪恶意图,而是指知情。

文义解释是获得绝大多数法律人认同的最具基础性的法律解释方法,其必要性与优先性是由现代法治对法律客观性的追求所决定。不少学者对文义解释给予极高的方法论地位,"文义解释方法的必要性源于法治理想,其理论上的可能性源于法律存在的客观性,其目的也在于使解释结果有可预测性,从而增大法律自身意义的稳定性。法律必须服从,这是法治的最基本要求。但是服从并不是盲从,不是理解也得执行,不理解也得执行,而是强调只有理解了才能执行。这里的理解首先是对法律规定语词的共识性理解,而不是个性的独特理解"。[①] 立法解释作为效力等级最高的法律解释类型,更应优先适用文义解释,尊重立法原意,遵循法治原则。

(二) 体系解释

体系解释融合了系统解释与逻辑解释,是指将被解释的法律条文放在整部法律乃至整个法律体系中,运用形式逻辑的方法分析法律规范的结构、内容、适用范围和所用概念间的关系,保持法律内部的统一性。

体系解释有两种基本类型:一种是法律外在体系解释,是探究法律概念的外在含义之间的联系;一种是法律内在体系解释,是把某一个法律条文放置在整个法律的目的或价值体系中来进行解释。

体系解释最基本的目标是保证法律体系的融贯性,避免对个别规范的理解在逻辑上与规范的整体性发生冲突。相较于执行者,立法者在使用体系解释时具有天然的优越性,因为在立法过程中就进行了法律体系的构建,

---

[①] 陈金钊:《文义解释:法律方法的优位选择》,载《文史哲》2005年第6期。

因此进行局部解释时,更能熟练运用整体思维,熟悉体系关系。可以说,体系解释体现了法律文本意旨与立法者意旨的结合,立法者通过法律文本所处的环境,在部分与整体的循环往复中磨合推敲出最终含义,维护了法律的一致性与整体性。

(三) 目的解释

所谓目的解释,是根据法条所保护的目的来阐释法律意义的一种方法。目的解释的依据有法条的目的、法典的目的以及特殊时期的司法政策,这也意味着相较于文义解释、体系解释,目的解释并不完全忠于法律条文本身,作出何种解释内容,最终都是由解释者所要追寻的目标决定的。

目的解释在学理上可以分为主观目的解释和客观目的解释,前者强调法律解释应当以阐释立法者于制定法律时的真实意图;客观目的解释强调法律解释应当追问当下,理性地思考探寻规范的目的。法律的主观目的解释和客观目的解释应当辩证统一,一方面要从规范文本、有权机关的解释等角度探讨立法者通过法条意图表达的主观目的;另一方面,为了使得法条具有应变性,也应当根据社会生活的客观需要,探求法律条文在当下司法语境下的标准意义。

(四) 限制解释

限制解释又称从严解释,是指对法律条文作出窄于字面含义的解释。限制解释在于限定法律条文的适用范围,能起到防止滥用权力的作用。以美国宪法史为例,宪法制定初期,由联邦主义者操纵的联邦最高法院,确立了州最高法院的某种判决案可以上诉联邦最高法院的宪法性原则。由此产生的后果是以各州为被告的案子挤满了联邦法院,引起了各州的反对。在共和党人的斗争下,国会通过了宪法修正案,对宪法的司法权作了限制解释:"合众国的司法权,不得被解释为适用于由他州公民或任何外国公民或国民对合众国一州提出的或起诉的任何法律或衡平法的诉讼。"通过解释宪法,约束了联邦司法的管辖权。我国法律中需作限制性解释的法律词语是很普遍的。

(五)社会学解释

就是把社会学上的研究方法运用到法律解释中,通过对选择不同的法律解释方法产生的结果所导致的社会效果进行预测,然后将不同结果产生的社会效果进行对比评价,选择最能体现社会目的的解释,其核心就是利益衡量问题。目前我们提倡的政治效果、法律效果与社会效果相统一就是强调社会学解释方法的生动写照。

五、立法解释的原则

(一)法治原则

法治原则是立法解释必须遵循的根本原则。这一原则包括三个方面:第一,尊重立法原意。立法解释只能是一种依据法律文本、并在法律文本范围内的解释,如需突破法律文本,则应启动立法程序修改法律。当然,尊重立法原意并不意味着机械地固守法律条文,更不意味着咬文嚼字,而是要结合立法目的、法律权威、宪法价值来综合考虑。第二,维护法制统一。对低位阶的法的解释不得与高位阶的法的规则、原则相抵触,同时也不能与另一部同位阶的法的规则、原则发生冲突。第三,符合法定权限和程序。立法解释必须符合法律规定的权限和程序,不得越权解释,也不得滥用解释权。

(二)认真对待权利原则

立法主体不仅在立法时要认真对待权利,在进行立法解释时也要认真对待权利。第一,立法解释应无损权利。权利由法律宣告和规定,权利也只能通过立法加以限制或取消,法律解释不能对公民、法人和其他主体的法定权利造成任何损害,不能缩小权利的范围,不能损害权利所包容的资格、利益、自由。第二,立法解释应有利于权利发现和权利扩充。立法者在解释法律时应当根据社会经济、政治和文化发展水平,依照法的精神、法的逻辑和法的经验来发现、拾取和确认这些权利。权利没有确定的量,不能因为法律没有明确宣告而否定某些应有权利的存在。

(三) 利益均衡原则

立法解释往往发生在利益关系模糊,或各种利益之间出现重叠或冲突的时空中,立法解释面对的就是这些模糊、重叠或冲突的情势。立法机关应善于通过法律解释来促成利益的均衡态。为此,在立法解释时,应体现这样一些原则:(1)不损害社会整体利益。在个人利益、集体利益和社会整体利益发生矛盾的时候,一般应考虑使个人利益和集体利益服从社会整体利益。(2)兼顾社会利益、国家利益、集体利益、个人利益,正确认识和处理眼前利益与长远利益、局部利益与整体利益、中央利益与地方利益。(3)承认利益差别,激励人们在法律的范围内尽其所能地实现物质利益和精神利益。

(四) 社会公理原则

立法解释必须符合社会公理,才能增强立法解释的道德权威和社会认同度。这里的"理"泛指党的政策、社会主义道德、社会主义价值观念以及社会主义市场经济、民主政治、精神文明生活中的"公理"。

第三节 我国立法解释的完善

立法解释制度贯穿着我国法律制度的始末,然而随着我国法治建设的逐步完善,法律解释学逐渐显露头角之时,发挥主导作用的立法解释制度却屡遭非议。一方面是对立法解释合法性的质疑,另一方面是对不完善的立法解释制度合理性的诟病,立法解释制度亟待完善与发展。

一、立法解释的理论争议与回应

立法解释是富有本土特色的法律现象,因此对我国立法解释的学理分析一直是学界焦点,加之立法解释制度在运行过程中逐渐暴露其局限性,反对的呼声不断。立法解释的确立基于两个认识命题:一个是"立法归立法,实施归实施",这意味着因为立法者的特殊地位能够做出法律实施者所不能的独特解释,这份解释除了更具洞察力与贴近法律原意外,还更能推动法律的适用与普及;另一个是"有权制定法律,就有权解释法律",这意味着立法者比实施者更有资格进行法律解释,而这种资格似乎是天然具有的,无关乎立法者作出的解释内容如何。

针对这两个命题,反对者提出这样的观点:首先,立法者能否提出比法律实施者更优的法律解释是存疑的。立法解释应当严格遵循法律原意,解释者要受解释对象的全面制约,负有忠实于解释对象的责任,因为一旦超出法律条文原意,就是新的造法行为而非法律解释。如果立法解释与普通立法行为起到类似的作用,也就无法证明在立法的范围之外设立立法解释的必要性,即无须分化出立法解释这一制度。其次,立法者是否天然具有解释法律的资格。立法是立法者意思的表示,既然法律解释的目标在于探寻并依照立法者在立法时的意思(即立法原意),就没有谁能比立法者自身更有资格解释法律。这一观点是法律解释目标上的"主观说"。与"主观说"针锋相对的是"客观说",认为法律一经制定,就与立法者分离,成为一种客观存在,因此,法律解释的目标并不在于探求立法者在立法时的意思,而在于探求存在于法律内部或法律自身的合理意思,并使这种合理意思适应社会的发展变化,在"客观说"的基础上,法律解释应该是实施者的专属权利,即应当全权交由司法解释及行政解释。

反对者的观点具有一定的合理性,也在法律实践过程中造成了不少问题,但立法解释制度在长期的理论争议下仍旧存在且有发展,足以证明其是顺应当下国情的制度体系。目前我国的司法与行政执法正处于发展时期,且我国幅员辽阔,各地区立法发展不平衡,将立法解释权全部交由实施者,容易造成解释权、裁量权的泛滥与矛盾冲突。由立法机关进行法律解释，既符合我国的宪政体制与法制统一要求，又可以在法条、法律解释出现抵触时定分止争。因此现阶段可以对立法解释制度存在的问题进行改革与修正，但不宜全盘推翻。

二、立法解释的实践困境

结合《立法法》、宪法与1981年《决议》来看，立法解释制度基本做到了有法可依，但缺少明确具体的规定，造成实践中立法解释的诸多困境。

（一）立法解释的虚置化

从新中国成立之初起，全国人大常委会就肩负着立法解释的主要任务。在1955年和1956年两年间，全国人大常委会以"决定"的形式发布了8条立法解释，达到了立法解释制度史上的高潮。后期因历史原因，立法解释工作陷入停滞。进入改革开放时期，法制建设如火如荼地开展，立法解释却未能同步进行，正如前文所论述，法制委员会实际承担了很大一部分的法律解答工作，作出了很多没有立法解释之名却行其实的法律指导。直到1996年，全国人大常委会才重新开启了正式的立法解释工作，第一次以"解释"之名作出了一项正式的立法解释，即1996年5月15日第八届全国人大常委会第19次会议通过的《全国人民代表大会常务委员会关于〈中华人民共和国国籍法〉在香港特别行政区实施的几个问题的解释》。在此之后，尤其是2000年《立法法》实施以后，全国人大常委会的立法解释逐渐进入正轨，相继作出了十多个立法解释，内容集中在《基本法》和《刑法》的有关规定。

由此可见，立法解释虚置化的出现，一方面是由于全国人大常委会每两个月开一次会议，工作重心在制定法律，而无暇兼顾法律解释。另一方面是因为立法解释制度不完善，这种不完善表现在科学的运行程序的缺失与统一规范的制定上，例如立法解释没有统一的名目，常以决定之名发布；同时还由于相关法律制定的不尽合理，行政机关在实施法律的过程中，经常以规章和规范性文件等形式将法律实施中的操作性问题另行细化规定，也在一定程度上架空了全国人大常委会的立法解释职能。

(二) 立法解释与司法解释的边界模糊不清

由于全国人大常委会立法解释工作开展较少,出现虚置化倾向,在目前的法律实施过程中,司法机关承担了很大一部分法律解释工作。而根据我国的司法解释制度,司法人员在适用法律过程中对法律的解释权被严格限制,只能由最高人民法院和最高人民检察院统一集中行使,即"两高"通过制定一般化的司法解释文件来解释法律。包括:(1)审判解释,即最高人民法院对审判工作中如何具体应用法律的问题所作的解释;(2)检察解释,即最高人民检察院对检察工作中如何具体应用法律的问题所作的解释;(3)审判、检察联合解释,是指最高人民法院和最高人民检察院对具体应用法律的共同性问题所作的联合解释。在我国,为了工作上配合的便利,有时司法机关与行政机关会联合对法律应用中的共同性问题进行解释。这种解释兼具司法解释和行政解释,被视为具有普遍约束力的法律文件。

在司法实践中,"两高"发布的这些类型的司法解释文件数量远大于立法解释文件。从这些司法解释文件的内容来看,主要是对法律中抽象规定的进一步具体化,但"两高"在制定司法解释文件时,往往不能严格地恪守立法解释与司法解释的边界,从而构成对立法机关权力的侵蚀,形成司法机关造法的局面。

根据1981年《决议》形成的法律解释制度,立法解释与司法解释各有分工,前者是对"法律条文"进行解释,后者是对"具体应用"进行解释,然而实际操作中很难对两者进行明确区分。除了司法机关本身职能的越界,担任了很多本应由立法机关进行但未能进行的解释工作外,还有"法律条文"与"具体应用"的难分难解问题。立法机关不能脱离法律的实际运用去单独谈"法律条文"的解释,司法机关也不能不顾法律本身去进行"具体应用"的开展。可以说,法律具体含义和适用依据的明确,同时也是司法机关在具体应用法律的过程中需要作出解释的问题,需要立法解释的两种情形并不构成立法解释的独特内容,这是立法解释与司法解释的边界模糊不清的本质原因。

（三）立法职能对立法解释职能的侵蚀

基于对立法者释法天然优势的期待，我国享有立法解释权的人大常委会同时又是立法主体，承担着重要的立法职能。由于立法解释与立法在主体上的一致性以及在性质上、程序上的相似性，使得二者之间的边界模糊不清。具体表现在如下方面：(1)两项权利的主要争议焦点就在于全国人大常委会能否作出补充或修正的法律解释，这一点在前文多次论证，一旦立法解释超越解释范围，会造成立法解释与立法职能重复，进而削弱立法解释制度的有效存在价值。(2)程序上的模糊。在《立法法》实施之前，并没有专门的法律对立法解释的程序作出具体详细的规定。在少有的几次立法解释实践中，全国人大常委会一般是参照立法的程序作出立法解释。《立法法》颁布施行之后，其专设"法律解释"一节对全国人大常委会解释法律的程序作出了专门的明确规定，但其程序除了更为简易和不那么严格之外，仍然十分接近立法程序。(3)形式的相似。从已有立法解释文件的外在形式来看，除了篇幅更为短小之外，也十分类同于普通法律文件，即通过逐条列出的形式，对相关问题作出一般性的解释。(4)效力的等同。从立法解释的效力来看，全国人民代表大会常务委员会的法律解释同法律具有同等效力，这也使立法解释与立法尤其是法律的修改无法划清界限。

（四）立法解释主体混乱

以法律解释为例，现行宪法和《立法法》将立法解释权明确授予全国人大常委会，但在实践中，我们常常见到的是，一些并非立法解释法定主体的机构如全国人大常委会法制工作委员会和全国人大常委会办公厅等，也对某些法律问题作出解释和答复。尤其是20世纪70年代后，立法解释数量骤减的一个重要原因就是法制工作委员会代为实行立法解释工作，却无相关实质权力。按照《立法法》和1981年《决议》的规定，全国人大常委会的工作部门不是立法解释权的行使主体，其所作出的"问题答复"虽然可能对处理相关法律问题具有指导作用，但严格说来不具有法律效力。同样的问题也存在于地方性法规的立法解释中。

三、立法解释制度的完善

我国立法解释制度的完善除了对立法解释存在合法性的回应外,还应谋求在现有规范和实践基础上的改进。针对上述我国存在的立法解释问题大致可从监督、程序、主体三个方面予以完善。

(一) 加强立法解释监督

全国人大常委会作为我国最高权力机关的常设机关,在立法解释制度中处于主导地位,所作的立法解释也具有最高法律效力,可以直接排除与之相悖的司法解释及行政解释。然而任何一项没有受到有效监督的权力都容易被滥用,实践中出现的多项问题都可以归结于全国人大常委会并未有效合理地行使立法解释权。除了借助于更为严格明确的程序对其进行规范之外,也应当借助于外在的权力对其进行有效的监督。

基于我国的全国人民代表大会制度及全国人大常委会立法解释的最高权力,这种对立法解释的外在监督只能来自全国人大。全国人大常委会作为立法解释的主体,既可以解释自己所制定的法律,也可以解释全国人民代表大会所制定的基本法律。而根据我国《宪法》和《立法法》的有关规定,全国人大制定的基本法律在效力位阶上高于全国人大常委会制定的法律。

然而根据《立法法》的规定,"全国人民代表大会常务委员会的法律解释同法律具有同等效力",这也意味着当全国人大常委会对全国人民代表大会制定的基本法律进行解释时,其在效力上与基本法律的效力等同。那么全国人大能否对全国人大常委会作出的立法解释进行监督呢?在应然层面上,全国人大常委会的立法解释只是对条文原义的明确和解释说明,并不会构成对原文规范的替换和修改。然而,即便效力等同,两者仍有主次之分。并且正如上文所指出的,立法解释的空间本身很大,且立法与立法解释的边界模糊不清,如果全国人大常委会不能严格地恪守其权力边界,就容易出现越权解释,其权力将逾越宪法地位,造成"人民的代表反高于人民本身"的局面,因此需要对此项权力加以监督。我国《宪法》规定,全国人大有权改变或者撤销全国人民代表大会常务委员会不适当的决定。这里不适当的决定应包括不适当的法律解释，当全国人大常委会的解释突破限度时，全国人大应及时改变或撤销该解释；如确需突破的，应按照立法程序修改法律。

(二) 完善立法解释程序

《立法法》中已有关于全国人大常委会对法律进行解释的程序规定：提出法律解释要求、拟定法律解释草案、审议法律解释草案、表决并公布法律解释。但这一规定仍然显得过于宽泛，缺少实操的细节，对各项程序也缺乏具体的规定。另外，《立法法》只对全国人大常委会的立法解释程序作了规定，对行政法规、地方性法规、规章的立法解释程序没有作出相应规定，造成实际操作中"百花齐放"的局面。

对于立法解释程序的完善，应从以下几个方面入手：

1.坚持程序启动的被动性原则。鉴于我国立法解释制度的实际情况，要让立法解释制度正常运转，除了完善相关法律制度之外，也需要明确该权力启动的被动性原则，这样或可以退为进，使该制度的功能能够正常发挥，同时通过权力行使的克制也可使其与其他权力的边界更为清晰。目前《立法法》中明确的全国人大常委会进行法律解释的两种情形，是全国人大常委会行使的一种主动立法权。然而，判断何时须进一步明确法律规定含义以及何时出现新情况，应当由法律实施者作具体判断，即从立法者的职责范围来看，其无法主动发现法律解释的需求，对法律适用过程中什么时候需要立法解释并不了解，应当等待法律适用部门的信息反馈。因此，立法解释权的启动完全可以遵循被动性原则，当法律实施部门在法律实施过程中发现需要明确法律的具体含义以及适用依据时，或者不同法律实施部门对法律的适用问题存在原则性分歧时，可以提请全国人大常委会进行立法解释。

2.《立法法》应对立法解释的拟定法律解释草案、审议法律解释草案、表决并公布法律解释等程序作出更为具体的规定。例如，在我国现有立法解释程序中，并没有设置立法解释审议阶段的听证程序。既然《立法法》规定全国人大常委会的立法解释与法律具有同等效力，就意味着立法解释在重要性和效力等级上都相当于法律,因此也应该和立法程序一样设置相应的听证程序。

3.《立法法》应对行政法规、地方性法规、规章的立法解释作出规定。

(三) 明确立法解释主体

根据1981年《决议》规定,即便是狭义的立法解释主体,也应当包括全国人大常委会与省级人大常委会。但《立法法》中仅对全国人大常委会的立法解释问题作了规定,一定程度上造成了省级人大常委会难以开展立法解释的相应工作,并且存在程序混乱、立法解释主体混乱的局面,进行立法解释的主体可能是人大常委会、人大常委会的内设机构甚至是其他国家机关如地方政府等。当下,应当在《立法法》中对行政法规、地方性法规、规章的立法解释作出规定,明确相应的立法解释的主体和程序。同时,为了严格规范立法解释,应该取消解释主体的内设机构在程序和效力上均不够规范的"答复",相应的工作机构可以退居幕后研究、草拟立法解释的文本,而后通过相应的解释主体讨论决定后,以正式的形式予以发布。

第七章
法的效力

第一节 法的效力概念与特征

一、法律效力的概念和适用范围

法的效力，又称法的约束力，是指人们必须依照法律规定进行活动，通过对法律权威的绝对服从而形成一种"依法办事"的状态。法的效力又可以被细分为规范性法律文件的效力和非规范性法律文件的效力。规范性法律文件的效力，又称狭义的法律效力，指的是法律的适用范围或生效范围，即在某种特定条件下的人、事项、时间、地点需要受到法律的约束。非规范性法律文件的效力，又称广义的法的效力，是指仅适用于特定人、特定事项，虽然具有法律效力但不能反复适用的法律文件。如交警出具的罚单、人民法院的判决书、裁定书和合同等。虽然这些非规范性文件在经过法定程序后也具有约束力，任何人不得违反，但由于非规范性法律文件是贯彻法律的结果而不是法律本身，其约束对象仅为特定事件中的当事人，不具有普遍的约束力。目前，主流观点认为对法的效力应该采取狭义角度的理解，即法的效力是指法律文件所具有的普遍约束力和适用范围①,具体可以分为法律的空间效力、法律的对人效力和法律的时间效力。

(一) 法律的空间效力

法律的空间效力,是指法律发挥效力的地域空间范围。我国法律的空间效力大体可以分为以下四种情况:(1)在中华人民共和国主权管辖的领域范围内具有普遍适用效力的法律,此处的领域内还包括延伸意义上的领域,如我国的驻外使馆、领海和领空以外的我国船舶和航空器。主要有全国人大及其常委会制定的宪法、法律,国务院及其各部委出台的行政法规、部门规章等各种规范性文件,但法律、法规中明确规定仅适用于某一地区的除外。(2)仅适用于局部地区的地方性法规,具体指各省、自治区、直辖市、设区的市人大及其常委会、人民政府、民族自治机关颁布的地方性法规、地方政府规章、自治条例、单行条例等。(3)虽然由中央国家机关制定的法律、法规,但是明确规定了仅适用于香港、澳门特别行政区的法律规范。因此不具有全国范围内的普适性,仅在特别行政区的管辖范围内生效。(4)具有域外适用效力的法律,比如《个人信息保护法》第3条第2款规定:"在中华人民共和国境外处理中华人民共和国境内自然人个人信息的活动,有下列情形之一的,也适用本法:(一)以向境内自然人提供产品或者服务为目的;(二)分析、评估境内自然人的行为;(三)法律、行政法规规定的其他情形。"

(二) 法律的对人效力

法律的对人效力,是指哪些人需要受到法律的约束,法律的适用对象是哪些特定人群。根据世界各国通行的法律原则,法律的对人效力主要有以下四种效力原则:(1)属人主义原则,即法律的约束对象仅限于本国公民,本国公民无论处在国内还是国外均要受到国内法的约束,而外国公民即使在本国领域内有违法、犯罪行为也不受本国法律制裁。(2)属地主义原则,法律适用范围仅以一国主权领域管辖范围为限,在领域范围内,任何人都受到

---

① 朱力宇、张曙光:《立法学》,中国人民大学出版社2009年版,第132页。

法律的约束和保护,本国公民只要离开领域范围内即不受本国法律的约束和保护。(3)保护主义原则,即以是否侵害本国利益作为适用法律的依据,任何侵害本国利益的人,无论其国籍和地域,均要受到本国法律的追究。(4)属地主义为主,兼具属人主义和保护主义的管辖原则,在尊重他国司法主权的前提下,最大限度地维护本国利益,同时考虑到法律适用的可行性、正当性。我国采用的是第四种原则,我国法律的对人效力主要表现为:(1)在我国领域内,一般来说无论是中国公民还是外国公民(包括无国籍人),一律适用中国法律;但对于外国人,法律有特别规定的(比如享有外交特权和外交豁免权的外国人)除外。(2)在我国领域外,我国公民原则上适用我国法律,但法律有特别规定的,从其规定;外国公民在我国领域外侵害我国国家或公民权益或者与我国公民、法人、其他组织发生法律交往关系也可以适用我国法律。

(三) 法律的时间效力

法律的时间效力,是指法律开始生效和停止生效的时间,以及法律是否具有溯及力。

我国法律的生效时间主要有以下几种情况:(1)法律文件中明文规定该法生效的时间与法律颁布的时间相同。(2)在法律文件中明文规定该法生效的时间,但所规定的生效时间晚于法律颁布的时间,其目的往往是为了做好法律实施前的准备工作。(3)在法律文件中没有明文规定生效时间,按照惯例从颁布之日起生效。

我国法律的失效时间主要有以下几种情况:(1)新法律颁布生效之日起,原有旧法自行废止。(2)新法律明确规定自本法实施之日起,旧法律失效。(3)法律赖以存在的时代背景或者条件消失,其历史使命已经完成,法律自动失效。(4)法律明确规定了生效期间,因期间届满而失效。(5)国家权力机关进行法律文件清理,对外公布某项法律文件作废。

(四) 法律的溯及力

法律的溯及力,又称法律溯及既往的效力,是指法律对其生效以前的行为是否具有约束力。如果有约束力,就具有溯及力;反之,如果不具有约束力,则该法不具备溯及力。现代世界各国的主流法律溯及力原则均采取法不溯及既往原则,即法律只对其生效后的事件、行为具有约束力,不适用于其生效前的事件、行为。

对于法律的溯及力原则,主要存在以下几种情况:(1)从旧原则,即新法对其生效日期以前的行为一律不具备约束力。(2)从新原则,即新法对其生效日期以前未经审判或判决尚未确定的行为一律适用,具有溯及力。(3)从新兼从轻原则,即新法虽然在一般情况下具有溯及力,但某一行为被旧法认定为无罪(无责任)或旧法处罚较轻的时候,应适用旧法。(4)从旧兼从轻原则,即新法在一般情况下不具备溯及力,但某一行为被新法认定为无罪(无责任)或新法处罚较轻的时候,应适用新法。

二、法的效力特征

(一)价值追求上的正义性

法律的最基本价值就是公平正义,所谓法律的正义性,就是法律必须符合社会正义。而社会正义的概念界定是基于同一时代绝大部分人的价值观念进行判断的,因此,正义可以被看作是被社会公众广泛认可的行为规范。法律的正义性能否得到贯彻,是关系到法律能否实现的一个极为重要的因素;如果法律失去了正义性这一崇高的价值观念,与社会主流价值观念相抵触,就会导致法律沦为"恶法",难以得到社会公众的遵守,进而失去其应有价值,导致法律的失效状态。可以说,法律的效力追求就是实现公平正义。

法律哲学的发源地古希腊的法学先贤们普遍认为正义是法律的基础,法律是正义的体现。早在《荷马史诗》中就已经指出法律只能是正义的表达,遵守正义就应当遵守法律;亚里士多德的正义论认为,法律是正义的体现,对于法律好坏的判断标准就是法律是否符合正义。由此可见,正义是法律的内核和追求目标,法律的实现同时也代表着正义的实现。

正义性原则在我国法律的效力适用范围中得到了有效的贯彻落实,以我国法律从旧兼从轻原则为例,以从旧角度来看,依据社会公众的普遍价值观念,法无禁止即可为,如果公民实施未被法律禁止的行为之后,国家新制定的法律把该行为划分为违法行为,并依此对其进行惩罚,就意味着对公民自由权的侵犯。就此而言,用事后法进行惩罚是有失偏颇的行为。为此,必须杜绝以事后法惩罚先前行为的情况发生。以从轻角度来看,从轻原则是在原始法基础上发展而来的,其目的是尊重和保护人权,首先,法律是国家对某一行为是否具有社会危害性进行评价的工具。任何一种评价都是基于特定的社会关系和时代背景作出的,随着时代的变迁、社会结构的变化,评价标准也会发生改变。一些被认为原来具有社会危害性的行为,后来认为其不具有社会危害性,或者原来认为社会危害性较大的行为,后来认为它的危害性实际很小。这一特征就要求法律必须紧跟时代潮流,不断地进行法律解释补充和修改完善。其次,法律惩罚的原则是罪刑责相适应原则,即惩罚幅度与社会危害性相适应,但这种适应是以不加重行为人责任为前提的。如果修改后的法律把具有很大的社会危害性的行为判定为没有社会危害性或社会危害性较小,并相应地取消或减轻对这种行为的惩罚时,应当适用新的法律对这种行为重新进行评价并相应地调整惩罚措施。正义原则是具有总括性的隐性原则,它为社会公众所广泛接受和认同,在法律条文中正义原则一般不以明文规定的方式表现出来,而是将其价值内涵与追求融会贯通于法的具体规定,在具有操作性的法律规定中贯彻体现正义的价值追求。

(二)可预测性

法的作用对象是人,通过对人们的行为进行规范,具体表现为划定出"可为"与"不可为"的行为范畴,进而实现对社会关系的调整。法的效力具有普遍性特征,即在绝大部分条件下,一项法律规范可以对社会生活中的非特定的多数人反复适用。同时,在特殊条件下仅在局部空间生效的特殊法律也能让处于特定空间、即将进入特定空间的人群对自己现在、将来的行为合法性做出判断。可预测性的作用对象不仅包括行为当事人,还可以使人们能够预见到他人行为所产生的后果。这样一来,人们就可以依据确定性的法律生效范围来预测自己或他人将要实施的行为是否符合法律规范的要求,以及这种行为将会产生的法律后果,进而权衡利弊。对自己是否需要实行某种行为进行判断,从而进一步自觉地修正自己的行为,使之更加符合法律的规定。可预测性这一特征有助于在全社会范围内形成法律意识,使得社会成员自觉遵守法律,形成一种依法办事的守法氛围。可以说,法的可预测性特征使得公民能够在法律理性的基础上对社会生活内容进行计划和安排,使得守法和依法办事成为一种自觉的习惯,稳定了社会秩序的同时也便利了法的适用。

(三) 国家意志性

法律是由国家制定或认可的行为规范,这一特征是法律区别于其他社会规范的主要特征之一。有权制定法律的国家权力机关通过立法活动,依照法律程序设立具有不同形式和不同效力的法律规范。这些法律规范中的一部分由国家机关创设,而另一部分并非由国家机关凭空创设,而是社会上业已存在的规范关系,这些规范关系在经过国家权力的确认和认可后,上升为代表国家意志、具有法律效力的法律文件。这些经过立法确认的法律规范,其主要内容就是权利与义务关系。通过将有利于统治阶级、代表统治阶级意志的现实社会关系进行规范化、确定化,使其成为一种常设性的、必须遵守的一般行为模式,这种行为模式就是法律。行为模式中划分出的"可为"领域代表法律上的权利,人们可以履行也可基于自愿的原则表示放弃;"不可为"领域代表法律上的义务,必须强制遵循、履行,不得自愿放弃。这两种领域所代表的权利和义务关系均受到国家强制力保障。

统治阶级的意志想要在社会生活中得到贯彻落实,就必须要确保法律能够真正地得到实施。为此,需要建立包括军队、警察、法院等在内的一整套协调统一、纪律严明的国家暴力机关,通过它们确保人们在日常生活中对法律的遵守,同时通过国家机器的暴力手段对违反法律规定的人进行惩处。不只法律,任何社会规范的实施都需要具有一定的强制力才能保证其实施效力(譬如,道德规范通过对违反社会公德的个体进行心理上的谴责,强大的社会人群凝视效应对违反道德者予以巨大的心理压力),但只有法律的实施是以国家强制力为保障进行的。国家强制力对全社会都具有普遍约束效力,作为国家意志体现的法律效力影响势必遍及整个国家的管辖范围。因此,法的效力以国家的领域范围为限,对其领域范围内的任何个人、组织均具有普遍约束力。

第二节 法的效力等级

一、法的效力等级概念

法的效力等级,又称法的效力位阶,是指在同一国家的法律体系中,不同国家机关制定的规范性文件在法律渊源体系中所处的位置等级。虽然在法的效力上看,一切法律渊源都具备法的形式效力,这些效力本身并不存在大小差异,但是不同渊源的法律规范之间存在着等级高下之分。法的效力等级可以分为纵向效力等级和横向效力等级两种,其中纵向效力等级主要指的是各种法律文件在法律体系中所处的纵向等级排序,它们之间是上位法和下位法的关系。上位法,是指同其他法律文件相比,在法律体系中具有较高效力和等级位置的法律文件。下位法,是指同其他法律文件相比,在法律体系中具有较低效力和等级位置的法律文件。法的横向效力等级,是指具有相同位阶的法律文件,因管辖交叉或制定时间先后导致法律规范内容不一致所产生冲突,就该冲突应该选择哪种法律适用的先后等级顺序选择。同位阶法律规范,指的是具有相同效力和等级位置的法律文件。

我国的《立法法》对法的横向与纵向效力等级均进行了明确的阐述,确立了上位法高于下位法、同位阶法之间具有同等效力,在其各自适用范围内分别实行的基本原则。《立法法》第98条规定:"宪法具有最高的法律效力,一切法律、行政法规、地方性法规、自治条例和单行条例、规章都不得同宪法相抵触。"第99条规定:"法律的效力高于行政法规、地方性法规、规章。行政法规的效力高于地方性法规、规章。"第100条规定:"地方性法规的效力高于本级和下级地方政府规章。省、自治区的人民政府制定的规章的效力高于本行政区域内的设区的市、自治州的人民政府制定的规章。"这些规定确立了各种法律文件之间的纵向效力等级,即上位法与下位法的关系。而《立法法》第102条规定:"部门规章之间、部门规章与地方政府规章之间具有同等效力,在各自的权限范围内施行。"这一规定则明确了我国法的横向效力等级。

二、法的纵向效力等级

依据我国《立法法》,法的纵向效力等级主要包括以下几个方面:

(一)一般情况下,法律效力等级的高低取决于该法律文件的制定机关在国家权力机关中的等级地位,一般来说制定机关的级别越高,其法律文件的效力等级就越高。我国的单一制国家结构决定了中央立法的效力等级优于地方立法,当中央立法与地方立法发生冲突时,在效力等级上中央立法属于上位法,地方立法属于下位法。因此,与中央立法相抵触的地方立法无效。依据《立法法》第10条第1款规定:"全国人民代表大会和全国人民代表大会常务委员会根据宪法规定行使国家立法权",全国人大及其常委会代表国家意志行使立法权,其创制的立法效力等级处于最高效力地位。因此,全国人大及其常委会制定的法律以及国务院制定的行政法规高于地方立法机关制定的地方性法规和地方政府规章。

(二)如果法律文件的创制机关处于同一行政级别,那么同级权力机关的立法效力等级高于同级别的行政机关。当同一级别权力机关和行政机关创制的法律文件发生冲突时,权力机关创制的法律文件属于上位法,行政机关创制的法律文件属于下位法,与权力机关创制的法律文件相抵触的行政机关所制定的法律文件无效。这主要是因为政府(行政机关)作为国家行政单位是由国家权力机关的人民代表大会选举产生,政府需要对人大负责,受人大监督。二者之间是决定与执行、监督和被监督的关系,即使政府和人民代表大会处于同一行政级别,但在国家机关体系中,人大高于政府,由此决定了权力机关的立法效力等级高于行政机关。因此,从中央角度而言,全国人大及其常委会制定的法律高于国务院制定的行政法规;从地方角度而言,省、自治区、直辖市人民代表大会及其常委会制定的地方性法规效力等级高于省、自治区、直辖市人民政府制定的规章;设区的市、自治州人大及其常委会制定的地方性法规的效力等级高于本级人民政府制定的政府规章。

(三)对于同一机关类型的立法,依据其立法主体地位的高低来确立法律的效力等级。在权力机关作为立法主体制定的法律文件中,全国人大及其常委会制定的法律效力等级高于省、自治区、直辖市人民代表大会及其常委会制定的地方性法规;省、自治区、直辖市人民代表大会及其常委会制定的地方性法规效力等级高于设区的市人大及其常委会制定的地方性法规。在行政机关制定的法律文件中,国务院制定的行政法规效力等级高于国务院部门以及省、自治区、直辖市人民政府制定的规章;省、自治区、直辖市人民政府制定的规章效力等级高于设区的市人民政府制定的规章。

(四)从我国的权力机关(全国及地方各级人民代表大会)和其常设机构人民代表大会常务委员会创制的法律文件效力等级来看,人民代表大会制定的法律文件效力等级高于其常设机构即人民代表大会常务委员会制定的法律文件。具体表现为,全国人民代表大会制定的基本法律效力等级高于全国人民代表大会常务委员会制定的法律;省、自治区、直辖市人民代表大会制定的地方性法规效力等级高于省、自治区、直辖市人民代表大会常务委员会制定的地方性法规;设区的市人民代表大会制定的地方性法规效力等级高于其常务委员会制定的地方性法规。

(五)在绝大多数情况下,下位法与上位法相抵触时,下位法处于无效状态,但是如果下位法的制定来源于上位法的授权或下位法是对上位法的规定进行操作化处理且不违反上位法的规定,则会出现"上位法优于下位法"的例外适用规则。具体表现为上位法给予下位法主体一定程度的立法变通权,允许下位法主体根据当地的实际情况对上位法做一些变通规定,这种变通规定在司法实践中优先适用。这一权限是我国赋予民族区域自治地区和经济特区等的专有性权利,其目的是为了尊重少数民族地方特有的风俗习惯或考虑到某些地方特有的实际情况不适宜强制统一推行全国性的法律规范,但归根结底立法变通权的目的是为了保证上位法更好的实施。立法变通权在我国的法律中的具体规定为:《宪法》第115条规定:"自治区、自治州、自治县的自治机关行使宪法第三章第五节规定的地方国家机关的职权,同时依照宪法、民族区域自治法和其他法律规定的权限行使自治权,根据本地方的实际情况贯彻执行国家的法律、政策。"《宪法》第116条规定:"民族自治地方的人民代表大会有权依照当地民族的政治、经济和文化的特点,制定自治条例和单行条例。"《立法法》第101条规定:"自治条例和单行条例依法对法律、行政法规、地方性法规作变通规定的,在本自治地方适用自治条例和单行条例的规定。经济特区法规根据授权对法律、行政法规、地方性法规作变通规定的,在本经济特区适用经济特区法规的规定。"依据《宪法》和《立法法》,一些法律、法规在其条文中对变通权也予以明确体现。需要注意的是,在执行下位法效力优先的变通规定时要受到一定的限制,具体表现为:(1)自治条例、单行条例、经济特区法规不得对法律、行政法规的保留事项与基本规则作出变通规定。(2)自治条例、单行条例不得对宪法和民族区域自治法作出变通规定;经济特区法规不得对宪法作出变通规定。(3)自治条例和单行条例不得对其他有关法律、行政法规专门就民族自治地方所作的规定作出变通规定;经济特区的法规不得对其他有关法律、行政法规专门就经济特区所作的规定作出变通规定。

三、法的横向效力等级

法的横向效力等级,本质上就是具有相同位阶的法律文件对同一事项均进行了规定且都享有管辖权,对于该事项应该优先适用哪一法律文件,以及法律文件适用先后等级顺序的法理排序。对于法的横向效力等级研究,首先要进行分类归纳处理;处理的主要方法是依据该法律文件是否出自同一制定机关,从而对其效力等级进行判断。

(一)同一机关制定的法律文件

对于同一机关制定的法律文件,其效力等级排序主要有以下情况:
1.在一般法和特别法的效力等级排序上,特别法优于一般法。其法律依据来源于我国《立法法》第 103 条的规定:"同一机关制定的法律、行政法规、地方性法规、自治条例和单行条例、规章,特别规定与一般规定不一致的,适用特别规定。"其实,在我国乃至世界上大多数国家的法律传统、法律原则和惯例中,特别法优于一般法已经成为一条默认的适用规则,但是这条适用规则在《立法法》出台前属于法无据的状态,通过《立法法》对该法理原则进行确认,有利于践行我国有法可依的全面依法治国基本方略。特别法优先适用的法理原因,主要是因为特别法和一般法之间的关系是哲学范畴的个性和共性的关系:特别法是对特殊问题的专门规制,具有很强的目的性、针对性;而一般法处理的问题是具有普遍共性的一般问题。因此,出于效率原则和便于解决特殊问题的考量,在法律适用中应当遵循特别法优先的适用规则。需要注意的是,特别法的优先适用并非是绝对的,在某些特殊情况下,需要优先适用一般法。

2. 在新法和旧法的效力等级排序上,新法优于旧法。同样是依据《立法法》第 103 条的规定:"同一机关制定的法律、行政法规、地方性法规、自治条例和单行条例、规章……新的规定与旧的规定不一致的,适用新的规定。"其基本含义不难理解,但需要注意的是,不能简单地将规制同一事项的法律规范依据其生效时间的前后将其归类为"新法"与"旧法"。其效力等级判断的基本前提是:属于同一机关制定的、具有相同位阶的法律规范。

3. 对于新的一般法和旧的特别法的效力等级判断,由制定机关裁决。依据我国《立法法》第 105 条规定:"法律之间对同一事项的新的一般规定与旧的特别规定不一致,不能确定如何适用时,由全国人民代表大会常务委员会裁决。行政法规之间对同一事项的新的一般规定与旧的特别规定不一致,不能确定如何适用时,由国务院裁决。"在出现新的一般规定和旧的特别规定不一致的情况下,对其效力等级的判断不能简单地按照上文中所提及的"特别法优于一般法"和"新法优于旧法"的适用原则。为此,最佳的解决办法就是将效力等级的判断工作交由其制定机关处理。

(二) 不同机关制定的法律文件

对处于同一位阶的不同机关制定的法律文件之间的效力等级判断,主要可以分为以下情形：

1. 对于地方性法规和部门规章的效力等级的判断。《立法法》第106条第2项规定："地方性法规与部门规章之间对同一事项的规定不一致，不能确定如何适用时，由国务院提出意见，国务院认为应当适用地方性法规的，应当决定在该地方适用地方性法规的规定；认为应当适用部门规章的，应当提请全国人民代表大会常务委员会裁决"。通过对以上法律规定的分析，我们可以得出以下结论：首先，地方性法规与部门规章具有同等的法律效力；其次，当两者出现规定不一致时，则采取裁决的方式解决；再次，在裁决的方式上，先由国务院裁决，但全国人大常委会的裁决更体现出终局性。

2. 对于部门规章之间、部门规章与地方政府规章的效力等级判断。依据《立法法》第106条第3款的规定："部门规章之间、部门规章与地方政府规章之间对同一事项的规定不一致时，由国务院裁决。"这一规定的主要原因是基于我国的行政组织架构，作为立法主体，无论是国务院各部委还是地方人民政府，其作为行政机关均要受到我国最高行政机关国务院的监督与管理。这些制定规章的行政机关本质上均属于国务院的隶属机关，在其管辖范围之内。因此由国务院来对它们制定的法律文件的效力等级进行裁决具有正当性、合理性。

四、我国法的效力等级完善建议

在我国现有的法律体系中，对于法的纵向效力等级，已经形成了架构合理、参差有序的效力等级格局。但是对于法的横向效力等级的相关规则，仍有很多亟需完善之处。首先，从特别法优于一般法规则上来看，该规则存在一个十分明显的弊端，即具有概括性、普适性特征的一般法在具体法律实践的适用中频频被各种特别法取代，造成一般法无法适用的困局。并且在当下我国推进法治现代化建设的过程中对于立法呈现出精细化的特点，对于特殊领域、特定事项进行规制的特别法立法呈现出数量大、种类多的特点，如果一味地简单直接适用特别法优于一般法的效力等级规则，会出现概括性更强的一般法处于闲置状态的现象，这样就显然违背了效力等级规则制定的初衷。为此,我们应当对特别法优于一般法的效力等级规则进行完善,在特别法优先适用的场合,立法者应当在立法中予以说明,这种说明不应该止步于我国《立法法》中的第103条规定:"同一机关制定的法律、行政法规、地方性法规、自治条例和单行条例、规章,特别规定与一般规定不一致的,适用特别规定",而是应该在法律条文中对适用特别法的条件予以明确阐述。其次,从新法优于旧法的效力等级规则上来看,该规则的适用前提之一是旧法已经失效。但是问题在于,在一些特殊的场合下,新法的颁布实施不一定代表旧法的必然失效,这种特殊情况主要表现为法律的衔接过渡阶段。在我国法律体系法典化、法律更新换代频繁化的当前社会环境中,如果对处于衔接过渡阶段的法律文件总是以另行出台法律文件的方法对旧法的效力予以重申,会加大立法工作压力,造成公共资源的浪费。最后,对于部门规章和地方政府规章之间的效力等级,依照《立法法》第106条第3项,发生规定不一致的情况下需由国务院进行裁决。部门规章中的"部门",指的是国务院所属的各部、委员会。与地方人民政府相比,它们的工作职责和权限划分主要集中于某一专业领域,如水利、卫生、财政、教育等。对其职责范围内的专业知识与行业需求的掌握情况更为透彻,其制定的规章也主要表现为对行业内部进行规制;而地方政府由于其职责范围较广,几乎涉及了全部的专业性领域范畴,其立法呈现出笼统性、指导性的特点,对专业领域内部规制的手段还不够细化和成熟。但是地方政府也有其优势所在,其对于当地实际情况的了解相较于中央部门更为深入、透彻。显然,当前对于部门规章和地方政府规章的效力等级一律由国务院进行裁决缺乏一定的合理性:这样一刀切的做法既不利于发挥部委和地方政府的立法优越性,也增大了国务院的裁决工作压力;同时因为裁决程序的履行,也影响了案件效率,进而对个案当事人合法权益产生不利影响。为此,对部门规章和地方政府规章发生冲突时的效力等级进行判断时,应当建立分情况处理规则。具体表现为部门规章行业内部优先性和地方政府规章总括事项优先性两点规则,即仅对其职责范围内行业内部进行规制的部门规章在与地方政府规章发生冲突时,部门规章应当优先适用,其效力等级高于地方政府规章,无须经过国务院裁决;当地方政府规定的存在总括性、行业竞合性的规章,在与部门规章发生冲突时,地方政府规章优先适用,其效力等级高于部门规章,亦无须经过国务院的裁决。

第三节 立法冲突的解决

一、立法冲突及其相关概念

立法冲突,是指在一个国家的立法领域多个立法权限之间和多个法律规范之间就同一事项的规定存在着互相矛盾、冲突的现象。近些年来,随着我国法典化进程的推进和立法权限的下放,我国的法律文件数量急剧增加,而这一现象无疑加剧了各种法律文件之间的冲突,导致了一种立法无序的状态,严重地阻碍了中国特色社会主义现代化法治强国的道路。立法冲突的内容主要包括两个方面:其一是立法主体的权限冲突,其二是各种法律规范之间的冲突。这里主要阐述法律规范间的冲突。

法律规范的冲突,对同一事项存在数个合法有效的法律规范,这些规范在内容上不一致的同时在效力上也相互排斥。法律规范的冲突与立法权限的冲突存在着千丝万缕的联系,因为法律规范是立法机关进行立法活动的产物,而立法权限冲突必然会导致其制定的法律规范产生效力上的错乱与冲突。我国法律规范的冲突是有多面性的,具体表现为:宪法与法律之间,法律与法律之间,法律与法规、规章之间,法规与规章之间,规章与规章之间,法律与法规和解释文件之间,解释文件内部之间的冲突。以我国的婚前医学检查制度为例,1981年全国人大制定并颁布实施了《中华人民共和国婚姻法》(以下简称《婚姻法》),将该法作为调整我国婚姻关系的基本法,但是该法并未对婚前医学检查制度进行规定。1986年卫生部和民政部联合下发的《卫生部、民政部关于婚前健康检查问题的通知》规定全国各地范围内依据实际情况先后实行强制婚检制度。1994年经国务院批准,民政部颁布的

《婚姻登记管理条例》第9条第3款规定:"在实行婚前健康检查的地方,申请结婚登记的当事人,必须到指定的医疗保健机构进行婚前健康检查,向婚姻登记管理机关提交婚前健康检查证明。"通过行政法规的方式对强制婚检制度予以确认。1995年全国人大常委会制定的《中华人民共和国母婴保健法》第12条规定:"男女双方在结婚登记时,应当持有婚前医学检查证明或者医学鉴定证明。"再次重申了"强制婚检"制度。2001年修订的《婚姻法》虽然规定患有"医学上认为不应当结婚的疾病"的人禁止结婚,但没有对其进行具体的界定,也没有提及婚检问题。2003年国务院民政部制定的新《婚姻登记条例》将结婚所需要材料中的"婚检证明"项目删除,取消了先前关于强制婚检的规定。2005年黑龙江省人大常委会审议通过《黑龙江省母婴保健条例》,规定"准备结婚的男女双方,应当接受婚前医学检查和婚前健康教育,凭婚前医学检查证明,到婚姻登记机关办理结婚登记",在黑龙江省范围内重新实施"强制婚检"制度。通过以上例子可以看出,仅就"强制婚检"制度,就存在着法律之间、法律与行政法规之间、行政法规之间的法律规范冲突。虽然新《婚姻法》和《母婴保健法》处于同一位阶,但是不能简单地按照新法优于旧法原则优先适用新《婚姻法》相关条款,这是因为新《婚姻法》根本没有涉及强制婚检制度的有关内容;同时,《婚姻法》和《母婴保健法》也不能适用特别法优先于一般法的效力等级规则,因为二者的规制对象属于不同领域,虽然它们在内容上存在一定的竞合、交叉,但是不能认定它们之间的关系属于特别法和一般法的关系。由此可见,我国的许多法律规范冲突存在着难以界定的问题,值得进一步研究。

二、立法冲突的解决建议

(一)坚持法制统一原则

法制统一原则,是指立法应当严格遵循法定的权限和程序,从国家整体利益出发,维护社会主义法制的统一和尊严。它同时要求立法机关所创设的法律应内部和谐统一,做到法律体系内各项法律、法规之间相互衔接且相互一致、相互协调。法制统一的前提和基础是宪法,只有在严格遵守和维护宪法的前提下,才能保证法制的统一。法制统一原则在我国的根本大法《宪法》中有着明确的体现,《宪法》第100条规定:"省、直辖市的人民代表大会和它们的常务委员会,在不同宪法、法律、行政法规相抵触的前提下,可以制定地方性法规,报全国人民代表大会常务委员会备案。设区的市的人民代表大会和它们的常务委员会,在不同宪法、法律、行政法规和本省、自治区的地方性法规相抵触的前提下,可以依照法律规定制定地方性法规,报本省、自治区人民代表大会常务委员会批准后施行。"通过宪法的规定可以看出,法制统一原则要求处于效力等级较低一级的法律规范不能同具有较高效力等级的法律规范相抵触,行政立法的行政法规、规章不能与宪法、法律相抵触,行政规章不能与行政法规相冲突,地方规章不能与同级地方性法规相冲突,设区的市的规章不得与省级地方性法规和省级地方规章相冲突。同时,《立法法》第5条规定:"立法应当符合宪法的规定、原则和精神,依照法定的权限和程序,从国家整体利益出发,维护社会主义法制的统一、尊严、权威。"我国通过《宪法》和具有宪法性质的《立法法》,要求享有立法权的行政机关与权力机关必须在其职权范围内行使立法权,通过立法的方式确定其职权范围,在职权法定的基础上建设和谐统一的法律体系。由此可见,我国的社会主义法制统一原则,建立在职权法定、依法立法的基础上。立法机关在做到依照法定权限与程序立法、遵序法律保留和法律优先原则的同时,还要确保其内容合宪合法,既要确保任何一项立法都不得与宪法以及其他上位法相抵触,也要处理好具有相同效力等级但处于不同规制领域和法律部门的制度规范之间的协调,如此才能确保法律内部达到和谐统一的理想状态。

(二)完善我国立法的监督审查机制

立法的监督审查制度是我国立法的一项基本制度,也是人大立法监督的主要方式。监督审查制度在我国由来已久,立法法、监督法、地方组织法等法律对备案审查的权限和程序均有规定。2004年,全国人大常委会在法制工作委员会下正式设立法规备案审查室,并于2005年年底修订了《法规备案审查工作程序》和《司法解释备案审查工作程序》。但是由于这些规定过于笼统、模糊，导致其在适用上存在困难，其效力等级始终处于较低的位阶，也没有引起国家机关的重视。直到2015年，新修订的《立法法》将第五章的标题由"适用与备案"改为"适用与备案审查"，同时新增规定，民族自治地方制定的自治条例、单行条例和经济特区法规报送备案时，应当说明对法律、行政法规、地方性法规作出变通的情况；最高人民法院、最高人民检察院作出的属于审判、检察工作中具体应用法律的解释，应当自公布之日起三十日内报全国人民代表大会常务委员会备案。虽然上述举措以法律文件确认的方法强调了审查行为的重要性，但是我国的立法监督审查机制仍然存在威慑力欠缺和实际适用困难的情况。现阶段，我国全国人大常委会、专门委员会、常委会工作机构虽然也进行了许多立法监督审查活动，但是由于没有常设的、处理立法监督审查机制的专门机关，导致管理权限混乱，一些事项在经过交叉办理后难以行之有效地进行监督审查；同时审查工作缺乏透明度，既几乎没有面向社会的公示公信，也缺乏其他国家机关的参与，导致外界对立法监督审查制度知之甚少。为此，建议在全国人大内部成立一个专门的法律监督审查委员会，由其对立法过程中的草案和先行的法律文件进行主动或被动的监督审查，并提出相应的建议报全国人大及其常委会，最后由全国人大常委会对监督审查结果作出决定。

第八章
立法监督

第一节 立法监督概述

一、立法监督的概念和特征

立法监督即对立法的监督,是指特定主体在法定权限范围内,依照法定程序和法定形式,对国家立法活动的过程及其结果进行审查的活动。立法监督是现代法治国家立法制度的重要组成部分,来源于宪法的原则和规定,在法治国家,有立法,必然就有立法监督。

立法监督具有以下特征:

(一)立法监督的主体具有特定性

立法监督主体的特定性是指,只有根据宪法和《立法法》的规定,享有立法监督权的国家机关,才能对国家的立法活动进行监督,也即只有法定的国家权力主体才能够成为立法监督主体。立法监督主体的特定性来源于国家立法行为的国家权力性质。立法权是国家重要的权力,立法是国家最重要的权力行为之一,根据法治原则和要求,必须对国家立法行为进行监督和规范。因此,立法监督权也是国家重要的权力,立法监督必然是国家权力行为,承担立法监督职责的主体也必然是国家权力机关。

认识立法监督主体的特定性,需要将立法监督主体与参与立法监督的主体加以区分。参与立法监督的主体是指在立法监督过程中,可以参与到监督过程的某个或某些环节的主体。如我国宪法规定,中华人民共和国公民对于任何国家机关和国家工作人员,有提出批评和建议的权利;对于任何国家机关和国家工作人员的违法失职行为,有向有关国家机关提出申诉、控告或者检举的权利。根据该规定,任何公民都可以对违宪、违法的立法行为提出批评、建议、检举,尤其是在当今的网络信息社会,社会公众通过网络发声,表达对国家立法行为的意见和建议已经成为非常普遍的现象。但是必须明确的是,公民等民事主体并不是立法监督主体,只是参与立法监督的主体。

(二) 立法监督的客体和形式具有法定性

立法监督是一种国家权力行为,每个立法监督主体的监督职权必须来源于宪法性法律的明确规定,如果一个国家的立法监督主体不止一个机关,则在立法监督主体之间就存在着明确的职权分工,每个立法监督主体所监督的客体和监督的方式都由宪法性法律明文规定,从而形成了一个国家立法监督的法定体制。

以我国为例,根据《立法法》的规定,我国目前的立法监督主体包括全国人民代表大会,全国人民代表大会常务委员会,国务院,省、自治区、直辖市的人民代表大会及其常务委员会,省、自治区、直辖市的人民政府,设区的市的人民代表大会及其常务委员会。这些立法监督主体根据宪法和《立法法》的规定,都有法定的立法监督客体和监督形式,如全国人民代表大会有权改变或者撤销它的常务委员会制定的不适当的法律,有权撤销全国人民代表大会常务委员会批准的违背宪法的自治条例和单行条例。可见,立法监督作为一种重要的国家权力行为,恪守法定权限是法治的必然要求。

(三) 立法监督的实施需遵循法定程序

立法监督需要严格遵循法定程序,即遵循法定的方式、步骤、顺序和时限。立法监督的这一特征来源于立法监督的国家权力行为性质,而为国家权力行为设定法定程序并要求其遵循,是法治国家规范权力的常规手段。

立法监督有多种不同的监督方式,如备案、批准、复议、审查等,不同的立法监督方式需要遵循不同的法定程序,为不同的监督方式规定完善的程序是一国立法监督制度是否完善的重要标志。我国除了《立法法》的相关规定,还通过《法规、司法解释备案审查工作办法》《法规规章备案条例》以及地方出台的相关法规对立法程序进行规定。

二、立法监督与相关概念辨析

(一) 与违宪审查(合宪性审查)

违宪审查在我国宪法学界也称合宪性审查[①],是对违宪现象和违宪问题的审查,是一项专门的宪法制度。违宪审查最基本的价值功能是通过对国家机关行使权力的行为或者立法机关制定的法律规范的合宪性审查,宣告违宪的国家机关行使权力的行为或者立法机关制定的法律规范无效,以此实现保证宪法实施、维护宪法权威和正确地适用宪法的制度目标。[②]

可见,立法监督与违宪审查主要的联系在于二者在监督的客体上有所交叉。违宪审查针对的客体之一是立法机关的立法行为,尤其是对国家最高立法机关制定的法律规范是否符合宪法进行审查,并进行相应的处理;而立法监督针对的客体也是立法机关制定的法律规范,其中一项审查要求就是法律规范是否符合宪法,因而,两者在审查立法机关制定的法律规范是否合宪这一内容上存在重合。也正是因为违宪审查与立法监督在监督客体上

---

① 周叶中:《宪法(第五版)》,高等教育出版社2020年版,第379页-390页。
② 莫纪宏:《违宪审查的理论与实践》,法律出版社2006年版,第3页。

存在重合,因此一国的违宪审查机制同时也是该国立法监督机制的重要组成部分。

另一方面,违宪审查和立法监督也有着重要的区别。违宪审查是一国宪法实施机制中的重要制度,属于宪法制度,审查的客体不仅包括立法行为,还包括国家机关其他行使国家权力的行为。而立法监督属于一个国家立法制度中的重要内容,立法监督所要监督的"法"往往是广义的,不仅包括国家最高立法机关制定的法律规范,也包括其他立法机关制定的法律规范,审查的内容不仅包括是否违宪,还包括合法性、合理性等判断。

(二) 与宪法监督

宪法监督是指为保证宪法实施所采取的各种办法、手段、措施和制度。[1] 宪法监督是一个广义的概念,宪法监督的目的在于保证宪法成为实际生活中的最高规范,因此宪法监督不仅仅是为了解决违宪审查问题,还需要解决宪法实施和宪法适用的质量和效率问题,因此违宪审查只是宪法监督的一项机制。[2]

明晰了违宪审查与宪法监督的关系,也就明确了立法监督与宪法监督的关系,即宪法监督与违宪审查都属于国家的宪法制度,宪法监督包括违宪审查,违宪审查是落实宪法监督的一项机制。[3] 立法监督是一个国家立法制度的重要内容,审查针对的客体与违宪审查存在交叉,因此与宪法监督也存在着监督内容的交叉,即都包含监督立法机关制定的法律规范是否符合宪法。

(三) 与立法机关监督

立法机关监督即立法机关实施的监督。我国立法学界曾经有过一种观点,认为立法机关监督与立法监督只是文字表述不同,即立法监督概念的

---

[1] 李步云:《宪法比较研究》,法律出版社 1998 年版,第 387 页。
[2] 莫纪宏:《违宪审查的理论与实践》,法律出版社 2006 年版,第 5 页。
[3] 国内也有宪法学者认为宪法监督就是违宪审查,参见《宪法学》编写组:《宪法学》(马克思主义理论研究和建设工程重点教材),高等教育出版社、人民出版社 2018 年版,第 298 页。

"立法机关监督说",认为两者涵义并无不同,从事立法监督的主体只能是立法机关。[①]

实际上,立法监督与立法机关监督是两个具有不同涵义的概念。立法监督针对的监督客体是立法行为,而监督主体可能是立法机关,也可能是国家其他性质的机关,如行政机关、司法机关等,也可能是专门成立的监督机关,如宪法法院、宪法委员会等。立法机关监督的主体只能是立法机关,而立法机关监督针对的客体除了立法行为,还可能针对其他国家机关的权力行为,如人事监督、财政监督、履职监督等。

(四)与司法审查

司法审查是由具有司法性质的机关对立法行为和行政行为进行违宪、违法审查的活动,其中对立法行为进行的审查就是立法监督。英美法系国家普遍由普通法院行使司法审查权,而在欧洲大陆法系国家,普遍由设置的专门机构,如宪法法院、行政法院行使司法审查权。

就审查内容而言,司法审查中对立法行为进行的违宪审查与违宪审查存在重合。司法审查是立法监督的一种重要的形式,但是由于司法审查同时还针对行政行为,因此也区别于立法监督。

三、立法监督的种类

(一)内部监督和外部监督

以立法监督主体与立法监督对象之间的组织关系为标准,可以将立法监督分为内部监督和外部监督。内部监督是指由立法主体内部的组成成员或机构对立法活动实施的监督,此时,立法监督主体位于立法监督对象的内部。如美国国会的参议院和众议院,在立法过程中一院即可对另一院的立法进行监督和制约。外部监督是指由立法主体以外的其他国家机关实施的

---

① 李长喜:《立法监督:概念、制度与完善》,见周旺生主编:《立法研究(第1卷)》,法律出版社2000年版,第395页。

立法监督。此时,立法监督主体与监督对象在组织上是两个互相独立的机关,如由普通法院对议会立法实施的审查,宪法法院、宪法委员会等专门机构对议会立法进行的审查等。我国由全国人大常委会对法规、自治条例、单行条例实施的备案监督也是典型的外部监督。

(二)过程监督和结果监督

以立法监督针对的是立法活动的过程还是立法活动产生的结果为标准,可以将立法监督分为过程监督和结果监督。过程监督是指立法监督主体针对立法机关的立法活动过程各阶段的合宪性、合法性进行的监督,包括立法准备阶段的预测、规划,立法程序阶段的立法主体资格、立法权限、提案、审议、表决和通过等立法程序各阶段,法的变动阶段的修改、补充、废止等。结果监督是指立法监督主体针对立法活动最后产生的法律规范进行的监督,包括合宪性、合法性、合理性等的审查。

(三)事前监督和事后监督

以立法监督启动的时间为标准,可以将立法监督分为事前监督和事后监督。事前监督是指立法监督主体在法律规范生效之前启动的监督,如在法国,各个法律在公布前,可以由共和国总统、总理、国民议会议长、参议院议长、六十名国民议会议员或者六十名参议院议员提交宪法委员会。事后监督是指立法监督主体在法律规范生效实施后所进行的监督,如英美法系国家的司法审查就是典型的事后监督。

(四)主动监督和被动监督

以立法监督启动的前提为标准,可以将立法监督分为主动监督和被动监督。主动监督是指立法监督主体根据自己的职权,无须任何主体的申请、要求等,便可以启动的监督。如在美国,美国总统对国会通过的法案具有签署和否决权,这是美国联邦法律生效的必经程序,同时也是美国宪法赋予美国总统对国会立法的监督权。被动监督是指立法监督主体只有在相关主体提出申请或要求的前提下,才能启动立法监督程序。英美法系的司法审查、欧洲大陆法系国家成立的专门宪法审查机构(宪法委员会、宪法法院)对议会立法进行审查均须相关主体的提起或申请,是典型的被动监督。

第二节 立法监督制度

一、立法监督的主体

(一) 代议制机关

由代议制机关即议会作为立法监督主体是奉行议会至上原则的国家的典型模式。在这些国家中,议会兼具立法主体和立法监督主体的身份,一方面进行立法活动,一方面也对自己和其他立法主体的立法活动进行监督。由议会作为立法监督主体的典型国家是英国,因为奉行议会至上原则,所以英国议会制定的法律不受其他机构制约,而是在立法过程中,由上下两院形成一定的制约。下院如果不接受上院通过的法案,该法案就不能成为法律;下院通过的法案,上院有权修改或退回,但如若下院坚持,上院就不能阻止该法案成为法律。英国议会还对下级议会的立法行使立法监督权,有权对各郡以及地方自治机关制定的规范性法律文件进行审查。[1]

另外,议会有权监督授权立法。如法国宪法规定,政府有权依照议会的授权制定规范性法令,但议会有权对其立法活动进行监督。当立法不当时,议会有权予以撤销或者改变。[2] 英国议会于1973年由两院共同设立了由七名成员组成的"条规联合委员会",负责审议必须交议会任何一院的各种委

---

[1] 李长喜:《立法监督:概念、制度与完善》,见周旺生主编:《立法研究(第1卷)》,法律出版社2000年版,第401页。

[2] 李长喜:《立法监督:概念、制度与完善》,见周旺生主编:《立法研究(第1卷)》,法律出版社2000年版,第401页。

任立法及其草案。①

(二) 司法机关

司法机关是指普通法院。美国是由普通法院进行立法监督的典型代表。1803年的马伯里诉麦迪逊案正式确立了美国联邦最高法院对议会立法的司法审查权。同时也确立了联邦最高法院对宪法的解释权和违宪审查权。美国联邦和各州都有自己的宪法和法院系统,联邦最高法院是联邦宪法的最高解释者,对联邦议会的立法和各州的宪法行使司法审查权;各州最高法院则是各州宪法和法律的解释者,对各州议会的立法行使司法审查权。②

普通法院也可以对授权立法进行司法审查。美国的普通法院可以审查授权立法和其他行政行为,用判决形式宣告授权立法因超越授权范围、违背授权目的、不遵守法定程序等而无效。英国因奉行议会至上原则,普通法院不能审查议会立法,但是有权对授权立法及行政行为进行司法审查。

(三) 专门机构

专门机构是指议会、普通法院以外的行使立法监督权的机构。由专门机构行使立法监督权起源于1920年在奥地利设立的宪法法院,目前典型代表是法国的宪法委员会、德国的宪法法院等违宪审查机构,也包括欧洲大陆法系国家普遍设置的行政法院。宪法委员会、宪法法院负责审查法律的合宪性,以保障宪法实施。法国的宪法委员会设置在议会下面,只审查法律颁布前的合宪性。宪法法院的审查既包括具体的审查也包括抽象的审查。如德国的联邦宪法法院分为两个庭:第一庭审理涉及个人权利的宪法诉讼和其他法院提交的具体宪法争议;第二庭专门从事抽象的审查,联邦、州政府或联邦议会三分之一的议员,可以向联邦宪法法院提出申请,要求审查联邦

---

① 汤唯、孙季萍:《法律监督论纲》,北京大学出版社2001年版,第241页。
② 张千帆:《宪法学导论:原理于应用》,法律出版社2004年版,第175页。

或州法律的合宪性。① 行政法院专门对行政行为进行司法审查,包括对行政机关的授权立法进行审查。

(四)国家元首或行政机关

国家元首或行政机关往往通过对法案的批准权来实现立法监督。英国的国王对议会立法具有批准权,虽然这种批准权是形式意义上的,但是因为国王在英国的政治生活传统中具有精神领袖地位,英王的批准事实上对议会立法起制约作用。美国是奉行三权制衡的典型代表,根据美国宪法的规定,国会通过的法案在正式生效之前须呈送总统,由总统批准并签署该法后,该法案才能成为正式法律。

二、立法监督的客体

(一)普通法律

普通法律是指由中央代议制机关或专门立法机关制定并通过的立法文件,通常在国家法律体系中具有仅次于宪法的较高的效力层级。根据西方国家宪法规定的分权原则,普通法律是传统立法权行使的结果,也必然是被监督的最重要的客体。

(二)行政法规和规章

行政法规和规章是国家行政机关制定的立法文件。与宪法、普通法律相比,行政法规和规章虽然效力层级不高,但是由于行政职权的扩展,行政法规和规章的调整事项范围不断扩大,在数量上已经远远超过了普通法律,从而成为各国立法监督客体中的主要组成部分。

---

① 张千帆:《宪法学导论:原理于应用》,法律出版社2004年版,第178页;曹海晶:《中外立法制度比较》,商务印书馆2016年版,第474页。

(三) 地方立法文件

地方立法文件是地方立法机关制定的立法文件。地方立法文件通常是各地方行使地方治理权的重要形式,在法律效力层级上比中央级立法文件要低,但是调整事项更加具体,数量众多,是立法监督的重要客体。

(四) 授权立法

授权立法又称委任立法,是指无立法权的主体(受权主体)根据法定立法主体(授权主体)的授权而制定的立法文件。授权立法发生在法定立法体制之外,是对法定立法体制的补充,但是需要接受授权主体的严格监督。很多国家专门针对授权立法建立了立法监督制度。

(五) 其他规范性文件

除了上述立法文件之外,立法监督还针对其他具有法律效力的规范性文件进行监督,如法定机关作出的法律解释,如果这种法律解释具有强制力和普遍约束力,则也会成为立法监督的客体。

三、立法监督的方式

(一) 复议

复议是法案经立法机关表决后,原机关在特定主体的提议下根据一定程序重新审议法案的活动。[1] 复议在一些国家是议会内部的一种立法监督形式,如在美国,参议院和众议院都有立法复议制度,众议院在完成对修正案的投票表决后,重新审议的动议可能会被提出;在投票中取得优势的一方参议员或没有投票的参议员可以对获得通过的议案在2日内提出重新审议的提议。在另一些国家,复议也可以作为国家元首或行政机关对议会立法进行的监督,如法国总统在签署获得两院一致通过的法案的15日内可以要

---

[1] 吴大英等:《比较立法制度》,群众出版社1992年版,第600-603页。

求议会对此法案或其中的某些条款进行重新审议。

(二) 批准、否决

批准是特定主体在法案生效前对法案进行审批,立法监督主体可以做出批准的决定,也可以做出不批准的决定,还可以提出指导性意见。否决与批准密切关联,立法监督主体否决的形式包括拒绝批准、签署或公布该法案,并将法案搁置或退回立法机关。

批准的一种应用是议会对授权立法的监督。如英国议会对内阁制定的授权立法有权进行批准,以决定该法案是否生效。批准的另一种应用是国家元首或行政机关对议会立法的监督。该种意义上的批准起源于英国国王对议会立法的批准,为丹麦等君主立宪制国家所采用,但是国王的批准只具有形式意义,并无否决权。美国因遵循宪法的三权制衡原则,行政机关对国会立法具有监督权,是采取批准和否决最典型的国家。根据美国宪法规定,凡众议院和参议院所通过的法案,应在其成为法律之前送交给美国总统批准。如果总统批准,应在10日内予以签署;否则予以退回,在退回议会时附上总统异议书。美国总统的否决并不是绝对的,提出该法案的原议院可以对该法案进行复议,如该议院的三分之二议员仍同意通过该法案,该法案连同总统异议书将被送交另一院,若另一院仍以三分之二多数形式通过该法案,该法案即成为法律。美国总统行使否决权的另一种形式是搁置否决,即总统在10日内不签署该法案,而国会在此期间已休会,则该法案不会成为法律。荷兰、新西兰和印度尼西亚等国家的总统或国王对国会的否决是绝对的,国会无权以任何理由推翻否决。

(三) 备案

备案是立法主体将所制定或批准的立法文件报法定国家机关登记存档,以接受后者的监督。通常备案是将效力层级较低的立法文件呈报给上级立法主体。与批准相比较,备案是典型的事后立法监督方式。备案作为一种立法监督方式不仅可以及时消除立法冲突,还可以加强上下级立法机关的工作联系。英国在议会设立的条规联合委员会就专门接受行政机关授权立法的备案,并进行审查。

(四) 审查

审查是由普通法院或专门机构对立法文件进行的监督。美国是由普通法院行使立法审查权最典型的国家。美国联邦和各州都有自己的宪法和独立的法院系统,每个系统分三级:基层,上诉于最高法院,采用二审终审制。联邦最高法院是联邦宪法的最高解释者,对国会的立法行使最高司法审查权,各州最高法院则是该州宪法和州议会立法的最终解释者。[1] 同时联邦和各州的普通法院在行政诉讼中也可以审查行政机关的立法文件。英国的普通法院虽然没有权力审查议会立法,但是有权审查委任立法。

欧洲大陆法系国家通过设立专门机构来行使对立法文件的审查权。法国的宪法委员会对国会立法的违宪审查分为两种情况:一种是必须经宪法委员会审查才能公布实施的立法文件,包括各类组织法和议会规则;第二种是应总统、总理、两院议长、六十名国民议会议员或六十名参议院议员的请求而进行的审查。奥地利、德国、意大利、西班牙等大多数欧洲国家设立了宪法法院进行违宪审查,审查的范围包括各种法律、法规、法令,只要是该国境内通行的具有规范性性质的法律性文件,该国宪法法院都有权对其进行违宪审查。在联邦制国家,审查内容包括联邦议会的立法,联邦政府的规章,各州、省、邦的立法和政府规章;在单一制国家,审查内容包括中央立法及中央政府的法规、各级立法机关制定的地方性法规和地方各级行政规章。[2] 欧洲大陆法国法系国家还普遍设立了行政法院,在行政诉讼中对行政立法文件进行审查。

(五) 撤销

撤销是立法监督主体对已经经过立法主体通过的立法文件宣布废

---

[1] 张千帆:《宪法学导论:原理与应用》,法律出版社2004年版,第175页。
[2] 李步云:《宪法比较研究》,法律出版社1998年版,第405页和第413页。

止，使其丧失法律效力的立法监督方式。如英国议会的任意一院，对于内阁制定通过的立法文件都有否决权，经议会否决的立法文件丧失法律效力。[①]

（六）公民公决

公民公决是由社会公众对立法机关表决通过的法案进行投票，或对某一立法直接投票表决的活动。瑞士、意大利、丹麦、奥地利等国家的公民公决制度最为典型。公民公决体现了直接民主，是对立法的民主化监督形式，在此种制度下，公民既有立法参与权，也有立法监督权。公民公决的法案既包括宪法修正案，也包括普通法律。以公民公决是否具有强制性，可以将全民公决分为强制性公决和任意性公决。强制性公决是指立法机关通过法律后，必须将法案提交公民公决；任意性公决是指立法机关通过法律后，必须经法定主体的请求才将法案提交公民公决。实行公民公决制的国家，对有权要求举行公民公决的主体的规定不完全一致，主要包括国家元首、立法机关、立法机关的领导机构、政府、选民、议员等。[②]

（七）其他立法监督方式

除了以上几种主要的立法监督方式，各国还采取一些其他立法监督方式，或者说在立法过程中的一些制度和做法客观上也起到了立法监督的效果。如立法过程中的立法咨询、立法调查，发生立法冲突后进行的立法裁决，立法机关定期进行的法律清理、法典编纂、法律修改等。

[①] 李长喜：《立法监督：概念、制度与完善》，见周旺生主编：《立法研究（第1卷）》，法律出版社2000年6月版，第407页。

[②] 曹海晶：《中外立法制度比较》，商务印书馆2016年版，第486-488页。

第三节 我国的立法监督

一、我国立法监督的方式

我国《立法法》对我国立法监督的相关方式进行了规定。我国立法监督的方式主要有批准、备案、审查、撤销、改变、裁决及其他方式。

（一）批准

1. 对民族区域自治立法的批准

根据《立法法》第85条第1款的规定我国民族自治地方的人民代表大会有权依照当地民族的政治、经济和文化的特点，制定自治条例和单行条例。其中，自治区的自治条例和单行条例，报全国人民代表大会常务委员会批准后生效。自治州、自治县的自治条例和单行条例，报省、自治区、直辖市的人民代表大会常务委员会批准后生效。

根据《立法法》的规定，我国很多省和自治区以地方性法规的形式出台了条例，并对自治州、自治县的自治条例和单行条例的批准做了具体规定。

2. 对设区的市的地方性法规的批准

根据《立法法》第81条第1款的规定，设区的市的地方性法规须报省、自治区的人民代表大会常务委员会批准后施行。省、自治区的人民代表大会常务委员会对报请批准的地方性法规，应当对其合法性进行审查，认为同宪法、法律、行政法规和本省、自治区的地方性法规不抵触的，应当在四个月内予以批准。

根据《立法法》的规定，我国很多省、自治区以地方性法规的形式出台了条例，并对设区的市的地方性法规的批准程序、要求和审查内容进行了更加详尽的规定。

(二) 备案

根据《立法法》第109条规定,行政法规、地方性法规、自治条例和单行条例、规章应当在公布后的三十日内报有关机关备案。

第一,行政法规。报全国人民代表大会常务委员会备案。

第二,监察法规。报全国人民代表大会常务委员会备案。

第三,地方性法规。省、自治区、直辖市的人民代表大会及其常务委员会制定的地方性法规,报全国人民代表大会常务委员会和国务院备案;设区的市、自治州的人民代表大会及其常务委员会制定的地方性法规,由省、自治区的人民代表大会常务委员会报全国人民代表大会常务委员会和国务院备案。

第四,自治条例和单行条例。自治州、自治县的人民代表大会制定的自治条例和单行条例,由省、自治区、直辖市的人民代表大会常务委员会报全国人民代表大会常务委员会和国务院备案;自治条例、单行条例报送备案时,应当说明对法律、行政法规、地方性法规作出变通的情况。

第五,行政规章。部门规章和地方政府规章报国务院备案;地方政府规章应当同时报本级人民代表大会常务委员会备案;设区的市、自治州的人民政府制定的规章应当同时报省、自治区的人民代表大会常务委员会和人民政府备案。

第六,授权立法。根据授权制定的法规应当报授权决定规定的机关备案;经济特区法规、浦东新区法规、海南自由贸易港法规报送备案时,应当说明变通的情况。此外,全国人民代表大会常务委员会制定的《法规、司法解释备案审查工作办法》,国务院制定的《法规规章备案条例》对全国人民代表大会常务委员会和国务院接受备案的具体操作、要求进行了更加详细的规定。其他接受备案的机关对报送备案的地方性法规、自治条例和单行条例、规章的审查程序,根据《立法法》第114条的规定,按照维护法制统一的原则,由接受备案的机关规定。

为了维护法制统一,我国也针对司法解释和规范性文件实行备案监督。《立法法》第119条第2款规定,最高人民法院、最高人民检察院作出的属于审判、检察工作中具体应用法律的解释,应当自公布之日起三十日内报全国人民代表大会常务委员会备案。对规范性文件的备案规定主要由地方立法进行详细规定。

《立法法》第115条还规定了备案审查衔接联动机制,规定备案审查机关应当建立健全备案审查衔接联动机制,对应当由其他机关处理的审查要求或者审查建议,及时移送有关机关处理。

(三) 审查

这里的审查主要是指我国全国人民代表大会常务委员会对法规、司法解释的备案审查。我国《立法法》赋予了全国人民代表大会常务委员会备案权。基于备案权,全国人民代表大会常务委员会可以进行主动审查,如《立法法》第111条规定:"全国人民代表大会专门委员会、常务委员会工作机构可以对报送备案的行政法规、地方性法规、自治条例和单行条例等进行主动审查,并可以根据需要进行专项审查。国务院备案审查工作机构可以对报送备案的地方性法规、自治条例和单行条例,部门规章和省、自治区、直辖市的人民政府制定的规章进行主动审查,并可以根据需要进行专项审查。"《法规、司法解释备案审查工作办法》第19条规定:"专门委员会、法制工作委员会对法规、司法解释依职权主动进行审查。"《立法法》同时也规定了全国人民代表大会常务委员会基于要求和建议的被动审查,即基于特定主体的审查要求或审查建议启动审查程序,做出审查处理的活动。以下重点介绍《立法法》所规定的全国人民代表大会常务委员会的被动审查。

1. 基于要求进行的审查

全国人民代表大会常务委员会基于要求所进行的审查,具体内容有:

(1) 提出审查要求的主体

根据《立法法》第110条第1款的规定,我国有权向全国人民代表大会常务委员会提出对法规审查要求的主体有:国务院、中央军事委员会、国家监察委员会、最高人民法院、最高人民检察院和各省、自治区、直辖市的人民代表大会常务委员会。

根据《中华人民共和国各级人民代表大会常务委员会监督法》(下文简称《监督法》)第32条的规定,国务院、中央军事委员会和省、自治区、直辖市的人民代表大会常务委员会有权对最高人民法院、最高人民检察院作出的司法解释提出审查要求;最高人民法院、最高人民检察院之间有权对对方作出的司法解释提出审查要求。

可以发现,有权提出审查要求的主体都是国家机关,而且级别都很高,除了省、自治区、直辖市的人民代表大会常务委员会,都是中央级别的国家机关。

(2) 审查的客体

根据《立法法》第110条第1款、第118条的规定,审查的客体包括:行政法规、监察法规、地方性法规、自治条例和单行条例。

根据《监督法》第32条第2款的规定,审查的客体还包括司法解释。《法规、司法解释备案审查工作办法》第2条规定:"对行政法规、监察法规、地方性法规、自治州和自治县的自治条例和单行条例、经济特区法规以及最高人民法院、最高人民检察院作出的属于审判、检察工作中具体应用法律的解释的备案审查,适用本办法。"

(3) 提出审查的理由

根据《立法法》第110条第1款的规定,有权主体提出对法规的审查要求的理由是认为该法规同宪法或者法律相抵触,或者存在合宪性、合法性问题。

根据《监督法》第32条第2款的规定,有权主体对于司法解释提出审查要求的理由是认为司法解释同法律规定相抵触。

(4) 提出审查要求的形式

有权主体认为行政法规、地方性法规、自治条例和单行条例同宪法或者法律相抵触的,或者有权主体认为司法解释同法律规定相抵触的,向全国人民代表大会常务委员会书面提出进行审查的要求。

(5) 全国人民代表大会常务委员会的处理

全国人民代表大会常务委员会收到审查要求后,处理的步骤是:

第一,接收、登记、批转。国家机关依照法律规定向全国人大常委会书面提出的对法规、司法解释的审查要求,由常委会办公厅接收、登记,报秘书长批转有关专门委员会会同法制工作委员会进行审查。

第二,提出书面审查意见。全国人民代表大会专门委员会、常务委员会工作机构在审查中认为行政法规、地方性法规、自治条例和单行条例同宪法或者法律相抵触,或者存在合宪性、合法性问题的,可以向制定机关提出书面审查意见,也可以由宪法和法律委员会与有关的专门委员会、常务委员会工作机构召开联合审查会议,要求制定机关到会说明情况,再向制定机关提出书面审查意见。

第三,制定机关反馈。制定机关应当在两个月内研究提出是否修改的意见,并向全国人民代表大会宪法和法律委员会、有关的专门委员会或者常务委员会工作机构反馈。制定机关按照所提意见对行政法规、地方性法规、自治条例和单行条例进行修改或者废止的,审查终止;制定机关不予修改或者废止的,全国人民代表大会宪法和法律委员会、有关的专门委员会、常务委员会工作机构应当向委员长会议提出予以撤销的议案、建议,由委员长会议决定提请委员会会议审议决定。

2. 基于建议进行的审查

根据《立法法》第110条第2款、《法规、司法解释备案审查工作办法》第22条的规定,有权提出审查要求的主体以外的国家机关、社会团体、企业事业组织以及公民依照法律规定向全国人大常委会书面提出的对法规、司法解释的审查建议,由法制工作委员会接收、登记。法制工作委员会依法进行审查研究,必要时,送有关的专门委员会进行审查。如有关的专门委员会、常务委员会工作机构在审查中认为行政法规、地方性法规、自治条例和单行条例同宪法或者法律相抵触的,后续处理同对审查要求的处理。

《立法法》第113条规定了对审查建议的反馈。全国人民代表大会有关的专门委员会、常务委员会工作机构应当按照规定要求,将审查情况向提出审查建议的国家机关、社会团体、企业事业组织以及公民反馈,并可以向社会公开。

(四)撤销和改变

《立法法》第108条对撤销和改变的主体以及客体进行了规定。

第一,全国人民代表大会有权改变或撤销它的常务委员会制定的不适当的法律,有权撤销全国人民代表大会常务委员会批准的违背宪法和《立法法》第85条第2款规定的自治条例和单行条例。

第二,全国人民代表大会常务委员会有权撤销同宪法和法律相抵触的行政法规,有权撤销同宪法、法律和行政法规相抵触的地方性法规,有权撤销省、自治区、直辖市的人民代表大会常务委员会批准的违背宪法和《立法法》相关规定的自治条例和单行条例。

第三，国务院有权改变或者撤销不适当的部门规章和地方政府规章。

第四，省、自治区、直辖市的人民代表大会有权改变或者撤销它的常务委员会制定和批准的不适当的地方性法规。

第五，地方人民代表大会常务委员会有权撤销本级人民政府制定的不适当的规章。

第六，省、自治区的人民政府有权改变或者撤销下一级人民政府制定的不适当的规章。

第七，授权机关有权撤销被授权机关制定的超越授权范围或者违背授权目的的法规，必要时可以撤销授权。

(五) 裁决

裁决是当法律规范之间规定不一致，不能凭借效力位阶等法律的一般适用规则来判定适用的时候，解决立法冲突的一种方式。由于裁决过程中必然伴随着对冲突法律内容的审查，因此，裁决具有立法监督的效果。

《立法法》第 105 条和第 106 条对裁决进行了规定。

第一，法律之间对同一事项的新的一般规定与旧的特别规定不一致，不能确定如何适用时，由全国人民代表大会常务委员会裁决。

第二，同一机关制定的新的一般规定与旧的特别规定不一致时，由制定机关裁决。

第三，地方性法规与部门规章之间就同一事项的规定不一致，不能确定如何适用时，由国务院提出意见，国务院认为应当适用地方性法规的，应当决定在该地方适用地方性法规的规定；认为应当适用部门规章的，应当提请全国人民代表大会常务委员会裁决。

第四，部门规章之间、部门规章与地方政府规章之间对同一事项的规定不一致时，由国务院裁决。

第五，根据授权制定的法规与法律规定不一致，不能确定如何适用时，由全国人民代表大会常务委员会裁决。

(六) 其他监督形式

1. 法律规范清理

法律规范清理是在对现有生效的法律规范进行梳理的基础上,对与上位法冲突或已经不适应经济社会发展要求的法律条文及时进行修改、废止的活动。法律规范清理对于保持法律规范体系的统一性和协调性具有重要作用,在我国日益得到重视,如《立法法》第116条规定:"对法律、行政法规、地方性法规、自治条例和单行条例、规章和其他规范性文件,制定机关根据维护法制统一的原则和改革发展的需要进行清理。"《行政法规制定程序条例》第36条和《规章制定程序条例》第37条也对行政法规和规章的清理工作进行了相应规定。一些地方立法也对法律规范的清理进行了规定,如《内蒙古自治区人民代表大会及其常务委员会立法条例》第76条规定:"常务委员会工作机构,应当根据各自职责范围分别对有关地方性法规定期进行清理。"

2. 立法后评估

立法后评估是在法律规范实施一段时间后,根据立法目的,结合经济社会发展情况,对立法质量、实施效果等情况进行的综合评价。立法后评估可以为修改、废止法律规范提供参考,也起到了立法监督的作用。我国很多地方已经出台了关于地方法律规范立法后评估的专门制度,明确规定了立法后评估的原则,评估的主体,评估的事项、依据、程序以及评估报告的法律效力等。

二、我国立法监督的内容

广义上的立法监督内容包括所有立法监督方式的监督内容,而监督内容会因为监督方式的不同有所不同。在我国,批准的审查内容就区别于备案的审查内容。根据《立法法》第81条第1款规定,省、自治区的人民代表大会常务委员会在批准设区的市的地方性法规时,应当对其合法性进行审查,认为同宪法、法律、行政法规和本省、自治区的地方性法规不抵触的,应当在四个月内予以批准。可见,省、自治区的人民代表大会常务委员会在批准设区的市的地方性法规时,监督的内容主要是合宪性和合法性审查。根据《立法法》第85条第2款的规定,自治条例和单行条例可以依照当地民族的特点,对法律和行政法规的规定作出变通规定,但不得违背法律或者行政法规的基本原则,不得对宪法和民族区域自治法的规定以及其他有关法律、行政法规专门就民族自治地方所作的规定作出变通规定。因此,全国人民代表大会常务委员会和省、自治区、直辖市的人民代表大会常务委员会在批准自治条例和单行条例时,主要审查其是否违背法律或者行政法规的基本原则,是否对宪法和民族区域自治法的规定以及其他有关法律、行政法规专门就民族自治地方所作的规定作出了变通规定。

由于备案是我国所采用的最广泛的立法监督方式,因此备案审查的内容构成了我国立法监督内容的重要组成部分。根据《立法法》和《法规、司法解释备案审查工作办法》的相关规定,我国备案的立法监督的主要内容包括合宪性监督、合法性监督和适当性监督。

(一) 合宪性审查

宪法是国家的根本法,具有最高的法律效力,坚持依法治国首先要坚持依宪治国,法律、行政法规、地方性法规、自治条例和单行条例、规章、司法解释都不得与宪法相抵触。宪法将监督宪法实施的职权赋予了全国人民代表大会和全国人民代表大会常务委员会,《深化党和国家机构改革方案》(中发〔2018〕11号)将全国人大法律委员会更名为全国人大宪法和法律委员会,以维护宪法权威,加强宪法实施和监督,推进合宪性审查工作。《立法法》第5条规定立法应当符合宪法的规定、原则和精神;在第110条至第112条的备案审查规定中,明确了同宪法相抵触或者存在合宪性问题的审查标准。

《法规、司法解释备案审查工作办法》明确规定,对法规、司法解释及其他有关规范性文件中涉及宪法的问题,宪法和法律委员会、法制工作委员会应当主动进行合宪性审查研究,提出书面审查研究意见,并及时反馈制定机关。合宪性审查的内容包括:(1)法规、司法解释是否违背宪法规定;(2)法规、司法解释是否违背宪法原则;(3)法规、司法解释是否违背宪法的精神实质。

(二) 合法性审查

根据《立法法》第107条及《法规、司法解释备案审查工作办法》的规定,合法性审查主要审查是否出现以下情况:

第一,超越立法权限。具体包括:(1)违反《立法法》第11条,对只能制定法律的事项作出规定;(2)超越权限,违法设定公民、法人和其他组织的权利与义务,或者违法设定国家机关的权力与责任;(3)违法设定行政许可、行政处罚、行政强制,或者对法律设定的行政许可、行政处罚、行政强制违法作出调整和改变;(4)违反授权决定,超出授权范围;(5)对依法不能变通的事项作出变通。《立法法》第85条第2款规定,自治条例和单行条例可以依照当地民族的特点,对法律和行政法规的规定作出变通规定,但不得对宪法和民族区域自治法的规定以及其他有关法律、行政法规专门就民族自治地方所作的规定作出变通规定。

第二,下位法违反上位法规定。具体包括:(1)与法律规定明显不一致;(2)与法律的立法目的、原则明显相违背;(3)旨在抵消、改变或者规避法律规定;(4)变通规定违背法律的基本原则。《立法法》第85条第2款规定,自治条例和单行条例可以依照当地民族的特点,对法律和行政法规的规定作出变通规定,但不得违背法律或者行政法规的基本原则。

第三,违背法定程序。立法是重要的国家权力行为,应该遵守《立法法》《行政法规制定程序条例》《规章制定程序条例》当中对于立法程序的规定,制定地方性法规以及单行条例和自治条例,还应该遵守地方人民代表大会及其常务委员会制定的关于制定地方性法规、自治条例和单行条例的相关地方性法规中的程序性规定。

第四,其他违背法律规定的情形。

(三) 适当性审查

根据《法规、司法解释备案审查工作办法》的规定,对法规、司法解释进行适当性审查内容为:(1)明显违背社会主义核心价值观和公序良俗;(2)对公民、法人或者其他组织的权利和义务的规定明显不合理,或者为实现立法目的所规定的手段与立法目的明显不匹配;(3)因现实情况发生重大变化而不宜继续施行;(4)变通明显无必要或者不可行,或者不适当地行使制定经济特区法规、自治条例、单行条例的权力;(5)其他明显不适当的情形。

另外,《立法法》第107条规定,规章的规定被认为不适当,有关机关应当予以改变或者撤销。

三、完善我国立法监督的思考

近年来,我国的立法监督制度在不断完善。《深化党和国家机构改革方案》(中发〔2018〕11号)将全国人大法律委员会更名为全国人大宪法和法律委员会,增加推动宪法实施、开展宪法解释、推进合宪性审查、加强宪法监督、配合宪法宣传等职责。2019年12月,第十三届全国人大常委会通过了《法规、司法解释备案审查工作办法》,对行政法规、监察法规、地方性法规、自治州和自治县的自治条例和单行条例、经济特区法规以及最高人民法院、最高人民检察院作出司法解释的备案审查进行了详尽的规定。地方立法机关也纷纷通过制定立法条例和规范性文件备案审查规定等形式对设区的市的地方性法规、自治州和自治县制定的自治条例、单行条例的批准、地方政府规章以及规范性文件的备案审查进行了详细的规定。以上这些制度上的进步使得我国立法监督在操作层面上得到了进一步落实,立法监督工作取得了较大进展。尽管如此,我国的立法监督制度仍有完善的空间。

(一) 继续完善对法律的立法监督

全国人民代表大会及其常务委员会是我国的最高立法机关,所制定的法律在效力层级上仅次于宪法。但是对法律的立法监督的规定目前仅限于我国《立法法》第105条第1款关于法律冲突的裁决的规定,第108条关于全国人民代表大会有权改变或者撤销它的常务委员会制定的法律,有权撤销全国人民代表大会常务委员会批准的自治条例和单行条例的规定。而对于这两种监督如何启动、如何操作，裁决或改变、撤销的结果是否要向社会公开等具体程序并没有明确规定。

完善对法律的立法监督还需要进一步加强对全国人民代表大会及其常务委员会立法过程的监督。对立法过程的监督重点在于公开和社会公众的参与。目前《立法法》对全国人民代表大会及其常务委员会立法过程的公开和参与主要包括两个规定：一是对于列入常务委员会会议议程的法律案，规定了多种听取意见的形式，包括座谈会、论证会、听证会，将法律草案发送相关领域的全国人民代表大会代表、地方人民代表大会常务委员会以及有关部门、组织和专家征求意见，向社会公布征求意见等听取意见的形式；二是规定全国人民代表大会常务委员会编制立法规划和立法计划，应当认真研究代表议案和建议，广泛征集意见，立法规划和立法计划由委员长会议通过并向社会公布。建议将全国人民代表大会和全国人民代表大会常务委员会立法的公开和公众参与环节进一步迁移到立法准备阶段，对列入立法规划，已经展开立法调研和论证的法案，可以采取包括向社会公开征集意见等多种方式进行公开和听取意见，也应在制度层面进一步加强人大代表在立法准备中的参与和作用。

（二）完善立法监督规定之间的逻辑衔接

完善的立法监督制度各条款所规定的流程之间是互相衔接的，包含了完整的逻辑关系，比如批准制度中应包含报请批准、审查，根据审查结果决定批准或不批准；备案制度应包含报备、审查，根据审查结果决定撤销或改变。我国目前关于立法监督制度的规定在条文之间的逻辑衔接上仍需改进。如根据《立法法》第108条的规定，全国人民代表大会、省、自治区级人民代表大会和设区的市级人民代表大会有权改变或者撤销同级人民代表大会常务委员会制定和批准的立法文件，而对作为撤销或改变逻辑上游的审查的具体方式并没有加以规定。另外，立法监督方式与监督内容之间的规定也有不一致的地方，如《立法法》第107条对于监督内容只规定了针对规章内容进行适当性审查，而该法第108条却规定，全国人民代表大会、省、自治区级人民代表大会以及设区的市级人民代表大会有权改变或者撤销其常务委员会制定和批准不适当的法律或地方性法规，这就意味着全国人民代表大会和省、自治区、设区的市一级的人民代表大会可以对其常务委员会制定或批准的法律、地方性法规的适当性进行审查。此外，《法规、司法解释备案审查工作办法》第39条也规定全国人民代表大会常务委员会有权对法规、司法解释进行审查研究，发现法规、司法解释存在与该办法规定明显不适当问题的，应当提出意见，这一规定与《立法法》第107条的规定也不一致。

完善立法监督规定之间的衔接关系，要从立法逻辑入手，理顺各种立法监督方式之间的关系和逻辑联系。就我国现有立法监督方式而言，批准和备案是两种不同的监督方式，都会涉及审查，而不予批准、撤销和改变则是审查的后果。可以发现，"监督方式—审查—处理后果"，再加上明确的审查内容，这是一个完整的构建立法监督制度的逻辑结构。我国目前的《立法法》对于立法监督的规定主要是按照立法监督权的分配来进行的，是从规范立法权的角度进行的考量，这一立法角度本无可厚非，但是也必须兼顾逻辑结构的完整性。

(三) 完善对授权立法的监督

目前我国针对授权立法规定的立法监督方式还比较简单，且主要是针对专门决议授权立法进行的规定。《立法法》第109条第5款和第108条第7款规定了对专门决议授权的立法监督，根据这两条规定，我国目前针对专门决议授权立法主要采取备案的监督方式，接受备案的机关由授权决定规定；对被授权机关制定的超越授权范围或者违背授权目的的法规，授权机关有权撤销该法规甚至撤销该授权。这两条规定存在监督制度逻辑不够完整的问题。备案监督与撤销是存在逻辑的前后联系的，完整的立法监督逻辑是：通过备案进行审查，审查发现授权立法问题，通过撤销来解决该立法问题。但是在全国人民代表大会通过的授权决议中，规定的备案主体通常是全国人民代表大会常务委员会和国务院，但是撤销主体却是全国人民代表大会，这里就缺失了立法监督制度中的一个重要环节：全国人民代表大会常务委员会和国务院作为对授权立法的备案监督主体，如果发现依授权制定的法规有问题，需要撤销，应该通过什么形式和程序告知全国人民代表大会的什么机构,全国人民代表大会行使撤销权的程序是什么,目前都缺乏明确的制度规定。

授权立法是对我国法定立法体制的有益补充,特别是对国务院和经济特区所在城市的专门决议授权,在我国改革开放之初为保障经济特区作为改革开放的前沿和试验区发挥了重要作用。但是对授权立法的监督必须要完善,否则不利于保持我国法制体系的统一和协调。首先,对于授权立法,必须严格依据我国《宪法》和《立法法》的规定加以规范,对于出于特定历史时期或特殊任务需要形成的授权决议及其内容应该及时清理和按照法治要求进行完善。其次,在制度层面完善立法监督的逻辑结构。虽然在实践中,我国全国人民代表大会常务委员会和国务院客观存在着与全国人民代表大会工作沟通的渠道,但是从立法的法治原则要求出发,有必要进一步完善相关制度,或将既有相关操作法制化,这是完善对授权立法进行立法监督的必然要求,也是强化落实全国人民代表大会立法监督职权的必然选择。

第九章
立法技术

第一节 立法技术概念与分类

一、立法技术的概念

（一）关于立法技术的学说与定义

立法是运用一定技术进行的活动。技术原本是指根据生产实践与自然科学原理而发展成的各种操作方法、技巧，但由于"到二十世纪初，技术的含义逐渐扩大，它涉及工具、机器及其使用方法和过程。到二十世纪后半期，技术已被定义为人类改变或控制客观环境的手段或活动。现在的技术的最大特点是它与科学的交融"[①]。因此，技术被泛指其他操作方面的方法、技巧。一项法律是否制定得良好，能否在社会经济生活中发挥最大的良性效应，除了与该法律规定的内容与社会经济的协调程度有关，还与立法者掌握的立法技术有关。

---

① 吴大英、曹叠云:《立法技术论纲》,载《中国法学》1990年第4期。

从立法的历史看,凡是在立法实践活动中摸索、形成的立法方法与技巧的总和就是立法技术。但是,学界关于立法技术的属性与外延范围却有着不同的理解,由此产生了许多关于立法技术的学说。

1. 关于立法技术属性的学说

就立法技术属性而言,有"活动说"、"规则说"、"过程说"和"方法技巧说"四种最为典型的观点。其中,"活动说"认为立法技术是一种特殊的活动,"广义的立法技术是国家制定法律的细则、表达法律规范的内容和形式方面的特殊活动"[1]就是"活动说"的具体体现。"规则说"将立法技术定性为特定的"规则",即认为其是"确认如何建立法的结构的规则的总和"[2],立法技术"是在一定的立法制度中,历史地形成最合理的制定和正确表述法的规定和条文以达到最完善表述形式的规则的总和"[3]就是"规则说"的具体体现。"过程说"则将立法技术定性为立法原则和法律条文的转换过程,立法技术"乃依照一定体例,遵循一定之格式,运用妥帖之词语(法律语言),以显现立法原则,并使立法原则或国家政策转换为具体法律条文之过程"[4]就是"过程说"的具体体现。"方法技巧说"认为立法技术是一种在立法工作或互动的时间过程中形成的专门的方法、技巧,立法技术是"应用法学原理,依照一定的体例、遵循一定的格式,运用妥当的词语,以显现立法目的,并使立法原则或国家政策转换为具体法规条文的技巧"[5]就是"方法技巧说"的具体体现。

2. 关于立法技术外延范围的学说

就立法技术外延范围而言,有"广义说"、"狭义说"和"折中说"。"广义说"认为,立法技术是指"同立法活动有关的一切规则,包括规定立法机关组织形式的规则、规定立法程序的规则和关于立法文件的表述和系统化规则等"[6]。而"狭义说"则认为,立法技术是指"从实际需要与可行原则出发,应

---

[1] 吴大英、任允正:《比较立法学》,法律出版社1985年版,第207页。
[2] 郭道晖:《当代中国立法》,中国民主法制出版社1998年版,第1107页。
[3] 吴大英、任允正:《比较立法学》,法律出版社1985年版,第207-208页。
[4] 罗成典:《立法技术论》,台湾文笙书局1987年版,第1页。
[5] 罗传贤:《立法程序与技术》,五南图书出版有限公司1997年版,第6页。
[6] 吴大英、任允正:《比较立法学》,法律出版社1985年版,第208页。

着重探讨法律结构形式、法律文本、法律的修改和废止办法等方面的规则"[1]。"折中说"认为,"在形式上用语的格调之选择,次序之排列,字句之推敲,自可称之为立法技术。但实质上,立法技术运用,并不以此为限。"[2]

3. 立法技术的定义

不可否认,以上关于立法技术的观点都有其合理性。众所周知,"立法制度能够反映立法技术,但技术不包含立法制度"[3]。因而,本书认为"广义说"不可取,因为它容易造成立法技术与立法制度的混淆。此外,本书认为,对于立法技术的理解应落脚于"技术"而非"立法"。无论是从技术的发展史还是立法的发展史来看,都能得出立法技术是在立法活动中形成的方法、技巧,而这些方法、技巧之所以能够形成是因为想要制定良好的法律。良好的法律的制定于前涉及法律文件的起草、制定、文本选择、文辞表达和系统化以及立法前和表决前的评估等,于后则涉及修改、废止、立法后的评估等。

因此,本书认为,立法技术是指人类在总结在追求制定良好的法律之目的的立法活动实践经验的基础上所形成的关于法的制定、修改和废止,法的内在结构、法的外部形式、法的语言文字、法的系统化和立法评估等方面的各种技巧和方法的总和。

(二) 立法技术的特点与社会功能

1. 立法技术的特点

立法技术有如下三方面的特点:

第一,立法技术在本质上是技巧和方法。立法技术既不是"活动",也不是"过程"。实际上,立法技术是"在立法实践和立法研究中所产生的一种智力成果,取静态形式。作为一种方法,它与立法制度不同,不是实体性准则,而取观念形态。在这一点上它有着立法原理的某些痕迹,作为一种操作技巧,它与立法原理有别,不是观念性准则,而是实体性准则。在这一点上它与立法制度有某些相近之处。它是不同于立法原理、立法制度而又兼具两

---

[1] 孙琬钟:《立法学教程》,中国法制出版社1990年版,第172页。
[2] 曹叠云:《立法技术》,中国民主法制出版社1993年版,第30页。
[3] 侯淑雯:《立法制度与技术原理》,中国工商出版社2003年版,第230页。

者某些特征的一个概念、一个事物"[1]。

第二,立法技术是被立法主体采用的技巧和方法。立法技术作为一种技术规范,既可以被各种性质不同的立法主体所采用,同样的立法技术也可以因为被不同性质的政治主体采用,从而制定出在内容上和政治目的上完全相反的法律文件。但无论是前面的何种情况,立法技术都是被立法主体所采用的。

第三,立法技术是最终通过法律文件的文本表现出来的技巧和方法。一般而言,立法技术在法律上不会有明文的规定,立法主体在立法过程所使用的立法技术最终会通过法律文件的文本表现出来。也就是说,立法技术隐藏在法律文件的文本之中或者想要知道立法者在立法活动中所运用的立法技术,应该借助法律文件的文本。

2. 立法技术的社会功能

习近平总书记曾指出:"我们在立法领域面临着一些突出问题,比如,立法质量需要进一步提高,有的法律法规全面反映客观规律和人民意愿不够,解决实际问题有效性不足,针对性、可操作性不强;立法效率需要进一步提高。"[2]虽然习近平总书记这话不是针对立法技术讲的,但进行较为仔细的推敲就能发现这话所指出的立法领域面临的突出问题实际上与立法技术有着莫大的关系。因此,本书认为立法技术的功能至少有两个:

第一,有助于提高立法质量。"质量是立法的灵魂,没有质量,再多的数量也无济于事。立法质量和实施效果是法律乃至法治的两个重要支柱,立法不在于多,而在于精;少则容易精,而多则必滥。"[3]衡量立法的"精"的基本标准是能够解决问题。立法技术"可以是立法成为科学的立法,使立法臻于较高水平,使立法正确调整社会关系和准确、有效、科学地反映立法者、执政者的意愿,可以从一个重要侧面保障整个法制系统有效地运行,从而充分满

---

[1] 周旺生:《立法学》,法律出版社2000年版,第453页。
[2] 习近平:《论坚持全面依法治国》,中央文献出版社2020年版,第95页。
[3] 王春业、聂佳龙:《论立法的节制性美德——从立法禁止"啃老"谈起》,载《福建行政学院学报》,2015年第5期。

足国家、社会和公民生活对立法提出的种种需要"①。

第二,有助于提高立法效率。技术的出现与进步的动因都是效率的提升。立法技术的出现与进步亦是如此。所谓的效率提升就是在经济学中以较小的投入得到较大的产出。以经济学观点看,立法就是法律生产,因为"法律生产是指法律的产出——表现为立法的过程"②。在立法技术保持不变的情况下,法律生产函数是 $Q=f(L\cdot K)$,其中 L、K 分别表示参与立法的人数和资金支持③。从该函数中可以知道,立法技术的进步与完善会导致参与立法的人数和资金支持的减少,从而降低法律成本。法律产生成本降低意味着立法效率的提升。

二、立法技术的分类

根据不同的标准,可以对立法技术进行不同的分类。

1. 根据立法活动的不同阶段,立法技术可以分为立法预测技术、立法规划技术、法的制作技术、法的清理和系统化技术等。立法预测是指在立法规律和法律发展规律的指引下,运用科学的方法和手段,对立法的发展趋势、未来状况进行考察、推测的方法、过程及相应的结果,而立法预测技术就是在立法预测过程中所运用的各种方法、技巧的总称。立法规划是指享有立法权的机关根据国家的方针政策、国民经济和社会发展计划,在科学的立法预测基础上,作出的立法目标、措施、步骤等的设想和安排,而立法规划技术是在立法规划过程中所运用的各种方法、技巧的总称。法的制作技术是指在法的制作过程中所运用的各种方法、技巧的总称。法的清理和系统化技术是指在法的清理和系统化过程中所运用的各种方法、技巧的总称。

2. 根据立法活动所运用立法技术的综合性程度,可以分为综合立法技

---

① 周旺生:《立法学》(第2版),法律出版社2009年版,第375-1376页。
② 聂佳龙:《法律市场论纲:作为经济分析法学的一种基础理论前言》,江西人民出版社2013年版,第133页。
③ 聂佳龙:《法律市场论纲:作为经济分析法学的一种基础理论前言》,江西人民出版社2013年版,第137页。

术和单一立法技术。综合立法技术是指涉及范围较广、采用技术手段较多的立法技术。单一立法技术是指在立法活动中技术手段使用相对比较单一的立法技术。

3. 根据立法技术的具体程度,可以分为宏观的立法技术和微观的立法技术。宏观的立法技术是指立法者在立法预测、立法规划、法的清理等过程中所采用的各种立法技术的总称,它主要适用于立法的整体。微观的立法技术是指立法者在处理法的内部或(和)外部结构、法的规范与法的条文之间关系等内容时所采用的各种立法技术的总称。

4. 根据法系的不同,立法技术可以分为大陆法系立法技术和英美法系立法技术。由于大陆法系国家的立法"形式十分完备,术语和概念比较精确,体系相当严谨,具有法律形式的科学性,体现了不同类型的法律在形式上的共性"[①],而英美法系由于主要采用判例法的缘故,导致两者在法律的内外部结构、法律的文本选择、文辞表达和法的系统化等方面有着不同的特点。

根据其他的标准,立法技术还可以做其他的分类,比如,根据立法技术功能的不同分为立法表现技术和立法表述技术。

第二节　立法的结构

一、立法的结构技术的要件

任何成文法都有一定的结构,是构成法律文件整体的部分或者成分。立法的结构的表现形式因其结构各不相同而具有多样性。但是,"就目前来看,现代规范性文件的结构通常包括三方面要件:一是规范性文件的名称。

---

① 徐炳:《大陆法系是怎样形成和发展起来的》,载《河北法学》1985年第2期。

二是规范性文件的内容。这里又包括规范性内容和非规范性内容。三是表现规范性文件内容的符号。"[1]也就是说,从目前来看,立法的结构通常包括法律文件的名称、法律文件的内容和表现法律文件内容的符号三方面要件。

1. 法律文件的名称

法律文件的名称是指每一个具体性法律文件的称谓。在我国,法律文件有多种不同的称谓,例如,法律、法规、规章、司法解释等。法律文件的名称是否科学,直接影响执法、司法和守法活动。名称是所有法律文件的必备要件。

2. 法律文件的内容

法律文件的内容包括规范性内容和非规范性内容。规范性内容就是通常所说的行为规范,它规定人们的行为模式与后果[2]。非规范性内容是指法律文件中关于立法目的、依据或原则的说明,以及"关于该文件的适用范围的规定,关于专门概念和术语的解释,关于通过机关和通过时间、批准机关和批准时间、公布机关和公布时间、关于该文件的生效或施行时间,关于授权有关机关制定变通不同规定或制定实施细则的规定,关于废止有关规范性文件及其中内容的规定,等等"[3]。

3. 表现法律文件内容的符号

表现法律文件内容的符号主要包括下方的括号、目录、总则、分则、附则,各部分的标题,卷、编、章、节、条、款、项、目,有关人员的签署、附录和语言文字等。其中附录是部分法律文件的结构要件;目录等则是法律文件的可选要件。

二、立法的结构的类型

立法的结构有简单结构、复杂结构和介于两者之间的一般结构之分。

---

[1] 郑先海:《行政机关规范性文件的制定》,中国税务出版社2002年版,第32-33页。
[2] 周旺生:《规范性文件起草》,中国民主法制出版社1998年版,第370页。
[3] 魏海军、石其钢:《立法概述》,东北大学出版社2014年版,第478-479页。

（一）简单结构

简单结构一般包括这些要件：(1)法律文件的名称；(2)法律规范；(3)条文；(4)有关说明与解释；(5)名称下方的括号；(6)制定机关与制定时间；(7)公布机关与公布时间；(8)生效或实施时间；(9)表述法律文件内容的语言文字。简单的法律文件结构并不是绝对必须包括前述9个要件，有可能全部包含，有可能超过了这一范围。简单的法律文件的条文往往比较少，很多时候不会明确表述第X条，而是简单用中文数字指称条目。还有就是简单的法律文件也不会有卷、编、章、节等分类，也没有附则、次级标题等。

（二）复杂结构

复杂结构一般包括这些要件：(1)法律文件的名称；(2)法律规范；(3)有关的说明与解释；(4)名称下方的括号；(5)通过机关与通过时间；(6)公布机关与公布时间；(7)生效或实施时间；(8)目录；(9)总则、分则、附则；(10)各部分标题；(11)序言；(12)卷、编、章、节、条、款、项、目；(13)适用范围；(14)授权有关机关制定变通或补充规定或制定实施细则的规定；(15)废止有关法律文件的规定；(16)有关人员的签署；(17)附件；(18)表述法律文件内容的语言文字。需要说明的是，复杂结构的法律文件不一定要完全具备前述18个结构要件。但现实中，大部分复杂结构的法律文件都具有前述18个结构要件。

（三）一般结构

一般结构一般包括这些要件：(1)法律文件的名称；(2)法律规范；(3)有关的说明与解释；(4)名称下方的括号；(5)通过机关与通过时间；(6)公布机关与公布时间；(7)生效或实施时间；(8)条款；(9)法律文件的适用范围；(10)授权有关机关制定变通或补充规定或制定实施细则的规定；(11)废止有关法律文件的规定；(12)表述法律文件内容的语言文字。一般结构的立法结构，一般用于条例或者早期的法律文件。

以上三种立法的结构并非泾渭分明，至于在现实中采用何种立法的结构取决于立法工作的需要。

三、法律文件的整体结构与形式结构

（一）法律文件的整体结构

法律文件的整体结构包括总则、分则、附则和目录、序言、附录。

总则是指对整个法律文件具有统领地位的且与分则、附则等相对应的条文的总称。总则有明示和非明示两种形式，前者一般以"总则""总纲""基本原则""一般规定"等名称出现，后者一般设在简单的或不设"章"的法律文件的结构中，以无标题形式出现。总则一般都应设在法律文件的开篇，只有法律文件还有序言、前言的情况才可以例外。总则内容的构造应当符合必须按照先后顺序排列、不能过于简单也不能过于繁杂和应当尽力"法律化"等要求。

分则是指法律文件的整体中与总则相对应、使总则内容具体化的部分。分则内容的构造应当符合体系和内容完整、完整规定权利和义务，以及规定的内容要明确、具体等要求。

附则是指在法律文本中起到辅助性作用的内容。附件的内容通常包括：其一，关于名词、术语的定义；其二，关于解释权的授权规定；其三，关于制定实施细则的授权规定；其四，关于制定变通或补充规定的授权规定；其五，关于法律文件失效或废止的规定；其六，关于实施问题的规定。

目录是在完整的法律文件结构中将总则、分则和附则各部分的标题集中排列于序言或正文之前的部分。设置目录的目的在于使人们能方便地从宏观上把握法律文件的基本内容，了解法律文件的结构，快捷地查阅有关文件。

序言是指在法律文件的正文前叙述性或论述性的文字部分。从各国法律文件序言的内容看，除个别情况外，都属于非规范性的内容，因而不能当作行为规范来适用。但是由于序言也是法律文件的组成部分，对它所阐述的原则和概括的内容当然不能违背，否则也是违法行为，甚至是违宪行为。

附录是部分法律文件的文本后所附加的有关资料的总称,有时也称为附件。附录只是法律文件的附加部分,不是文件正文的组成部分。但是由于附录是由制定法律文件的主体经过选择附加在文件正文之后的,因而它也是法律文件整体的组成部分。附录的形式或种类主要有独立的文件、有关文件的部分条文、有关文字性的说明和有关图表和图形等四种。

(二) 法律文件的形式结构

法律文件的形式要件包括标题、符号和标点符号。

标题是指在各卷、编、章、节前标出的内容。标题应当符合以下要求。第一,要确切地表述法律文件中各有关组成部分的立法目的和主要内容。第二,文字表述要科学、规范、长短应当适度,要尽量简洁明了;标题一般不用标点符号;各级标题之间、标题与条文内容的字体要有所区别。第三,同一法律文件中各个同级标题,在结构、文字风格和其他方面要尽可能一致;同一级别的法律文件中的标题,也尽可能协调。第四,对法的内容做修改、补充时,被修改、补充部分的原标题如不适合新的内容,也应当改动相应部分的标题[①]。根据《立法法》第65条第3款规定,法律标题的题注应当载明制定机关、通过日期。

法律文件符号包括卷、编、章、节、条、款、项和目。其中,卷、编通常在法典中或篇幅较长的法律中被加以使用。在设章的法律文件中,章是连接文件整体的主要符号之一,条是构成法律文件的最重要、最常见的单位。项是法律文件中包含于款之中、隶属于款的一种要件,在款的内容有两个以上层次时出现。目是包含于项之下、隶属于项的一种要件,在项的内容有两个以上层次的情况下出现。《立法法》第65条第2款规定:"编、章、节、条的序号用中文数字依次表述,款不编序号,项的序号用中文数字加括号依次表述,目的序号用阿拉伯数字依次表述。"

法律文件中最常用的标点符号有逗号、句号、顿号、分号、冒号、括号和书名号。问号、感叹号等表达感情色彩和语气方面的标点符号,很少用。标

[①] 魏海军:《立法概述》,东北大学出版社2014年版,第489-490页。

点符号一般分为两类：一类是起停顿作用的标点符号，包括逗号、顿号、分号、冒号、句号等；另一类是起标示作用的标点符号，使用较多的是括号、书名号和引号等。

第三节　立法的语言

一、立法语言的概念与功能

人类的观念需要通过一定的方式表达出来，语言就是其中一种常用的方式。于是，有学者认为："语言是一种表达观念的符号系统。"[①]立法者的观念想要被人们知道，必然也要借助语言，这种语言就是立法语言。所谓的立法语言，是指制定和修正法律时按照一定的规则表述立法意图、设定行为规范的专门的语言文字。

立法语言在立法中具有重要的作用。"立法语言是立法历史中的必然产物，是立法（法律）性质要求的必然反映。若无立法语言文字，则法的内容无从表达，法的存在也无从显现。可以说，立法的语言文字的运用，是立法成败及其质量与水平如何的关键，应当审慎对待。虽然立法语言在立法技术中比较微观和琐碎，但绝不是立法技术中的细枝末节，而是占有极其重要的地位。一部法律、法规，一条法律规则是否具有可操作性，是否能够被人们理解并给人们提供行动的指引，都与立法语言的精确程度等因素密切相关。"[②]从这段话中可以知道，立法语言至少有如下三个作用：

第一，立法语言可以明确无误地表达出立法者的立法意图等。立法者

[①] ［瑞士］费尔迪南·德·索绪尔：《普通语言学教程》，高名凯译，商务印书馆2009年版，第37页。

[②] 黄文艺：《立法学》，高等教育出版社2008年版，第158页。

的意图等是在法律文件所体现出来的,但法律文件的形成必须借助立法语言。从这个意义上讲,立法者的意图等是凭借立法语言予以物质化或外化。若没有立法语言,立法者的立法意图等则无法让人知晓,更谈不上实现。

第二,立法语言可以让执法者、司法者、守法者等准确地明白法律规范设定的行为模式等信息。行为模式等设定后,还需要准确、无误地传递给接受者才能得到有效实施,而立法语言在其中起着媒介的作用。

第三,立法语言的正确运用可以提高立法质量。科学的立法语言有助于执法者、司法者、守法者等正确并准确地理解各项立法,而执法者、司法者、守法者能够正确并准确地理解各项立法意味着这些法律文件立法质量高。

二、立法语言的风格

立法语言虽然是语言文字中的一种,但与文学语言、学术研究中的语言等非规范性文件的语言相比,有其自身的特殊性。这种特殊性主要体现为立法语言在使用过程中有一些特殊的要求。这些要求通常称作立法语言的表现"风格"。概括起来,立法语言大致有准确肯定、简洁凝练、规范严谨、庄重严肃和通俗朴实等风格。

1. 准确肯定

"准确、肯定",就是用清楚、具体、明白无误的语言文字,在法律条文中规定人们的条件、行为模式和法律后果以及其他内容。其中,准确性是立法语言的灵魂和生命,因而是立法语言最基本的要求。

要保证立法语言的准确、肯定,最重要的是用精确的词语来表达立法中的概念和语句。为此需要:①要尽量摒弃使用同义词,强调一词一义。②要准确、肯定地使用立法语言,还要做到用同样的方式运用同样含义的语言文字。在此需要指出一点,准确、肯定并不是绝对的,在坚持立法语言的准确性、肯定性的同时,有条件地使用模糊词语也是可以的。

2. 简洁凝练

立法语言的简洁凝练,是指通过使用包含较大信息量的语言文字,用尽可能少的语言材料表达尽可能多的内容,做到言简意赅、词约而事倍。为此,立法机关或起草法律的部门应当做到:①在对词语意义明确把握的基础上,注意实际用词、造句的简洁凝练。②必须避免冗长烦琐、重复累赘。

尽管简洁凝练是现代立法语言的一个突出"风格",但不能为了简练而损害立法所必须包括的内容,导致出现漏洞。

3. 规范严谨

法律文件用语如果不规范严谨,在实施过程中必然会产生歧义、矛盾与混乱。因而,规范严谨是立法语言的应有之要求。规范是指立法语言一般要符合常规,即便必要时可以超出常规来使用语言文字,以表达立法的内容,但也必须严格控制。严谨是指立法中语言文字的使用必须字斟句酌,力求严密周详、无懈可击。

在一般情况下,立法机关应当按人们在实际生活中通常所理解的含义,准确使用语言文字。要保证立法语言的严谨性,必须注意法律用语的前后一致,不同的概念不应当用同一个词来表达,同一概念只能用同一词来表达。

4. 庄重严肃

庄重严肃是指法律文件不能用怀疑性的、询问性的、讨论性的、建议性的以及其他不肯定性的语言文字来表达立法的内容。

立法语言之所以要求庄重、严肃,主要是由法律规范和立法的严肃性和权威性决定的。要保证立法语言的庄重、严肃。为此,应当做到:①不用怀疑性的、询问性的、商榷性的、讨论性的、建议性的以及其他不肯定性的语言文字来表达立法的内容;②一般不用简称;③要尽量避免使用带感情色彩的词汇与语句,也要避免使用"修饰手法"。

5. 通俗朴实

立法要起到对人们的行为进行规范和引导的作用,要易为人们所理解和掌握,立法中的语言文字就要平实质朴、明白易懂。所谓的通俗朴实是指能使一般人有效地理解且不发生理解上的障碍。

为保证立法语言的通俗化,立法主体在制定法律文件时应当特别注意:①不用晦涩难懂、深奥古僻的词语,要用人们易懂的普通词语。②不用形象性的词汇和艺术化的句式,要用朴实无华的词语。③不应使用隐语、诙谐语或双关语。④避免使用地方语言、古语等不容易为人们所理解的语言。⑤不能使用已经过时的旧的公文程式套话。

三、立法语言的使用规则

在满足立法语言特殊要求的前提下,为了提高立法质量,还需要"在立法时对立法进行构造,立法人员必须高度重视有关立法的语言文字的运用和选择,遵循立法语言的运用规则"①。立法语言的使用规则主要涉及法律术语和立法句子。

1. 法律术语的使用规则

词是语言文字中最基本的语言单位和构成要素。立法语言中使用的"词"又被称作"法律术语"。总的来看,法律术语可以分为:常用术语、常用的但在法律中有其专门含义的术语、专门法律术语、技术性术语等四种。其中,常用术语是指法律关系的主体,如"自然人""个体工商户"。常用的但在法律中有其专门含义的术语是指常用术语之后,对法律关系中特定群体的描述,例如"法定代理人""无民事行为能力人""限制民事行为能力人"。专门法律术语是指法律科学领域的专有名字,例如"表见代理"。技术性术语是指法律文件的文本中的特定名词,例如《网络安全法》中的"网络日志"。

2. 立法句子的使用规则

法律条文的句法结构是立法语言中最典型、最完备的一种。它的使用有两个特点:多用并列结构和普遍使用复杂同位成分。句式是指句子构成的形式,立法语言中句式结构的使用,主要有多用长句、多用动词性的非主

---

① 黄文艺:《立法学》,高等教育出版社2008年版,第161页。

谓句、普遍使用非名词性宾语的句式、必要时用文言句式和一般用松散句式这五个特点。汉语的句类有陈述句、疑问句、感叹句和祈使句，但在立法语言中，只能使用陈述句和祈使句。

立法语言常使用长句即复合句，由此形成超句。所谓超句，是指简单句以上的复合句和句群。立法语言中，复合句较为常用的有选择句、条件句和假设句、转折句等句型。而句群是指两个或多个在意义上有密切联系、在结构上各自独立的单句或复句，按照句法结构规则组合而成的具有逻辑关系的条文。

立法句子的时态主要有现在时、将来时和过去时三种。但在使用时要分情况，严格掌握使用规则：①通常用现在时态；②应当尽可能地避免使用将来时态；③表述一个先决条件时，可用过去时态表示适用法律之前应具备的条件，现在时态则用来表示与适用法律同时存在的条件。

四、立法语言审查程序

前面已述及，立法语言有助于提高立法质量。于是，在立法过程中，表征为语义模糊、歧义、句式冗余、篇章结构混乱、标点使用错误等的立法语言失范现象大量存在必然会导致立法质量不高。为了解决立法语言失范现象，有的国家设置了立法语言审查程序。其中最为典型的国家是韩国。韩国的《国会法》第86条规定："在委员会已结束法律案审查或立案时，交付立法司法委员会，接受体系和字句的审查。立法司法委员会委员长与干事协商，审查中可省去提案者的宗旨说明和讨论程序。对前款的审查，议长可附加审查期限，如无正当理由审查未结束时，向本会议附议。"

所谓立法语言审查程序，指的是对立法语词、句式、篇章结构等文本表达进行审查的立法程序。立法语言审查程序有广义和狭义之分，"广义的立法语言审查程序是指在法律制定、认可和修改阶段，负有立法语言审查职能的国家机关、社会组织或公民对现行法律文本或法律草案的语词、语句及篇章结构等用语规范情况进行审查的工作方法、步骤和次序。它包括法律草案的语言审查程序和现行法律文本的语言审查程序。而狭义的立法语言审查程序仅指法律制定阶段的语言审查程序,即法律草案语言审查程序。"①

立法语言审查程序有缓解立法语言的失范现象,减少执法、司法过程中的运行难题,能有效地缓解立法者的"监督悖论"难题,具有保障立法工作规范性等法律意义,会促使一些地方立法机关和政府开始关注立法语言规范化问题,然而,在我国还没有明确成为一项立法的程序,还处于理论探讨阶段。但有一点可以肯定,即"我国现行立法程序虽未明确规定关于立法语言的审查程序,但是支撑立法语言审查的程序基础却是存在的"②。不管未来立法语言审查的程序如何构建,该程序应该包含这些内容:①审查主体;②审查内容;③审查程序,即提请语言审查、审读、听取起草人意见、论证、修改、提出审查结果;④审查的期限。

第四节 法的系统化

一、立法的修改与补充

(一)立法的修改和补充的概述

1. 立法的修改和补充的概念

立法的修改,是指通过改变法的某些规定,使立法达到预期目的,适应新的社会需要。而立法的补充,是指在现行法规定不变的情况下,加入新的内容,使其更加完善。法的补充不改变法的原有内容,所以同法的修改有所区别。但是经过补充后,原来的法发生了变化,在这种意义上讲,立法的补充也是一种立法的修改。

---

① 张玉洁、张婷婷:《论立法语言审查程序的设置理据与技术——基于韩国立法的经验借鉴》,载《中南大学学报(社会科学版)》2015年第3期。
② 张玉洁、张婷婷:《论立法语言审查程序的设置理据与技术——基于韩国立法的经验借鉴》,载《中南大学学报(社会科学版)》2015年第3期。

2. 立法的修改和补充的特征

其一,独特的目的性。立法的修改和补充的目的在于使法趋于完善,其任务是给法律体系带来新的内容①。

其二,严格的程序性。为了确保法律文件的稳定性与可预测性,立法的修改与补充比立法受到的程序性限制更多。具体体现为,非原有立法主体的修改、补充只能是局部性的,且必须将改动情况报送原有立法主体;不能违背原有立法原则。

3. 立法的修改和补充的意义

之所以会存在立法的修改和补充,是因为通过修改和补充,可以使法适应新的情况的要求,改变法律中某些不合时宜的规定,消除法律中所存在的某些弊病,在法律中增加某些必要的新内容。由此,在立法过程中,立法的修改和补充主要有如下意义:可以使立法适应新的社会需要;可以使立法不断趋于合理、科学;可以使试行(暂行)的法走向成熟;使法律体系保持内在的协调一致。

(二) 立法的修改和补充方式的分类

对立法的修改和补充,可以是全部的,也可以是局部的;可以是单独修改或补充,也可以是修、补结合。而且在不同国家和时期,法的修改和补充的方式不尽相同。法的修改和补充的方式,可以按照不同的标准作出以下分类。

1. 全面的修改和补充与部分的修改和补充

全面的修改和补充是指对法律文件的内容进行大范围的修改和补充。在这种情况下,立法主体可以通过颁布新的同样名称的法律文件代替原有的法律文件。在现实中,全面的修改和补充并不常见,常见的是部分的修改和补充,是对原有的法律文件进行局部的修改和补充。

2. 直接的修改和补充与间接的修改和补充

直接的修改和补充是指以清晰明了的方式对法律文件部分内容进行修

---

① 周旺生:《立法学》(第 2 版),法律出版社 2009 年版,第 499 页。

改和补充。由此,对法律文件进行直接的修改和补充,既需要明确地指出修改和补充的部分,还需要遵守公开透明的程序。间接的修改和补充是指通过颁布新的法律文件的方式对某些法律文件进行修改和补充。在间接的修改和补充方式中有一个重要的原则,即新法优于旧法原则。间接的修改和补充具有减小法的完善成本、简化程序的作用,但也会带来一些业已废止的法律文件被引用的问题。

3. 同位修改和补充与错位修改和补充

根据法的完善主体的位阶不同,可以分为同位修改和补充与错位修改和补充。同位修改和补充是指由原有立法主体对法律文件进行修改和补充。错位修改和补充是指由非原有立法主体对法律文件进行修改和补充。在错位修改和补充中,当上位阶的立法主体认为下位阶的立法主体所立之法存在严重缺陷或不合时宜,但又不宜直接废止时,上位阶的立法主体可能通过直接或间接的修改和补充的方式对原有的法律文件进行改动。此外,根据《立法法》等规定,在全国人民代表大会闭会期间,其常务委员会可以对其制定的法律进行适当的修改和补充。这意味着下位阶主体对上位阶主体所立之法可以进行适当的、有限范围内的补充和修改。

无论采用以上何种立法的修改和补充的方式,都必须遵守"及时"与"慎重"的要求。"及时"要求立法的修改和补充要有助于确保法律文件适应社会发展的需要,保证法律体系的协调一致,消除法律文件中的弊端。"慎重"要求立法的修改和补充要有助于维护法的权威性和保证法的稳定性与连续性。

二、立法的废止

(一) 立法的废止的概述

1. 立法废止的概念与特征

立法的废止是指有关立法主体依据一定的职权和程序,使其所制定的法律文件失去法律效力的专门活动。之所以存在立法废止是因为已有的法律法律文件不适应社会的发展,若让其继续存在,会因为"每个实施的法律文件都有按照自己的面目进行再生产的能力"[①]而阻碍社会的发展。由此,立法的废止是完善立法的组成部分,也是立法的一部分,不能因为"废止"二字,就将立法废止排除在立法之外。

立法的废止的特征主要有:①立法废止不是直接为法律体系增加新的内容,而是以纯化法律体系的方式促进法律体系的发展;②立法废止能直接导致某些法律正式失去效力;③立法废止不同于立法的修改和补充,它指向的对象只能是一个完整的法律文件。

2. 立法废止的目的和意义

任何法律文件在制定之初就带有一定的立法目的和历史使命。于是,当立法目的和历史使命已经实现,或者由于社会发展,原有的立法目的和历史使命已经退出了历史舞台时,该法律文件也就没有存在的必要。这时就需要将其清理出现有的法律体系。因此,立法的废止的目的和任务,主要是将有关法律文件从现行法律体系中清除出去,使法律体系得到纯化、完善。而立法废止的意义在于使现行法律更好地适应社会关系发展变化的需要和使法律体系不断得到完善和发展。

(二) 立法废止的方式和要求

1. 立法废止的方式

在我国的立法实践中,主要有如下几种法的废止方式:

第一,在新法中明确规定废止旧法。例如《民法典》第1260条规定:"本法自2021年1月1日起施行。《中华人民共和国婚姻法》、《中华人民共和国继承法》、《中华人民共和国民法通则》、《中华人民共和国收养法》、《中华人民共和国担保法》、《中华人民共和国合同法》、《中华人民共和国物权法》、《中华人民共和国侵权责任法》、《中华人民共和国民法总则》同时废止。"

第二,已有新法颁布,旧法自然失效。例如,《民法典》的施行导致《民法

[①] 聂佳龙、史克卓:《论作为"新兴权利"的公民启动权》,载《广州社会主义学院学报》2013年第2期。

总则》失效。

第三,有的法已经完成其历史任务而失效。例如,中国人民政治协商会议第一届全体会议1949年9月29日通过的具有临时宪法作用的《中国人民政治协商会议共同纲领》,在1954年的《中华人民共和国宪法》出台后,因为完成了其历史使命而失效。

第四,以专门文件的形式废止旧法。例如2022年5月1日,国务院以《国务院关于修改和废止部分行政法规的决定》的形式,废《国务院关于通用航空管理的暂行规定》、《工业产品质量责任条例》、《水路货物运输合同实施细则》、《铁路货物运输合同实施细则》、《国有企业监事会暂行条例》和《信访条例》六部行政法规。

2. 立法废止的要求

无论采用何种立法废止的方式,都应当满足以下三个要求:

第一,立法废止应当及时。及时废止法律文件有助于促进新法的贯彻实施、法律体系的发展,以及适应社会发展的需要。

第二,立法废止应当制度化。立法废止是立法的一部分,应当制度化。例如,《立法法》第2条规定:"法律、行政法规、地方性法规、自治条例和单行条例的制定、修改和废止,适用本法。国务院部门规章和地方政府规章的制定、修改和废止,依照本法的有关规定执行。"

第三,立法废止应当科学化。立法废止的科学化应当做到:其一,减少自行废止,增强人为废止;其二,减少集群性废止,注重经常性废止;其三,减少模糊性废止,多用明示性废止[①]。

三、立法的清理

(一) 立法的清理的概述

1. 立法的清理的概念

立法的清理是指有关国家机关在其职权范围内,按照一定的方法,对一

---

① 高轩:《立法学简明教程》,暨南大学出版社2020年版,第141页。

定范围内的法律文件进行审查,确定它们是否继续适用或是否需要变动(修改、补充或废止)的专门活动。

立法的清理的目的是把现存的有关法律文件,以一定方式加以系统的研究、分析、分类和处理,一般包括梳理阶段和处理阶段。前一阶段不是直接的立法活动,有点类似于法律文件的汇编。后一个阶段是直接的立法活动,在该阶段对可继续使用的,列为现行法;对需要修改或补充的,提上修改或补充的日程;对需要废止的,加以废止。

2. 立法的清理的方法

法律文件的清理方法,通常分为集中清理、定期清理和专项清理三种。

(1)集中清理。从时间上讲,集中清理是指对较长时间内的法律文件进行清理;从内容上讲,集中清理是指对较多或一定立法主体所制定的各方面的法律文件进行清理。集中清理一般发生在重要的历史转折时期,社会发展较快而诸多法律不适应社会发展,原本法治或法制落后,而新的历史时期迫切需要运用法治来保障和促进社会发展的阶段。

(2)定期清理,即把法律文件当作一项常规工作,每隔一定时期进行一次清理。定期清理有助于及时协调法律文件之间、法与社会需求之间的关系,也有助于及时发现和解决问题。

(3)专项清理,即专门对某种内容的法律文件或某种形式的法律文件进行的清理。专项清理有助于集中时间和力量解决某一方面或某一领域的问题。

(二)立法的清理的权限和程序

1. 立法的清理的权限

法律文件的清理,只能由拥有一定立法权的国家机关或这些机关授权的机关进行。在立法实践中,法律文件的清理,有的是由立法主体的工作机构,或立法主体成立的临时工作机构来具体操作的,然后再由立法主体对它们的清理报告或结果加以审查、批准。

立法主体或其授权的主体,应当在自己的职权范围内进行法律文件的清理,既不能越权清理自己无权清理的法律文件,又不能越俎代庖清理不必由自己清理的法律文件,也不能在有必要清理自己所制定的法律文件时不做清理。通常应当坚持谁制定谁清理的原则。上级主体认为下级主体必须进行法律文件的清理时,有权责成或要求其抓紧清理,但不必代替其清理。

2. 立法的清理的程序

法律文件的清理应按程序进行,其清理的程序主要有两种:其一,由立法主体自己作出清理法律文件的决策,然后授权自己的工作机构或专门成立的临时机构具体进行清理。其二,由立法主体的专门工作机构根据已有的关于清理法律文件的规定或客观需要,直接向立法主体提出法律文件的清理案,然后由立法主体对清理案加以审议,之后的程序与上一种的程序相同。

(三) 立法的清理与法律文件汇编的辨析

法律文件的汇编是指在清理法律文件的基础上,按照一定顺序,将各种法律文件集中起来,加以系统的编排,汇编成册,其特点是一般不改变法的文字和内容,而是对现存法律文件进行汇集和技术处理或外部加工。可见,法律文件汇编与立法的清理有一定的联系。具体表现在:第一,两者都是法律文件的系统化的方法。所谓法律文件的系统化是指对已经制定的法律文件加以系统整理和归纳加工,使其完善化和科学化的活动。第二,法的清理第一个阶段和法律文件汇编都不是直接的立法活动,都不改变原有法律文件的面貌。

立法的清理与法律文件汇编也有着诸多不同,而要理解这些不同,了解法律文件的汇编是有必要的。

1. 法律文件汇编的主体和过程

由于法律文件的汇编不是创制的活动,一般不会产生法律效力,所以法律文件汇编的主体,既可以是行使创制法律文件职权的机关,也可以是其他机关、社会组织或个人。

法律文件汇编的过程一般分为编辑和出版发行两个阶段。第一阶段是法律文件汇编的实体性阶段,它主要解决两方面的问题:一是正确确定法律文件汇编的主体;二是用正确方法进行具体汇编工作。第二阶段是体现法律文件汇编成果的阶段,要根据国家法定的法律文件汇编出版发行制度进行。根据国务院《法规汇编编辑出版管理规定》第7条规定:"出版法规汇编,国家出版行政管理部门根据出版专业分工规定的原则,依照下列分工予以审核批准:(一)法律汇编由全国人民代表大会常务委员会法制工作委员会选择的中央一级出版社出版;(二)行政法规汇编由司法部选择的中央一级出版社出版;(三)军事法规汇编由中央军事委员会法制局选择的中央一级出版社出版;(四)部门规章汇编由国务院各部门选择的中央一级出版社出版;(五)地方性法规和地方政府规章汇编由具有地方性法规和地方政府规章制定权的地方各级人民代表大会常务委员会和地方各级人民政府选择的中央一级出版社或者地方出版社出版。"

2. 法律文件汇编的方法

进行法律文件汇编,需要正确选择和确定汇编的形式或类型。法律文件汇编的形式或类型,主要分单项汇编和综合性汇编两种。单项汇编是指根据一定的标准,把某类、某方面、某领域或某几类、某几方面、某几领域的法律文件汇集起来的汇编。综合性汇编是指把各种形式的法律文件(包括有效的和无效的规范性文件)都汇集起来的总的、全面的汇编。

单项法律文件汇编的构成,只能根据它们各自的特点作出安排,不宜作出统一规定。综合性的法律文件汇编应当由哪些部分构成,可以有统一的标准,即依照一国部门法律或法律体系的结构作出划分。

由上可知,立法的清理与法律文件汇编在方法等方面有着明显的不同。

四、法律的编撰

(一)法律的编撰的概述

1. 法律的编撰的概念和意义

法律的编撰又称为法律文件的编撰或者法典编撰,是指有权的国家机关在清理和汇编法律文件的基础上,将现存的同类法律文件或同一部门法律文件加以研究审查,从统一的原则出发,决定它们的存废,对它们加以修改、补充,最终形成集中统一的、系统的法律文件。

法律的编纂有助于实现法律文件的科学性、系统性;有助于促进法律文件体系的完善;有助于推动法制的统一;有助于法律文件的贯彻施行。

2. 法律的编纂的方法和要求

法律的编纂,无论是法律编纂还是法规编纂,都要采取分析和综合相结合而以综合形式出现的方法进行。分析,主要是要求分析研究既有的同类法律文件,找出它们的可用和应废之处、重复和空白之处。而综合则主要是要求保留其可用之处,扬弃其应废之处,删减其重复之处,填补其空白之处。所谓以综合形式出现,就是在对同类法律文件(有时也包括较大规模的法律、法规)加以改造完善后,形成一个完整统一的法律文件。

无论是采用何种方法进行法律的编撰,都应该在具有一定数量的同类单行法存在的基础上进行。例如,在我国《民法典》出台之前,已经有了《民法总则》《婚姻法》《继承法》《收养法》《担保法》《合同法》《物权法》《侵权责任法》等单行法。

(二) 法律的编纂的权限和过程

1. 我国法律的编纂的权限

现阶段,我国法律文件编纂主体的权限划分体制是:

第一,法典的编纂权属于全国人民代表大会。

第二,法律的编纂权属于全国人大常委会。

第三,行政法规的编纂权属于国务院。

第四,地方性法规的编纂权属于有地方性法规制定权的地方权力机关。

第五,自治法规的编纂权属于民族自治地方的权力机关,但不包括其常设机关。

第六,部门和地方政府规章作为级别或层次较低的、调整具体事项的法律文件,一般不存在编纂问题。

第七,特别行政区法律的编纂权属于特别行政区的立法机关。

2. 法律的编纂的过程

法律的编纂有三个阶段:

第一，法律的编纂的准备阶段。该阶段主要对法律文件进行清理或汇编。由此，法律的编撰和立法的清理与法律文件汇编都是对法律文件进行系统化的方法。

第二，法律的编纂的正式制定阶段。该阶段就是通常立法过程中由提案到公布法律的阶段。

第三，法律的编纂的完善阶段。由于经过编撰而形成的较大规模的法律文件与其他法律文件并无二致，从而该阶段与通常立法的完善阶段基本上一致。

第五节　立法评估

一、立法评估概述

（一）立法评估的概念

立法评估在立法的民主性和科学性提升方面有着重要的作用。目前学界关于立法评估的概念界定，有不同的观点，代表性的主要是两种：

第一，立法后评估说。该说法强调立法评估是在立法活动后进行的。这一观点又可以分为四种：(1)立法评价论，即认为立法评估是对实施一定时间后的法律的功能、作用、效果的评价。(2)立法过程论，即认为立法评估是立法进行后的评估活动。(3)立法监督论，即认为立法评估是一种立法监督。(4)立法完善论，即认为立法评估是一种对实施的法律进一步完善的手段。

第二，全立法阶段评估说。该说法认为立法评估不仅包括立法后评估，还包括立法前评估和表决前评估等，立法评估贯穿于全立法阶段。

立法评估是《立法法》明确规定的在立法活动中的重要任务。《立法法》

第42条和第67条分别规定:"拟提请常务委员会会议审议通过的法律案,在宪法和法律委员会提出审议结果报告前,常务委员会工作机构可以对法律草案中主要制度规范的可行性、法律出台时机、法律实施的社会效果和可能出现的问题等进行评估。评估情况由宪法和法律委员会在审议结果报告中予以说明","全国人民代表大会有关的专门委员会、常务委员会工作机构可以组织对有关法律或者法律中有关规定进行立法后评估。评估情况应当向常务委员会报告。"本书认为立法评估既是立法技术,又是立法活动。基于此,对立法评估做如下的界定:立法评估指具有立法权的国家机关,借助一定的标准、程序与方法,对将要拟定的、已经拟定的或者已经生效的法律文件的价值、发展与效果进行综合评价、判断和预测,旨在提出制定、废止、修改等评估意见的立法技术和立法活动。

(二) 立法评估的分类

按照评估的时间节点不同,立法评估可以分为立法前评估、立法表决前评估和立法后评估。

1. 立法前评估

立法前评估是指具有立法权的国家机关,借助一定的标准、程序与方法,对将要拟定的立法项目的必要性、可行性等进行综合评价、判断和预测,提出是否应当列入立法计划和立法规划等评估意见的立法技术和立法活动。立法前评估主要有如下特点:(1)时间节点在立法项目正式开始之前;(2)主要对立法项目的必要性和可行性进行评估;(3)评估的结果将会影响到立法项目是否要纳入立法计划和立法规划中去。

2. 立法表决前评估

立法表决前评估又称为立法中评估,是指具有立法权的国家机关,借助一定的标准、程序与方法,对已经拟定的立法草案的价值、发展和效果进行综合评价、判断和预测,提出是否予以表决通过等评估意见的立法技术和立法活动。立法表决前评估主要有如下特点:(1)时间节点在立法项目启动后,立法草案表决前;(2)评估的对象是立法草案;(3)主要对立法草案的合法性、合理性、必要性和可操作性进行评估;(4)评估结果可作为立法机关是否审议通过该草案的参考。

3. 立法后评估

立法后评估是指具有立法权的国家机关在法律文件实施后，借助一定的标准、程序与方法，对该法律文件的价值、发展和效果进行综合评价、判断和预测，提出修改、废止等评估意见的立法技术和立法活动。立法后评估主要有如下特点：(1)时间节点在法律文件业已生效且已经实施了一定时间后；(2)对法律文件的法律规范、具体实施效果等进行评估；(3)评估结果是法律文件的修改、废止的重要参考条件。

（三）立法评估的功能与原则

1. 立法评估的功能

立法评估的功能主要有：

第一，规范立法权的行使。立法评估贯穿于立法所有阶段，在这个过程中，通过立法评估可以对立法权进行控制，保障立法权依法规范行使。

第二，保障立法的实效性。立法的实效性是指具有法律效力的法律文件在实际社会生活中被执行、使用与遵守的情况。而立法评估是检验一项立法是否具有实效性的最直接有效的方法。[1]

第三，提升立法质量。作为立法技术的立法评估是人们主要出于检验和提高立法质量而摸索出来的。因为立法评估可以为制定、修改、废止等立法工作提供强有力的依据，有利于加强和改进立法工作，提高立法质量。

2. 立法评估的原则

第一，合法原则。合法原则是立法评估的基本要求，其内容包括立法评估主体和权限合法，以及立法评估的程序、内容、标准、对象等具体评估内容遵循合法原则。

第二，客观公正原则。客观公正原则的内容包括立法评估主体主观意志的客观公正、评估过程的客观公正。

第三，科学规范原则。科学规范原则要求立法评估应当坚持科学严谨

---

[1] 高轩：《立法学简明教程》，暨南大学出版社2020年版，第128页。

的态度,采用科学规范的评估方法,从而得出科学的评估结论。科学规范的评估方法主要是定性分析与定量分析相结合。

第四,公众参与原则。《立法法》第 6 条第 2 款和第 39 条第 1 款分别规定:"立法应当体现人民的意志,发扬社会主义民主,坚持立法公开,保障人民通过多种途径参与立法活动","列入常务委员会会议议程的法律案,宪法和法律委员会、有关的专门委员会和常务委员会工作机构应当听取各方面的意见。听取意见可以采取座谈会、论证会、听证会等多种形式"。因而,立法评估也必须坚持公众参与原则。公众参与不仅有利于民意的表达,从而实现民主立法的目的,还可以实现立法评估的公开透明。

第五,注重实效原则。立法评估的实效原则要求把立法评估作为提升立法质量的出发点与落脚点,所提出的评估意见和结果要为立法的完善等提供强有力的依据和参考。

二、立法评估的主体、对象、标准与方法

1. 立法评估的主体

立法评估的主体是指在立法评估法律关系中现有权利和承担义务的主体,主要包括立法评估实施主体和立法评估参与主体。

立法评估实施主体是指有关实施立法评估的组织。立法评估实施主体因为实施立法评估的方式不同而不同。现实中,实施立法评估的方式主要有由法律文件的制定机关实施评估、由法律文件的实施机关实施立法评估和由独立的第三方实施立法评估。由此,立法评估实施主体主要有法律文件的制定机关、法律文件的实施机关和独立的第三方。

2. 立法评估的对象

立法评估的对象会因为立法评估的类型不同而有所不同。立法前评估的对象是将要拟定的立法项目;立法表决前评估的对象是立法草案;立法后评估的对象是已经生效且实施了一定时间的法律文件的本身以及其实现效果。具言之,立法后评估对象主要包括法律文件整体、单个法律条文、某项法律制度等。

3. 立法评估的标准

立法评估标准设立既是立法评估的起点,也是立法评估得以顺利进行的基本前提。立法评估的标准主要有:

第一,合法性标准。合法性标准主要包括三个具体内容,即立法的主体和权限是否合法、立法内容是否合法和立法程序是否合法。

第二,实效性标准。实效性标准有很多子标准,其中,必要性标准是一个重要的子标准。所谓必要性标准是指判断该方案是否有其他更好的选择方案[①]。若用该子标准来判断某一立法项目的必要性,首先要分析现有法律规范和现有制度是否能够解决特定问题;其次再分析能否通过其他手段解决特定问题。如果答案都是否定的,那么该立法项目的必要性成立;反之,该立法项目必要性则不成立。

第三,规范性标准。立法评估的规范性标准主要包括立法语言的技术性、立法的体系结构、立法的逻辑结构等内容。

第四,可操作性标准。立法评估的可操作性标准主要包括各项制度是否切实可行、能否解决具体问题、各项措施是否高效便民、程序是否简便易于操作等内容。

4. 立法评估的方法

立法评估的方法是指立法评估实施主体在收集相关数据、资料的基础上,对评估标准进行分析,进而得出评估结论的方法。立法评估方法主要有文献分析法、专家论证法、问卷调查法、实地调研法、成本效益分析法以及听证会、座谈会法六类。其中,成本效益分析法是在做了文献研究、问卷调查、实地调研等一系列前期工作的基础上,通过成本效益分析方法对法律规范的实效进行分析,评价法律制度和措施设计是否合理,是否可行,是否具有针对性的立法评估方法。

---

① 石佑启、朱最新:《地方立法学》,广东教育出版社 2015 年版,第 237 页。

第十章
区域立法协作

在我国,由于历史传统、地理位置以及经济发展等方面的原因,形成了不同的经济区域。比较成熟的经济区域有长三角区域、泛珠三角区域、京津冀区域、东北地区等。这些经济区域具有如下几个基本特征:一是组织上的同质性或群体性。从组织的角度看,经济区内的经济活动具有相对的同质性,即区域内的经济活动是属于某一类的经济活动,并且所依赖的主要资源和要素的基础相似,或者经济区内的经济活动具有群体性,即它们依据经济上、技术上的联系而组成经济系统。一般以地理共同性、资源或经济结构的相似性组成经济关系,在市场的作用下,依据经济的自然联系而构成一定的经济层次,以分工、交换、协作方式形成联系相对紧密的生产要素与企业群体。[①] 所以,经济区在组织上是一个整体,有着自己的边界,是相对独立的经济组织单位。二是空间上的相对排他性。同一经济区是由若干省区的全部或部分组成的综合经济区,经济区的相关经济活动彼此相连和依赖,经济结构比较完整,经济实力强,具有相当的独立性,与外部有着比较明确的组织边界和空间边界,从而构成相对独立的经济地域单元。一个经济区在某一时间所占据的地理空间具有排他性,即不可能有另外一个性质和层次相同的经济区与它共享这个空间。当然,如同所有的地理边界一样,经济区的空

---

① 张耀辉等:《区域经济理论与地区经济发展》,中国计划出版社1999年版,第9页。

间边界也呈现出过渡性，而不是一条绝对的界线。三是相互依赖性。在区域分工的深化过程中，各区域经济发展的专业化倾向日益突出，区域之间存在着相互依赖和优势互补趋势，通过优势互补、优势共享或优势叠加，把分散的经济活动有机地组织起来，把潜在的经济活力激发出来，可以形成一种合作生产力。①

  随着生产社会化的发展，区域经济向一体化方向发展的趋势日益明显。一体化的区域经济，需要有序、公平的竞争环境，需要和谐的区域经济协作，这一切，都必须依赖于有一个一体化的法制环境。一体化的法制有利于打破割据与封闭状况，是实现市场经济开放、统一的保障。区域市场经济的发展，不仅需要中央立法的支持，更需要地方立法的法制环境。它要求地方立法之间不仅不存在冲突与不协调，还要求地方立法为其提供稳定、有序、统一协调的法制环境，否则，区域市场经济就难以进一步发展和深化。总之，区域市场经济的发展不仅取决于地方法制的统一，而且受益于地方法制的统一。地方法制的统一不仅是区域市场经济发展的条件，更是一种潜在的社会资源，是区域市场经济发展的制度性因素。和谐一致的地方法制环境能将资源优势上升为竞争优势，提升的不仅是区域的法律品质，更是区域的核心竞争力。协调的地方法制手段作为区域市场经济发展的重要因素，它既作用于区域市场经济系统的宏观环境，也构成区域市场经济系统发展的内在要素，对区域市场经济的发展起着制动性作用。②

第一节 我国区域现有法律供给模式

  区域法制建设的需求，必然涉及法律供给问题，"法律的需求决定法律供给，当人们在经济生活中对法律这种社会调整手段产生需要并积极谋求

---

  ① 王川兰：《经济一体化过程中的区域行政体制与创新——以长江三角洲为对象的研究》，复旦大学2005年博士论文，第71-72页。
  ② 王章留等：《区域经济协调发展论》，河南人民出版社2006年版，第88页。

法律秩序对其利益的维护时,就必然要求法律供给发生。"[1]当前,区域经济的发展需要法制的支持,而区域法制的构建又需要法律规范的支持,那么区域法制构建中的法律规范的供给应该来自何方呢?

我国现行的法制供给模式主要有两种:一种是中央供给型,即由中央进行立法,以满足全国的需要;另一种是地方供给型,即由各省级行政区划和某些特殊区域进行地方立法以满足地方法制的需要。这两种法制供给模式在社会主义法制建设中收到了很好的效果。但在面对区域一体化的背景下,这两种供给模式却难以完全适应区域法制建设的需要。

一、中央立法的法律供给模式难以满足区域法制的特色化要求

中央立法包括国家权力机关的立法,也包括中央行政机关的立法,他们的共同特征都是面向全国各地或各行业。虽然可以实现全国法制统一的目的,但也有难以顾及各地具体情况的缺陷。如果中央立法要为区域法制建设提供法律规范的话,那么此时的中央立法制定方式可能分为两种:一是针对全国所有经济区域的立法,二是针对某一特定经济区域的立法。然而,这两种方式都无法满足当今经济区域发展的特殊需要。

首先,就针对全国所有经济区域而进行的中央立法而言。由中央立法机关针对我国所有的经济区域制定一部统一的立法,以打破行政壁垒、促进区域内一体化,促进生产要素能够在跨省域自由流动,进而形成超省域的统一大市场。然而,作为这样的中央立法,它立足于全国,既要考虑到东南沿海区域率先实现现代化,又要考虑到西部开发和东北老工业基地的振兴;既要考虑城市功能的提升,又要考虑解决"三农"问题等,而不是为某个特定区域、针对特殊情况而设计的,很难满足各经济区发展的特殊要求。因此,不能指望国家制定统一的立法来满足区域法制建设的需要。[2] 实际上,经济较

---

[1] 冯玉军:《法律供给及其影响因素分析》,载《山东大学学报》(哲学社会科学版)2001年第6期。
[2] 李建勇:《长三角洲区域经济发展的法律思考》,载《政治与法律》2003年第5期。

为发达的区域,还需要有更优越的小环境或法制平台,而这个环境和法制平台是中央立法难以满足的。

其次,就针对某一区域而进行的中央立法而言。有人建议可由全国人大常委会或国务院针对这些经济区域分别进行立法,即为每个经济区域制定一部区域性立法。如从国家层面,根据各区域经济发展水平和不同情况,可以分别制定《西部开发法》、《中部崛起法》、《东北振兴法》和《东部促进法》;[1]针对长江三角洲区域一体化趋势,有人建议由全国人大通过一个对长三角各地具有普遍约束力的法案——《中华人民共和国长江三角洲区域经济开发法》,作为该区域经济开发的基本法等。[2]然而,由于我国地域广阔,各经济区域的社会物质生活条件不同,政治、经济、文化发展很不平衡,呈现不同的特色,若由全国人大常委会或国务院针对这么多区域和领域进行立法,立法成本较高,可操作性差,效果不理想,而且中央立法机关既没有这么多精力,也没有这个必要,更不利于发挥地方立法的积极性。

实际上,我国关于要求各地打破市场封锁、实行统一市场的中央立法也有不少。例如,在法律方面,我国1993年就制定了《中华人民共和国反不正当竞争法》,该法在第7条规定:"政府及其所属部门不得滥用权力,限制外地商品进入本地市场,或者本地商品流向外地市场。"在行政法规方面,1986年国务院颁发了《国务院关于进一步推动横向经济联合若干问题的规定》,1990年颁布了《国务院关于打破地区间市场封锁进一步搞活商品流通的通知》,2001年颁布了《国务院关于禁止在市场经济活动中实行地区封锁的规定》等,但这些都没能够拆除各行政壁垒。特别是为了克服包括行政地区垄断在内的垄断带来的危害,我国于2007年8月颁布了《中华人民共和国反垄断法》(以下简称《反垄断法》)。《反垄断法》的出台虽然也有助于促进区域内竞争秩序的形成和区域市场经济体制的完善,但也正如一些专家所指出的"我国的反垄断制度,要和我国的基本经济制度、和我国的社会主义市场

---

[1] 李克:《法治经济视角下的区域经济发展问题——中国首届区域经济开发法律问题高层论坛述评》,载《北京政法职业学院学报》2005年第3期。
[2] 宣文俊:《关于长江三角洲地区经济发展中的法律问题思考》,载《社会科学》2005年第1期。

经济的性质相适应,还要考虑我国现在的经济社会发展的阶段性水平。反垄断法无疑还有更多空间可以拓展:未对行政垄断作详细的规定,……过于原则化和粗线条……"①这就意味着《反垄断法》在打击包括行政区域垄断在内的垄断行为有着不足之处,例如从2008年10月以来,在扩内需保增长的掩护下,安徽、湖北等省市出台优先购买本地产品的行政措施。② 阻碍超省域的区域统一大市场形成的行政地区垄断现象层出不穷,这尽管暴露出了《反垄断法》的不足,但从深层次来看,也暴露了中央立法供给模式在解决区域法制构建中的缺陷。

可见,在寄望于通过中央统一立法来协调、规范不同区域涉及的相关社会经济关系几乎是不现实的,寄望于通过最高国家机关的统一行政管理措施来安排、处置各种冲突和对立也近乎不可能③,尤其是在中国这样一个超大规模社会,发展中的国家里,这种法律供给模式很难满足区域法制建设的需要。

当然,这并非说中央立法在区域法制构建中就无所作为,其作用主要表现在两个方面:一是积极推动和正确引导,体现在不拘泥于现行立法体制的囹圄,及时通过立法方式为区域法制建设授权、"开绿灯",使区域法制构建能够从更多的途径获得所需要的法律规范;另一方面就是对区域法制建设进行有效监督,保证授权的正确行使,保证区域法制沿着正确的方向发展。可见,中央的作用不是亲自为经济区域制定具体的法律规范,而是为区域法制一体化提供支持和保障。

二、现行的地方立法供给模式难以解决跨区域共同事项

我国地方立法的供给模式是以行政区划为地域范围的立法模式。具体

---

① 中国社会科学院经济研究所《经济走势跟踪》课题组:《〈反垄断法〉的积极作用和深远意义》,中国社会科学网,http://www.cssn.cn/news/312441.htm。

② 孙小林:《各地出优先购本地产品致地方保护主义抬头》,《21世纪经济报道》2009年2月17日。另据学者付强分析,安徽省和湖北省产业结构趋同相当严重。具体理由请参阅付强的《产业结构趋同与地区行政垄断》,载《山西财经大学学报》2008年第5期。

③ 陈俊:《授权立法研究》,载周旺生《立法研究》,法律出版社2000年版,第292、293页。

而言,省级行政区划、设区的市以及经济特区所在的城市具有立法权。地方立法供给模式的特点在于,其所制定的法律文件仅适用于所管辖的地方,具有严格的地域性特点。这种法律供给模式是与我国行政区划相吻合的,它在能够保障各地方充分发挥其积极性的同时,"却又可能带来仅从本地区特殊性考虑的负面影响,从而使法治的推进形成一种以地域为中心的分割现象"。[1] 法治的"地方化""碎片化"在现实中已阻碍区域经济一体化的发展。这种阻碍不仅仅表现在行政地区垄断方面,还表现在对全国性至少是经济区内的公共资源的滥用。

各地为了实现自身利益的最大化,在利用公共资源时只关注本地的边际收益,较少甚至不关注整个区域和全国的边际收益,具体表现在地方性法规间、地方政府规章间的冲突和不协调。学者对地方立法间的冲突类型进行归纳概括后发现[2],各地在利用公共资源方面的立法冲突表现在诸多方面。在环境立法方面,以长三角经济区为例,例如浙江和江苏制定的环境保护法规、规章和其他法律文件中关于禁止在太湖流域新建、扩建污染水环境的企业和项目方面就存有差异。江苏省人民代表大会常务委员会修订的《江苏省太湖水污染防治条例》第35条所要关闭、淘汰的企业有:化工、医药、冶金、印染、造纸、电镀等重污染企业。浙江省的《浙江省实施〈中华人民共和国水污染防治法〉办法》第30条规定,不得新建和扩建小型化学制纸浆、印染、化工、制革、电镀等污染型企业,就没有包括医药、冶金。显然,由于江苏和浙江两省在污染型企业和项目范围上存在差异,必然会导致本应该禁止的污染企业和项目因为两省的立法规定不同而没有被禁止,进而导致太湖流域的水环境被污染。在道路等公共资源方面,以东北经济区为例,例如黑吉辽三省道路相通,但由于各省规定的道路运输车辆收费标准不一样,致使有些车主在收费低的地方给车办户,车辆却长期在另一个省内运行,导致车辆养路费大量流失,也造成了不公平现象。可见,与呈现方兴未艾之势的区域经济一体化形成鲜明对比的是,区域内法制的不协调严重阻碍了地区间

---

[1] 杨解君:《走向法治的缺失言说(二)——法理、宪法与行政法的诊察》,北京大学出版社2005年版,第4页。

[2] 刘莘:《国内法律冲突与立法对策》,中国政法大学出版社2003年版,第38-44页。

生产要素自由流通。当然,在众多法律冲突的背后,究其根底,乃是"利益"二字,特别是对经济利益的法律表达不一致而导致的现象更突出。然而"真正的问题不在于人类是否由自私的动机所左右,而在于要找到一套制度,从而使人们能够根据自己的选择和决定其普遍行为的动机,尽可能为满足他人的需要贡献力量"。[①]

可见,目前的地方立法供给模式只能解决一定的行政区划内所需要的法制要求,而很难为其所在的整个经济区域提供所需的法制环境,而且这种地方立法如果不加以规制,还有可能成为区域法制构建的障碍,阻碍区域经济一体化的进一步深化。

三、法律供给模式的变革成为区域法制构建的客观要求

法律供给与一定社会、经济发展的需求有关,而法律供给模式也必然与需求的具体情况相关。马克思在谈到法律制度与一定社会经济状况和经济结构间的关系时说了一句名言:"只有毫无历史知识的人才不知道君主们在任何时候都不得不服从经济条件,并且从来不能向经济条件发号施令。无论是政治的立法或市民的立法,都只是表明和记载经济关系的要求而已。"[②]同样,法律制度生产目的是为了满足社会的需求,社会对法律制度的不同需求必然会导致法律供给模式的变革,有怎样的社会经济状况和经济结构必然会有与之相适应的法律供给模式。目前,区域经济协作呈现出一体化趋势,区域法制的构建也成为当前的迫切需要,原有的以中央立法供给和以行政区划为地域范围的地方立法供给的法律供给模式已经不适用区域经济协作不断加深的需要了。"一个法律制度,如果跟不上时代的需要或要求,而且死死抱住上个时代的只具有短暂意义的观念不放,那么显然是不可取的。"[③]法律供给模式唯有同社会发展主题相契合才能显现出其旺盛的生

---

① [奥]哈耶克:《个人主义与经济秩序》,贾湛等译,北京经济学院出版社1989年版,第13页。
② 《马克思恩格斯全集》(第4卷),人民出版社1958年版,第121-122页。
③ [美]博登海默:《法理学:法律哲学与法律方法》,邓正来译,中国政法大学出版社2004年版,第340页。

命力。从区域法制构建的需要出发,变革法律供给模式,为区域法制建设提供更加适合区域经济协作所需要的法律规范。

第二节　紧密型协作成为我国区域立法协作的趋势

随着经济区域内各地方共同利益的日益增多,尤其是在环保、社会治安、市场经济乃至文化领域范围内横向利益的加强,跨地的共同事项日渐增多,区域内法制协调的呼声愈来愈高,区域经济协作需要一种良好的法制秩序,而现行的法律供给模式却无法满足区域法制的需要。因此,构建一种新的法律供给模式就成了区域法制建设的当务之急。而地方立法协作的法律供给模式则应运而生。作为为区域法制提供法律规范的法律供给模式,地方立法协作可以分为松散型和紧密型两种方式,松散型方式主要是指地方立法主体通过互通信息、交流研讨等方式来协调法律规范适用中的冲突问题,这种方式虽然可以"了解其他地方允许或禁止的事项、鼓励的事项、许可的条件、处罚的幅度等,然后根据本地的实际情况做适当调整,以最大可能地减少统一法律体系内各地方之间法律规范的不一致"[1]。但在实践中这种协调方式是很难达到良好效果的。紧密型法制协调是指区域内的地方立法主体在立法协作方面并不仅停留在与彼此的立法信息交流等方式上,而是通过定期的协调联络,对区域内的立法共同规划,对部分立法共同研究,对立法争议内容共同协商,使立法协作制度化、常态化、实效化的立法协调模式。实际上,地方立法协作的主要目的是在一定区域内有关立法主体对某一事项采取共同的立法行动,形成一致的行为规则。共同立法是地方立法协作的必然结果,也是地方立法协作这一概念中的最重要的构成。[2]

在当前的形势下,紧密型地方立法协作的法律供给模式是区域法制构

---

[1] 崔卓兰、孙波:《追求更高层次的目标与价值——我国地方立法观念的推陈出新》,载《当代法学》2007年第3期。
[2] 王腊生:《地方立法协作重大问题探讨》,载《上海政法学院学报》2008年第3期。

建所迫切需要的。原因在于这种法律供给模式满足了区域法制建设的以下几个需求。

一、区域法制的试验性

在区域经济协作的过程中,某些领域新出现的法律关系缺乏相关规定,特别是在经济发展领域,幻想中央立法能够一蹴而就地全面规定并走向完善成熟,显然是不现实的。对这些新型问题,"不立法、不规范"不行,"先发展、后规范"不行,"乱发展、乱规范"也不行。[①] 但区域的法制建设如何构建,尤其是在中国经济发展的变革时期,在国内进行市场机制转轨时期,在经济区域发展进程迅猛时期,区域法制的构建必然探索具有试验性的结构、体系、内容、程序,这是一个没有现成经验可以照搬的问题,带有先试先行的特点,具有试验性和创新性。对于这样的立法是由中央做还是由地方通过协作的方式来做,何者更为合适呢? 中央立法固然可以进行这种试验,但中央立法受到立法输出能力的限制,在制度的供给上极为有限;同时,中央立法具有全国性的普遍效力,必然会给社会带来很大影响,因此中央立法不能不倾向于保守。因此,对于需要法律规范予以调节的领域,在中央立法条件不成熟的情况下由地方以先行立法协作的形式,调整区域内各种权利义务关系,积极地解决可以由自己解决的问题,为中央的统一立法提供试错和探索,尤其可以解决应当以统一立法解决而中央立法尚不能或不便解决的问题。这样,一方面可以弥补因中央的立法能力限制造成的法律供给上的不足,使改革的进程不至于过慢;另一方面由于地方立法协作涉及面相对较小,只具有局部的影响,即使有些不妥之处,相对来说损失也较小,其试错的成本要远低于中央;同时,先行的地方立法协作针对同一问题可以做出不同的制度安排,并在此过程中,最大程度激发和容纳区域内各地方的创造性,实现立法与地域、与实际的磨合,中央立法则可以从比较中作出鉴别。因此,以紧密型地方立协作的形式解决经济区域内出现的共同事务显然符合

[①] 汤唯、毕可志等:《地方立法的民主化与科学化构想》,北京大学出版社 2002 年版,第 22 页。

我国经济发展的现实状况。

二、区域法制建设的紧迫性

由于经济区域的发展超前于其他地区，区域内部出现新的经济关系需要通过立法加以调整。因此，加强区域法制建设就显得十分迫切。但面对这种紧迫形势，最高立法机关并不绝对享有信息优势、人员优势、调研优势，甚至因其自身所具有的全国代表性的特点而造成了组织的庞大和议事的不便，没有足够精力和能力在短时期内完成大量立法工作。实际上，在我国目前状况下，限于经验不足、立法时机不佳等缘由，中央立法对应当由自己解决的问题往往不能独立解决，对应当由自己和地方共同解决的问题，往往不能共同解决，而政治、经济状况的剧烈变动又不断催生着需要调整的社会关系，这些社会关系急需以立法的形式加以调整，不能坐等经验积累、时机成熟以及其他条件的具备。"无法可依"只会延缓政治经济体制改革的步伐或者使其面临各种风险[1]，延缓改革开放和市场经济发展的进程，导致经济活动的无序和混乱。

解决这种紧迫性的法制问题，地方则有更多的经验，通过地方立法协作，可以及时适应区域发展的新形势，作出积极应变。可以通过科学预测，对将来可能出现的社会关系先行立法，作出超前性的规定，解决区域发展中国家没有立法而又迫切需要用法的问题，或解决因中央立法不及时、反应迟缓的问题，为区域的经济关系提供法制的支持，并积累经验、等待时机、创造其他必要条件，为其后的中央立法做好准备。同时，目前我国仍处于改革开放和社会转型过程中，为降低立法成本，先行的地方立法协作具有很大的空间，也成为一种必然选择。

三、区域法制的特色性

所谓特色，是指事物所表现出的独特色彩风格等。区域经济是一定地

---

[1] 崔卓兰等：《地方立法实证研究》，知识产权出版社2007年版，第11页。

域空间上的人类经济活动,以区域空间为载体,具有相对独立性和空间差异性,差异显出优势,优势形成特色。因此,区域法制必须立足于区域实际,从区域不同的地理环境、人口状况、风俗文化、经济特点、政治环境、区位条件和区域优势出发,确定法制建设的思路,突出法制构建的重点,凸显区域法制的特色。可以说,体现区域特色是区域法制建设的灵魂,如果说区域实际是区域法制存在的基础,那么突出特色就是区域法制的生命力。

我国有几个比较成熟的经济区域,各经济区域的具体情况不同,发展的思路和目标也不尽相同,各经济区域的法制必须在本区域的具体情况和实际需要方面有显著的适应性。为此,一个区域的法制建设既要区别于国家的法制建设,也要区别于其他区域的法制建设,因地制宜地解决区域经济发展的实际问题,使之更具针对性、现实性和可操作性。首先,相对于中央立法,区域法制呈现出地方的特殊性。在中央立法事无巨细、概览无余的情况下,区域法制在于提倡多元性和灵活性,由区域根据自己的实际情况来解决自己的特殊问题,而且可以使地方有兴趣关注当地的重大事务,权责分明。[①] 其次,相对于其他经济区域,一个区域的法制又呈现出自身的特殊性。这有利于杜绝"划一而论"的"一刀切"标准,让各经济区域的法制发展做到量体裁衣,有鲜明的"量身定位"和"自知之明",根据本区域现实需求和承受程度而构建自己的专门的区域法制,在国家法制统一的前提下,充分体现区域法制的多元化色彩。它能使不同社会背景和不同发展水平的经济区域步伐坚定,走得更快更远,做到从无序到有序,从量变到质变。

面对区域法制的特色性,中央立法是心有余而力不足的。但经济区域的各地方作为所辖区域的管理者,直接管理各种事务,信息灵通,反应较快,且对各自地方的现实条件和发展需要最清楚,更加了解本地区实际情况,同样,在区域经济一体化的进程中,遇到哪些问题,到底需要什么样的法制,只有处于该地域范围内的立法主体更清楚,也最知道应该用什么样的法制路径来解决。而这些优势,都是中央所不具备的。而地方立法协作可以立足于区域的实际,从区域资源禀赋优势、区域人文环境优势、区域地理环境优

[①] 汤唯、毕可志等:《地方立法的民主化与科学化构想》,北京大学出版社2002年,第97页。

势等区域的实际出发,根据本区域现实需求和承受程度共同构建所需要的区域法制,更好地适应和促进区域经济协作。

可见,在保障法制统一的前提下,通过地方立法协作来构建区域法制,不但可以改善中央立法缺位或供给不及时的局面,还可以解决区域内跨地域共同事务的问题。值得注意的是,2023年修订的《立法法》第83条规定了区域协同立法制度:"省、自治区、直辖市和设区的市、自治州的人民代表大会及其常务委员会根据区域协调发展的需要,可以协同制定地方性法规,在本行政区域或者有关区域内实施。省、自治区、直辖市和设区的市、自治州可以建立区域协同立法工作机制。"该条为区域立法协作提供了法律依据,然而,仍存在规定不够明确的问题,需要进一步作出明确规定。

第三节　我国区域立法协作的完善路径

建立新型法律供给模式是区域经济协作背景下区域法制构建的内在要求,但如何建立,则涉及具体路径的选择。

经过多年的研究,笔者认为,以下几种紧密型地方立法协作是构建区域法制较为可行的法律供给模式。

一、联合制定区域共同规章

我国现行法律规定,省、自治区、直辖市人民政府,设区的市、自治州人民政府享有规章制定权。可由区域内具有地方规章制定权的各行政区划政府负责人组成区域共同规章制定委员会,依据地方规章制定的通常程序,就同样的或类似事项制定能适用于各行政区划的"区域共同规章",为区域经济发展提供具有法律约束力的行为规则,这有助于改变目前几个省同时各自制定地方规章的法治"碎片化""地方化"现象,有效解决地方规章相互冲突阻碍区域经济发展的问题,为经济一体化提供良好的法制环境,促进经济区域形成一个完全融合的无缝隙的区域市场,保证区域整体协调和有序发展。

与现行的地方规章相比,区域共同规章有如下特点:首先,区域共同规章是地方政府的联合立法。其制定的方式是,有规章制定权的地方政府的负责人组成区域共同规章制定委员会,依据一定的立法程序,对区域内共同事项制定具有法律拘束力的行为规范。区域共同规章制定委员会下设具体的办公室,由各地政府法制部门和相关职能部门的人员组成,具体负责区域共同规章的调研、起草等前期工作。其次,区域共同规章是针对经济区域内的共同事项进行的共同立法。区域经济一体化并不意味着区域内各地立法必须保持完全一致或对所有事项均须采取一刀切的立法措施,而是为了解决某一共同面对的问题,规范某一共同事项,尤其是针对区域内涉及经济一体化发展的相关事项而需要进行的共同立法,如区域共同市场的建立、跨行政区划的环境治理、交通、税收等事项。如果某一问题或事项是某一个地区所特有的,也就不必以区域共同规章的形式来统一地方规章。再次,区域共同规章是一部规章在一个经济区域内的统一适用。针对经济区域内的共同事项,它不需要各行政区划政府分别各自立法,而是由区域共同规章制定委员会制定一部共同的规章,然后不做任何改动就可以在该经济区的各行政区划内同时适用,这与目前的地方规章只能在制定主体的行政辖区内实施而在其相邻的行政区划内没有效力的情形不同。区域共同规章不仅节约了立法资源和立法成本,也避免了因各自立法而出现地方规章相互冲突与不协调现象,是区域经济一体化过程中协调地方规章冲突的一种更为有效的法制协调模式。

实际上,地方联合制定共同规章具有法律上的可行性,因为本来就是地方规章能够规定的事项,只不过原来是各自立法,而现在是共同制定,使得在内容上协调一致而已,并没有创立新的立法主体,也没有超越地方规章的制定权限。此外,由于地方规章的制定不像地方性法规的制定,前者不实行投票表决,尽管也要进行民主讨论并充分听取与会者的意见,但最后决定的是行政首长,这也为地方联合制定区域共同规章提供便利条件。

二、将示范法引入其中

示范法(model law),有学者也称之为"标准法",[①]学术界并没有统一的界定,但可通过对其特点的描述,来理解示范法的内涵:一是从制定主体上看,示范法是由专家学者或由他们组成的职业团体、学术团体或其他专门机构草拟的,并不是由国家或国家授权的机构制定的。二是从效力上看,示范法本身没有强制的执行力及约束力,只起着一种示范、模板或者榜样的作用,只有被相关的立法机关采纳,才能转化为具有法律约束力的法律规范。三是从制定程序上看,制定程序并没有十分严格的要求,可以随时依据需要而修正。四是从示范法的功效性来看,示范法的主要作用体现在不同法域之间的法律协调或统一化过程中,即通过制定示范法,由各法域借鉴或采纳同样的法律文本的方式来渐进地推动法律的统一化。[②]

示范法在不少国家被广泛用于协调国内地方法律冲突,如美国、加拿大等国;在国际上,示范法也常被用于协调国家之间的法律冲突。实际上,示范法不仅可以用来解决联邦制国家的国内法律冲突和国际社会中主权国家间的法律冲突,而且由于示范法主要是起到一种基础的示范与模板的作用,其在制定的过程中会注重考虑不同地区的差异并尽力予以协调。因此,解决当前我国经济区域内的立法冲突完全可以借鉴这一方式。正如杰塞普所说的那样,人类的问题具有共同性,解决国内问题的经验和方法可以被用于处理类似的国际问题,反过来,处理国际问题的经验和方法也可以被用于解决类似的国内问题;"钟摆"在二者之间来回摇摆,它们可以相互借鉴、采纳、移植、效仿或套用。[③]

根据我国的情形,地方立法的类型可分为执行性立法和创造性立法。执行性立法是各地对国家已有的法律、行政法规,根据本地区的实际情况

---

① 何勤华在其主编的《外国法制史》(法律出版社2006年版)的第187页、202页、219页等多处都将其称为"标准法"。
② 曾涛:《示范法比较研究——以公约为视角》,载《武大国际法评论》2004年第1期。
③ 转引自张文彬:《论私法对国际法的影响》,法律出版社2001年版,第220-221页。

作出更为具体的规定,以利于法律和行政法规的贯彻落实,通常使用"实施细则""实施办法"等名称。对这类地方立法,地方法规的制定要求以不同宪法、法律、行政法规相抵触为前提,地方规章的制定要求以"根据"为原则。但无论是"不抵触"还是"根据"原则,都涉及对法律法规的理解问题。由于法律是借助文字来表达的,而文字具有不精确性和多义性,因此,地方立法主体在制定本地区的实施细则时难免由于理解不同而引致地方立法冲突。而创制性立法是各地根据现行法律的授权,对法律不宜规定或不宜详细规定的内容,或在中央立法缺位而地方又需对其作出立法规定的情况下,地方立法主体可以根据本地区的实际需要进行创制性立法。但由于地方立法主体众多,加之地方利益的使然极易造成地方立法冲突和不协调。

将示范法方法引入区域法制的协调之中,就是由区域内具有法律文本起草能力的研究机构、高等学校、专业学会研究会等,在调查研究的基础上制定不具有法律效力的地方立法的示范性文本,交由区域的定期会晤机构进行协商、修改、认证并确定选用的文本,然后再交由各地方立法机构各自履行审议通过程序,转化为地方性法规或地方规章,以消除因各自立法造成的地方立法冲突与不协调现象。对于执行性立法,在对法律法规的解读上,由专业的民间团体或研究机构制定示范性文本,对法律法规条款的含义作出更加专业化的、相同的"阅读",并由地方各立法主体按照一定的程序采用,就会在很大程度上避免因各自解释的不一致而导致的地方立法不协调现象。而在创制性立法的制定上,通过示范性文本,由没有利益关系的民间机构或学术团体等拟定地方立法文本,在充分考虑各地方利益的基础上形成示范性文本,实际上起到了提前平衡各地方利益的作用,尽量减少地方立法的冲突与不协调现象。可见,通过示范法可以解决因对国家法律法规不同理解而制定的实施细则差异所造成的立法冲突,也可以解决在法律法规允许的范围内填补空白的情况下创制不同的地方立法而引起的冲突,完全可以作为区域法制建设的一种可行的法律供给模式。

三、赋予一定层次的政府协议以法律效力

现实中,为促进区域经济的发展,不同的地方政府通常在平等协商的基础上达成一种对等性的政府合作协议,如《长三角地区道路交通运输一体化发展议定书》《泛珠三角区域房地产业合作备忘录》《两广六市旅游协作协议书》等。签订这些协议的主体既有省级政府、地市级政府,也有政府职能部门。这些协议中不少是通过规定各方应做什么和不该做什么的模式来分配各自的权利和义务,以解决经济区域内存在的共同性问题。

然而,在我国现有法律中,无法找到与政府协议直接有关的法律条款,没有明确的法律法规规定国家行政机关或者地方行政机关之间可以跨省域签订政府协议,而按照宪法和地方组织法,地方政府只能在本行政区内行使职权,并且也未直接规定地方政府的协议缔结权。因此,尽管政府协议在实践中大量存在,作为协议主体的地方政府是否具有缔结权却备受争议[1],而且,这也使得目前广泛存在的政府协议有违法之嫌。

由于政府协议没有像其他法律规范那样有明确的约束力,没有要求签订主体必须履行的硬性规定,因而在实践中出现很多协议兑现大打折扣的问题。正如叶必丰教授在分析长三角区域的政府协议时所讲的那样,从现在的各种宣言、协议和意见书来看,很多只是一种意向或认识,不具备实施的具体性,各方事后采取的具体措施不多;[2]不具有强制执行的效力,主要依靠相互信任而产生的自我约束力,没有违约后的法律责任的规定,是否实施取决于各地方主体的自觉,这在很大程度上影响了政府协议作用的进一步发挥,而且这些协议也会因领导个人的偏好而受影响。可见,尽管政府协议已经成了协调区域发展的一种较为普遍的形式,但其实施的最大障碍是其法律性质上的困惑;政府协议实际上是游走于法律边缘的一种形式,既缺乏法律的约束,也没有充分发挥其在区域法制建设中的作用。

---

[1] 叶必丰:《我国区域经济一体化背景下的行政协议》,载《法学研究》2006 年第 2 期。

[2] 叶必丰:《长三角经济一体化背景下的法制协调》,载《上海交通大学学报》(哲学社会科学版)2004 年第 6 期。

借鉴国外的做法,如美国允许各州在国会同意的前提下缔结协定,通过各州之间签订具有法律约束力的州际协定来确保各州法律间的统一;日本相关法律规定了地方间通过协议来处理地方跨区事务;西班牙以法律的形式规定公共行政机关间可通过协议来加强协作等。因此,赋予我国区域内一定级别的地方政府协议予以法律效力,从域外经验来看,无疑是解决区域内地方立法冲突、构建区域法制的一种可行路径。当然,不可能赋予所有的政府协议以法律效力,主要是对地市级以及以上层次的政府(不包括政府的职能部门)间签订的政府协议赋予法律效力。协议一旦签订,就必须遵守,否则,将承担违法责任。

赋予政府协议以法律效力的方式,最好能通过制定单行的《经济区域政府协议法》的形式来对我国目前经济区域内的政府协议进行规定,因为面对经济一体化背景下政府协议这种新的事物,单靠通过修改现行法律、挖掘现有法律资源的方式是不够的,而制定单行的法律更能适应区域经济一体化的发展趋势。

附录

中华人民共和国立法法

（2000年3月15日第九届全国人民代表大会第三次会议通过　根据2015年3月15日第十二届全国人民代表大会第三次会议《关于修改〈中华人民共和国立法法〉的决定》第一次修正　根据2023年3月13日第十四届全国人民代表大会第一次会议《关于修改〈中华人民共和国立法法〉的决定》第二次修正）

第一章　总　则

第一条　为了规范立法活动，健全国家立法制度，提高立法质量，完善中国特色社会主义法律体系，发挥立法的引领和推动作用，保障和发展社会主义民主，全面推进依法治国，建设社会主义法治国家，根据宪法，制定本法。

第二条　法律、行政法规、地方性法规、自治条例和单行条例的制定、修改和废止，适用本法。

国务院部门规章和地方政府规章的制定、修改和废止，依照本法的有关规定执行。

第三条　立法应当坚持中国共产党的领导，坚持以马克思列宁主义、毛泽东思想、邓小平理论、"三个代表"重要思想、科学发展观、习近平新时代中国特色社会主义思想为指导,推进中国特色社会主义法治体系建设,保障在法治轨道上全面建设社会主义现代化国家。

第四条 立法应当坚持以经济建设为中心,坚持改革开放,贯彻新发展理念,保障以中国式现代化全面推进中华民族伟大复兴。

第五条 立法应当符合宪法的规定、原则和精神,依照法定的权限和程序,从国家整体利益出发,维护社会主义法制的统一、尊严、权威。

第六条 立法应当坚持和发展全过程人民民主,尊重和保障人权,保障和促进社会公平正义。

立法应当体现人民的意志,发扬社会主义民主,坚持立法公开,保障人民通过多种途径参与立法活动。

第七条 立法应当从实际出发,适应经济社会发展和全面深化改革的要求,科学合理地规定公民、法人和其他组织的权利与义务、国家机关的权力与责任。

法律规范应当明确、具体,具有针对性和可执行性。

第八条 立法应当倡导和弘扬社会主义核心价值观,坚持依法治国和以德治国相结合,铸牢中华民族共同体意识,推动社会主义精神文明建设。

第九条 立法应当适应改革需要,坚持在法治下推进改革和在改革中完善法治相统一,引导、推动、规范、保障相关改革,发挥法治在国家治理体系和治理能力现代化中的重要作用。

第二章 法 律

第一节 立法权限

第十条 全国人民代表大会和全国人民代表大会常务委员会根据宪法规定行使国家立法权。

全国人民代表大会制定和修改刑事、民事、国家机构的和其他的基本法律。

全国人民代表大会常务委员会制定和修改除应当由全国人民代表大会制定的法律以外的其他法律;在全国人民代表大会闭会期间,对全国人民代表大会制定的法律进行部分补充和修改,但是不得同该法律的基本原则相抵触。

全国人民代表大会可以授权全国人民代表大会常务委员会制定相关法律。

第十一条 下列事项只能制定法律:

(一)国家主权的事项;

(二)各级人民代表大会、人民政府、监察委员会、人民法院和人民检察院的产生、组织和职权;

(三)民族区域自治制度、特别行政区制度、基层群众自治制度;

(四)犯罪和刑罚;

(五)对公民政治权利的剥夺、限制人身自由的强制措施和处罚;

(六)税种的设立、税率的确定和税收征收管理等税收基本制度;

(七)对非国有财产的征收、征用;

(八)民事基本制度;

(九)基本经济制度以及财政、海关、金融和外贸的基本制度;

(十)诉讼制度和仲裁基本制度;

(十一)必须由全国人民代表大会及其常务委员会制定法律的其他事项。

第十二条 本法第十一条规定的事项尚未制定法律的,全国人民代表大会及其常务委员会有权作出决定,授权国务院可以根据实际需要,对其中的部分事项先制定行政法规,但是有关犯罪和刑罚、对公民政治权利的剥夺和限制人身自由的强制措施和处罚、司法制度等事项除外。

第十三条 授权决定应当明确授权的目的、事项、范围、期限以及被授权机关实施授权决定应当遵循的原则等。

授权的期限不得超过五年,但是授权决定另有规定的除外。

被授权机关应当在授权期限届满的六个月以前,向授权机关报告授权决定实施的情况,并提出是否需要制定有关法律的意见;需要继续授权的,可以提出相关意见,由全国人民代表大会及其常务委员会决定。

第十四条 授权立法事项,经过实践检验,制定法律的条件成熟时,由全国人民代表大会及其常务委员会及时制定法律。法律制定后,相应立法事项的授权终止。

第十五条 被授权机关应当严格按照授权决定行使被授予的权力。

被授权机关不得将被授予的权力转授给其他机关。

第十六条 全国人民代表大会及其常务委员会可以根据改革发展的需要,决定就特定事项授权在规定期限和范围内暂时调整或者暂时停止适用法律的部分规定。

暂时调整或者暂时停止适用法律的部分规定的事项,实践证明可行的,由全国人民代表大会及其常务委员会及时修改有关法律;修改法律的条件尚不成熟的,可以延长授权的期限,或者恢复施行有关法律规定。

第二节 全国人民代表大会立法程序

第十七条 全国人民代表大会主席团可以向全国人民代表大会提出法律案,由全国人民代表大会会议审议。

全国人民代表大会常务委员会、国务院、中央军事委员会、国家监察委员会、最高人民法院、最高人民检察院、全国人民代表大会各专门委员会,可以向全国人民代表大会提出法律案,由主席团决定列入会议议程。

第十八条 一个代表团或者三十名以上的代表联名,可以向全国人民代表大会提出法律案,由主席团决定是否列入会议议程,或者先交有关的专门委员会审议、提出是否列入会议议程的意见,再决定是否列入会议议程。

专门委员会审议的时候,可以邀请提案人列席会议,发表意见。

第十九条 向全国人民代表大会提出的法律案,在全国人民代表大会闭会期间,可以先向常务委员会提出,经常务委员会会议依照本法第二章第三节规定的有关程序审议后,决定提请全国人民代表大会审议,由常务委员会向大会全体会议作说明,或者由提案人向大会全体会议作说明。

常务委员会依照前款规定审议法律案,应当通过多种形式征求全国人民代表大会代表的意见,并将有关情况予以反馈;专门委员会和常务委员会工作机构进行立法调研,可以邀请有关的全国人民代表大会代表参加。

第二十条 常务委员会决定提请全国人民代表大会会议审议的法律案,应当在会议举行的一个月前将法律草案发给代表,并可以适时组织代表研读讨论,征求代表的意见。

第二十一条 列入全国人民代表大会会议议程的法律案,大会全体会议听取提案人的说明后,由各代表团进行审议。

各代表团审议法律案时,提案人应当派人听取意见,回答询问。

各代表团审议法律案时,根据代表团的要求,有关机关、组织应当派人介绍情况。

第二十二条 列入全国人民代表大会会议议程的法律案,由有关的专门委员会进行审议,向主席团提出审议意见,并印发会议。

第二十三条 列入全国人民代表大会会议议程的法律案,由宪法和法律委员会根据各代表团和有关的专门委员会的审议意见,对法律案进行统一审议,向主席团提出审议结果报告和法律草案修改稿,对涉及的合宪性问题以及重要的不同意见应当在审议结果报告中予以说明,经主席团会议审议通过后,印发会议。

第二十四条 列入全国人民代表大会会议议程的法律案,必要时,主席团常务主席可以召开各代表团团长会议,就法律案中的重大问题听取各代表团的审议意见,进行讨论,并将讨论的情况和意见向主席团报告。

主席团常务主席也可以就法律案中的重大的专门性问题,召集代表团推选的有关代表进行讨论,并将讨论的情况和意见向主席团报告。

第二十五条 列入全国人民代表大会会议议程的法律案,在交付表决前,提案人要求撤回的,应当说明理由,经主席团同意,并向大会报告,对该法律案的审议即行终止。

第二十六条 法律案在审议中有重大问题需要进一步研究的,经主席团提出,由大会全体会议决定,可以授权常务委员会根据代表的意见进一步审议,作出决定,并将决定情况向全国人民代表大会下次会议报告;也可以授权常务委员会根据代表的意见进一步审议,提出修改方案,提请全国人民代表大会下次会议审议决定。

第二十七条 法律草案修改稿经各代表团审议,由宪法和法律委员会根据各代表团的审议意见进行修改,提出法律草案表决稿,由主席团提请大会全体会议表决,由全体代表的过半数通过。

第二十八条 全国人民代表大会通过的法律由国家主席签署主席令予以公布。

第三节 全国人民代表大会常务委员会立法程序

第二十九条 委员长会议可以向常务委员会提出法律案,由常务委员会会议审议。

国务院、中央军事委员会、国家监察委员会、最高人民法院、最高人民检察院、全国人民代表大会各专门委员会,可以向常务委员会提出法律案,由委员长会议决定列入常务委员会会议议程,或者先交有关的专门委员会审议、提出报告,再决定列入常务委员会会议议程。如果委员长会议认为法律案有重大问题需要进一步研究,可以建议提案人修改完善后再向常务委员会提出。

第三十条 常务委员会组成人员十人以上联名,可以向常务委员会提出法律案,由委员长会议决定是否列入常务委员会会议议程,或者先交有关的专门委员会审议、提出是否列入会议议程的意见,再决定是否列入常务委员会会议议程。不列入常务委员会会议议程的,应当向常务委员会会议报告或者向提案人说明。

专门委员会审议的时候,可以邀请提案人列席会议,发表意见。

第三十一条 列入常务委员会会议议程的法律案,除特殊情况外,应当在会议举行的七日前将法律草案发给常务委员会组成人员。

常务委员会会议审议法律案时,应当邀请有关的全国人民代表大会代表列席会议。

第三十二条 列入常务委员会会议议程的法律案,一般应当经三次常务委员会会议审议后再交付表决。

常务委员会会议第一次审议法律案,在全体会议上听取提案人的说明,由分组会议进行初步审议。

常务委员会会议第二次审议法律案,在全体会议上听取宪法和法律委员会关于法律草案修改情况和主要问题的汇报,由分组会议进一步审议。

常务委员会会议第三次审议法律案,在全体会议上听取宪法和法律委员会关于法律草案审议结果的报告,由分组会议对法律草案修改稿进行审议。

常务委员会审议法律案时，根据需要，可以召开联组会议或者全体会议，对法律草案中的主要问题进行讨论。

第三十三条　列入常务委员会会议议程的法律案，各方面的意见比较一致的，可以经两次常务委员会会议审议后交付表决；调整事项较为单一或者部分修改的法律案，各方面的意见比较一致，或者遇有紧急情形的，也可以经一次常务委员会会议审议即交付表决。

第三十四条　常务委员会分组会议审议法律案时，提案人应当派人听取意见，回答询问。

常务委员会分组会议审议法律案时，根据小组的要求，有关机关、组织应当派人介绍情况。

第三十五条　列入常务委员会会议议程的法律案，由有关的专门委员会进行审议，提出审议意见，印发常务委员会会议。

有关的专门委员会审议法律案时，可以邀请其他专门委员会的成员列席会议，发表意见。

第三十六条　列入常务委员会会议议程的法律案，由宪法和法律委员会根据常务委员会组成人员、有关的专门委员会的审议意见和各方面提出的意见，对法律案进行统一审议，提出修改情况的汇报或者审议结果报告和法律草案修改稿，对涉及的合宪性问题以及重要的不同意见应当在修改情况的汇报或者审议结果报告中予以说明。对有关的专门委员会的审议意见没有采纳的，应当向有关的专门委员会反馈。

宪法和法律委员会审议法律案时，应当邀请有关的专门委员会的成员列席会议，发表意见。

第三十七条　专门委员会审议法律案时，应当召开全体会议审议，根据需要，可以要求有关机关、组织派有关负责人说明情况。

第三十八条　专门委员会之间对法律草案的重要问题意见不一致时，应当向委员长会议报告。

第三十九条　列入常务委员会会议议程的法律案，宪法和法律委员会、有关的专门委员会和常务委员会工作机构应当听取各方面的意见。听取意见可以采取座谈会、论证会、听证会等多种形式。

法律案有关问题专业性较强,需要进行可行性评价的,应当召开论证会,听取有关专家、部门和全国人民代表大会代表等方面的意见。论证情况应当向常务委员会报告。

法律案有关问题存在重大意见分歧或者涉及利益关系重大调整,需要进行听证的,应当召开听证会,听取有关基层和群体代表、部门、人民团体、专家、全国人民代表大会代表和社会有关方面的意见。听证情况应当向常务委员会报告。

常务委员会工作机构应当将法律草案发送相关领域的全国人民代表大会代表、地方人民代表大会常务委员会以及有关部门、组织和专家征求意见。

第四十条 列入常务委员会会议议程的法律案,应当在常务委员会会议后将法律草案及其起草、修改的说明等向社会公布,征求意见,但是经委员长会议决定不公布的除外。向社会公布征求意见的时间一般不少于三十日。征求意见的情况应当向社会通报。

第四十一条 列入常务委员会会议议程的法律案,常务委员会工作机构应当收集整理分组审议的意见和各方面提出的意见以及其他有关资料,分送宪法和法律委员会、有关的专门委员会,并根据需要,印发常务委员会会议。

第四十二条 拟提请常务委员会会议审议通过的法律案,在宪法和法律委员会提出审议结果报告前,常务委员会工作机构可以对法律草案中主要制度规范的可行性、法律出台时机、法律实施的社会效果和可能出现的问题等进行评估。评估情况由宪法和法律委员会在审议结果报告中予以说明。

第四十三条 列入常务委员会会议议程的法律案,在交付表决前,提案人要求撤回的,应当说明理由,经委员长会议同意,并向常务委员会报告,对该法律案的审议即行终止。

第四十四条 法律草案修改稿经常务委员会会议审议,由宪法和法律委员会根据常务委员会组成人员的审议意见进行修改,提出法律草案表决稿,由委员长会议提请常务委员会全体会议表决,由常务委员会全体组成人员的过半数通过。

法律草案表决稿交付常务委员会会议表决前,委员长会议根据常务委员会会议审议的情况,可以决定将个别意见分歧较大的重要条款提请常务委员会会议单独表决。

单独表决的条款经常务委员会会议表决后,委员长会议根据单独表决的情况,可以决定将法律草案表决稿交付表决,也可以决定暂不付表决,交宪法和法律委员会、有关的专门委员会进一步审议。

第四十五条 列入常务委员会会议审议的法律案,因各方面对制定该法律的必要性、可行性等重大问题存在较大意见分歧搁置审议满两年的,或者因暂不付表决经过两年没有再次列入常务委员会会议议程审议的,委员长会议可以决定终止审议,并向常务委员会报告;必要时,委员长会议也可以决定延期审议。

第四十六条 对多部法律中涉及同类事项的个别条款进行修改,一并提出法律案的,经委员长会议决定,可以合并表决,也可以分别表决。

第四十七条 常务委员会通过的法律由国家主席签署主席令予以公布。

第四节 法律解释

第四十八条 法律解释权属于全国人民代表大会常务委员会。

法律有以下情况之一的,由全国人民代表大会常务委员会解释:

(一)法律的规定需要进一步明确具体含义的;

(二)法律制定后出现新的情况,需要明确适用法律依据的。

第四十九条 国务院、中央军事委员会、国家监察委员会、最高人民法院、最高人民检察院、全国人民代表大会各专门委员会,可以向全国人民代表大会常务委员会提出法律解释要求或者提出相关法律案。

省、自治区、直辖市的人民代表大会常务委员会可以向全国人民代表大会常务委员会提出法律解释要求。

第五十条 常务委员会工作机构研究拟订法律解释草案,由委员长会议决定列入常务委员会会议议程。

第五十一条　法律解释草案经常务委员会会议审议,由宪法和法律委员会根据常务委员会组成人员的审议意见进行审议、修改,提出法律解释草案表决稿。

第五十二条　法律解释草案表决稿由常务委员会全体组成人员的过半数通过,由常务委员会发布公告予以公布。

第五十三条　全国人民代表大会常务委员会的法律解释同法律具有同等效力。

第五节　其他规定

第五十四条　全国人民代表大会及其常务委员会加强对立法工作的组织协调,发挥在立法工作中的主导作用。

第五十五条　全国人民代表大会及其常务委员会坚持科学立法、民主立法、依法立法,通过制定、修改、废止、解释法律和编纂法典等多种形式,增强立法的系统性、整体性、协同性、时效性。

第五十六条　全国人民代表大会常务委员会通过立法规划和年度立法计划、专项立法计划等形式,加强对立法工作的统筹安排。编制立法规划和立法计划,应当认真研究代表议案和建议,广泛征集意见,科学论证评估,根据经济社会发展和民主法治建设的需要,按照加强重点领域、新兴领域、涉外领域立法的要求,确定立法项目。立法规划和立法计划由委员长会议通过并向社会公布。

全国人民代表大会常务委员会工作机构负责编制立法规划、拟订立法计划,并按照全国人民代表大会常务委员会的要求,督促立法规划和立法计划的落实。

第五十七条　全国人民代表大会有关的专门委员会、常务委员会工作机构应当提前参与有关方面的法律草案起草工作;综合性、全局性、基础性的重要法律草案,可以由有关的专门委员会或者常务委员会工作机构组织起草。

专业性较强的法律草案,可以吸收相关领域的专家参与起草工作,或者委托有关专家、教学科研单位、社会组织起草。

第五十八条　提出法律案,应当同时提出法律草案文本及其说明,并提供必要的参阅资料。修改法律的,还应当提交修改前后的对照文本。法律草案的说明应当包括制定或者修改法律的必要性、可行性和主要内容,涉及合宪性问题的相关意见以及起草过程中对重大分歧意见的协调处理情况。

第五十九条 向全国人民代表大会及其常务委员会提出的法律案,在列入会议议程前,提案人有权撤回。

第六十条 交付全国人民代表大会及其常务委员会全体会议表决未获得通过的法律案,如果提案人认为必须制定该法律,可以按照法律规定的程序重新提出,由主席团、委员长会议决定是否列入会议议程;其中,未获得全国人民代表大会通过的法律案,应当提请全国人民代表大会审议决定。

第六十一条 法律应当明确规定施行日期。

第六十二条 签署公布法律的主席令载明该法律的制定机关、通过和施行日期。

法律签署公布后,法律文本以及法律草案的说明、审议结果报告等,应当及时在全国人民代表大会常务委员会公报和中国人大网以及在全国范围内发行的报纸上刊载。

在常务委员会公报上刊登的法律文本为标准文本。

第六十三条 法律的修改和废止程序,适用本章的有关规定。

法律被修改的,应当公布新的法律文本。

法律被废止的,除由其他法律规定废止该法律的以外,由国家主席签署主席令予以公布。

第六十四条 法律草案与其他法律相关规定不一致的,提案人应当予以说明并提出处理意见,必要时应当同时提出修改或者废止其他法律相关规定的议案。

宪法和法律委员会、有关的专门委员会审议法律案时,认为需要修改或者废止其他法律相关规定的,应当提出处理意见。

第六十五条 法律根据内容需要,可以分编、章、节、条、款、项、目。

编、章、节、条的序号用中文数字依次表述,款不编序号,项的序号用中文数字加括号依次表述,目的序号用阿拉伯数字依次表述。

法律标题的题注应当载明制定机关、通过日期。经过修改的法律,应当依次载明修改机关、修改日期。

全国人民代表大会常务委员会工作机构编制立法技术规范。

第六十六条 法律规定明确要求有关国家机关对专门事项作出配套的具体规定的,有关国家机关应当自法律施行之日起一年内作出规定,法律对配套的具体规定制定期限另有规定的,从其规定。有关国家机关未能在期限内作出配套的具体规定的,应当向全国人民代表大会常务委员会说明情况。

第六十七条 全国人民代表大会有关的专门委员会、常务委员会工作机构可以组织对有关法律或者法律中有关规定进行立法后评估。评估情况应当向常务委员会报告。

第六十八条 全国人民代表大会及其常务委员会作出有关法律问题的决定,适用本法的有关规定。

第六十九条 全国人民代表大会常务委员会工作机构可以对有关具体问题的法律询问进行研究予以答复,并报常务委员会备案。

第七十条 全国人民代表大会常务委员会工作机构根据实际需要设立基层立法联系点,深入听取基层群众和有关方面对法律草案和立法工作的意见。

第七十一条 全国人民代表大会常务委员会工作机构加强立法宣传工作,通过多种形式发布立法信息、介绍情况、回应关切。

第三章 行政法规

第七十二条 国务院根据宪法和法律,制定行政法规。

行政法规可以就下列事项作出规定:

(一)为执行法律的规定需要制定行政法规的事项;

(二)宪法第八十九条规定的国务院行政管理职权的事项。

应当由全国人民代表大会及其常务委员会制定法律的事项,国务院根据全国人民代表大会及其常务委员会的授权决定先制定的行政法规,经过实践检验，制定法律的条件成熟时，国务院应当及时提请全国人民代表大会及其常务委员会制定法律。

第七十三条　国务院法制机构应当根据国家总体工作部署拟订国务院年度立法计划，报国务院审批。国务院年度立法计划中的法律项目应当与全国人民代表大会常务委员会的立法规划和立法计划相衔接。国务院法制机构应当及时跟踪了解国务院各部门落实立法计划的情况，加强组织协调和督促指导。

国务院有关部门认为需要制定行政法规的，应当向国务院报请立项。

第七十四条　行政法规由国务院有关部门或者国务院法制机构具体负责起草，重要行政管理的法律、行政法规草案由国务院法制机构组织起草。行政法规在起草过程中，应当广泛听取有关机关、组织、人民代表大会代表和社会公众的意见。听取意见可以采取座谈会、论证会、听证会等多种形式。

行政法规草案应当向社会公布，征求意见，但是经国务院决定不公布的除外。

第七十五条　行政法规起草工作完成后，起草单位应当将草案及其说明、各方面对草案主要问题的不同意见和其他有关资料送国务院法制机构进行审查。

国务院法制机构应当向国务院提出审查报告和草案修改稿，审查报告应当对草案主要问题作出说明。

第七十六条　行政法规的决定程序依照中华人民共和国国务院组织法的有关规定办理。

第七十七条　行政法规由总理签署国务院令公布。

有关国防建设的行政法规，可以由国务院总理、中央军事委员会主席共同签署国务院、中央军事委员会令公布。

第七十八条　行政法规签署公布后，及时在国务院公报和中国政府法制信息网以及在全国范围内发行的报纸上刊载。

在国务院公报上刊登的行政法规文本为标准文本。

第七十九条　国务院可以根据改革发展的需要，决定就行政管理等领域的特定事项,在规定期限和范围内暂时调整或者暂时停止适用行政法规的部分规定。

第四章 地方性法规、自治条例和单行条例、规章

第一节 地方性法规、自治条例和单行条例

第八十条 省、自治区、直辖市的人民代表大会及其常务委员会根据本行政区域的具体情况和实际需要,在不同宪法、法律、行政法规相抵触的前提下,可以制定地方性法规。

第八十一条 设区的市的人民代表大会及其常务委员会根据本市的具体情况和实际需要,在不同宪法、法律、行政法规和本省、自治区的地方性法规相抵触的前提下,可以对城乡建设与管理、生态文明建设、历史文化保护、基层治理等方面的事项制定地方性法规,法律对设区的市制定地方性法规的事项另有规定的,从其规定。设区的市的地方性法规须报省、自治区的人民代表大会常务委员会批准后施行。省、自治区的人民代表大会常务委员会对报请批准的地方性法规,应当对其合法性进行审查,认为同宪法、法律、行政法规和本省、自治区的地方性法规不抵触的,应当在四个月内予以批准。

省、自治区的人民代表大会常务委员会在对报请批准的设区的市的地方性法规进行审查时,发现其同本省、自治区的人民政府的规章相抵触的,应当作出处理决定。

除省、自治区的人民政府所在地的市,经济特区所在地的市和国务院已经批准的较大的市以外,其他设区的市开始制定地方性法规的具体步骤和时间,由省、自治区的人民代表大会常务委员会综合考虑本省、自治区所辖的设区的市的人口数量、地域面积、经济社会发展情况以及立法需求、立法能力等因素确定,并报全国人民代表大会常务委员会和国务院备案。

自治州的人民代表大会及其常务委员会可以依照本条第一款规定行使设区的市制定地方性法规的职权。自治州开始制定地方性法规的具体步骤和时间,依照前款规定确定。

省、自治区的人民政府所在地的市,经济特区所在地的市和国务院已经批准的较大的市已经制定的地方性法规,涉及本条第一款规定事项范围以外的,继续有效。

第八十二条　地方性法规可以就下列事项作出规定:

(一)为执行法律、行政法规的规定,需要根据本行政区域的实际情况作具体规定的事项;

(二)属于地方性事务需要制定地方性法规的事项。

除本法第十一条规定的事项外,其他事项国家尚未制定法律或者行政法规的,省、自治区、直辖市和设区的市、自治州根据本地方的具体情况和实际需要,可以先制定地方性法规。在国家制定的法律或者行政法规生效后,地方性法规同法律或者行政法规相抵触的规定无效,制定机关应当及时予以修改或者废止。

设区的市、自治州根据本条第一款、第二款制定地方性法规,限于本法第八十一条第一款规定的事项。

制定地方性法规,对上位法已经明确规定的内容,一般不作重复性规定。

第八十三条　省、自治区、直辖市和设区的市、自治州的人民代表大会及其常务委员会根据区域协调发展的需要,可以协同制定地方性法规,在本行政区域或者有关区域内实施。

省、自治区、直辖市和设区的市、自治州可以建立区域协同立法工作机制。

第八十四条　经济特区所在地的省、市的人民代表大会及其常务委员会根据全国人民代表大会的授权决定,制定法规,在经济特区范围内实施。

上海市人民代表大会及其常务委员会根据全国人民代表大会常务委员会的授权决定,制定浦东新区法规,在浦东新区实施。

海南省人民代表大会及其常务委员会根据法律规定,制定海南自由贸易港法规,在海南自由贸易港范围内实施。

第八十五条　民族自治地方的人民代表大会有权依照当地民族的政治、经济和文化的特点,制定自治条例和单行条例。自治区的自治条例和单行条例,报全国人民代表大会常务委员会批准后生效。自治州、自治县的自治条例和单行条例,报省、自治区、直辖市的人民代表大会常务委员会批准后生效。

自治条例和单行条例可以依照当地民族的特点,对法律和行政法规的规定作出变通规定,但不得违背法律或者行政法规的基本原则,不得对宪法和民族区域自治法的规定以及其他有关法律、行政法规专门就民族自治地方所作的规定作出变通规定。

第八十六条 规定本行政区域特别重大事项的地方性法规,应当由人民代表大会通过。

第八十七条 地方性法规案、自治条例和单行条例案的提出、审议和表决程序,根据中华人民共和国地方各级人民代表大会和地方各级人民政府组织法,参照本法第二章第二节、第三节、第五节的规定,由本级人民代表大会规定。

地方性法规草案由负责统一审议的机构提出审议结果的报告和草案修改稿。

第八十八条 省、自治区、直辖市的人民代表大会制定的地方性法规由大会主席团发布公告予以公布。

省、自治区、直辖市的人民代表大会常务委员会制定的地方性法规由常务委员会发布公告予以公布。

设区的市、自治州的人民代表大会及其常务委员会制定的地方性法规报经批准后,由设区的市、自治州的人民代表大会常务委员会发布公告予以公布。

自治条例和单行条例报经批准后,分别由自治区、自治州、自治县的人民代表大会常务委员会发布公告予以公布。

第八十九条 地方性法规、自治条例和单行条例公布后,其文本以及草案的说明、审议结果报告等,应当及时在本级人民代表大会常务委员会公报和中国人大网、本地方人民代表大会网站以及在本行政区域范围内发行的报纸上刊载。

在常务委员会公报上刊登的地方性法规、自治条例和单行条例文本为标准文本。

第九十条 省、自治区、直辖市和设区的市、自治州的人民代表大会常务委员会根据实际需要设立基层立法联系点,深入听取基层群众和有关方面对地方性法规、自治条例和单行条例草案的意见。

第二节 规章

第九十一条 国务院各部、委员会、中国人民银行、审计署和具有行政管理职能的直属机构以及法律规定的机构,可以根据法律和国务院的行政法规、决定、命令,在本部门的权限范围内,制定规章。

部门规章规定的事项应当属于执行法律或者国务院的行政法规、决定、命令的事项。没有法律或者国务院的行政法规、决定、命令的依据,部门规章不得设定减损公民、法人和其他组织权利或者增加其义务的规范,不得增加本部门的权力或者减少本部门的法定职责。

第九十二条 涉及两个以上国务院部门职权范围的事项,应当提请国务院制定行政法规或者由国务院有关部门联合制定规章。

第九十三条 省、自治区、直辖市和设区的市、自治州的人民政府,可以根据法律、行政法规和本省、自治区、直辖市的地方性法规,制定规章。

地方政府规章可以就下列事项作出规定:

(一)为执行法律、行政法规、地方性法规的规定需要制定规章的事项;

(二)属于本行政区域的具体行政管理事项。

设区的市、自治州的人民政府根据本条第一款、第二款制定地方政府规章,限于城乡建设与管理、生态文明建设、历史文化保护、基层治理等方面的事项。已经制定的地方政府规章,涉及上述事项范围以外的,继续有效。

除省、自治区的人民政府所在地的市,经济特区所在地的市和国务院已经批准的较大的市以外,其他设区的市、自治州的人民政府开始制定规章的时间,与本省、自治区人民代表大会常务委员会确定的本市、自治州开始制定地方性法规的时间同步。

应当制定地方性法规但条件尚不成熟的,因行政管理迫切需要,可以先制定地方政府规章。规章实施满两年需要继续实施规章所规定的行政措施的,应当提请本级人民代表大会或者其常务委员会制定地方性法规。

没有法律、行政法规、地方性法规的依据,地方政府规章不得设定减损公民、法人和其他组织权利或者增加其义务的规范。

第九十四条 国务院部门规章和地方政府规章的制定程序,参照本法第三章的规定,由国务院规定。

第九十五条 部门规章应当经部务会议或者委员会会议决定。

地方政府规章应当经政府常务会议或者全体会议决定。

第九十六条 部门规章由部门首长签署命令予以公布。

地方政府规章由省长、自治区主席、市长或者自治州州长签署命令予以公布。

第九十七条 部门规章签署公布后,及时在国务院公报或者部门公报和中国政府法制信息网以及在全国范围内发行的报纸上刊载。

地方政府规章签署公布后,及时在本级人民政府公报和中国政府法制信息网以及在本行政区域范围内发行的报纸上刊载。

在国务院公报或者部门公报和地方人民政府公报上刊登的规章文本为标准文本。

第五章 适用与备案审查

第九十八条 宪法具有最高的法律效力,一切法律、行政法规、地方性法规、自治条例和单行条例、规章都不得同宪法相抵触。

第九十九条 法律的效力高于行政法规、地方性法规、规章。

行政法规的效力高于地方性法规、规章。

第一百条 地方性法规的效力高于本级和下级地方政府规章。

省、自治区的人民政府制定的规章的效力高于本行政区域内的设区的市、自治州的人民政府制定的规章。

第一百零一条 自治条例和单行条例依法对法律、行政法规、地方性法规作变通规定的,在本自治地方适用自治条例和单行条例的规定。

经济特区法规根据授权对法律、行政法规、地方性法规作变通规定的,在本经济特区适用经济特区法规的规定。

第一百零二条 部门规章之间、部门规章与地方政府规章之间具有同等效力,在各自的权限范围内施行。

第一百零三条 同一机关制定的法律、行政法规、地方性法规、自治条例和单行条例、规章,特别规定与一般规定不一致的,适用特别规定;新的规定与旧的规定不一致的,适用新的规定。

第一百零四条 法律、行政法规、地方性法规、自治条例和单行条例、规章不溯及既往,但为了更好地保护公民、法人和其他组织的权利和利益而作的特别规定除外。

第一百零五条 法律之间对同一事项的新的一般规定与旧的特别规定不一致,不能确定如何适用时,由全国人民代表大会常务委员会裁决。

行政法规之间对同一事项的新的一般规定与旧的特别规定不一致,不能确定如何适用时,由国务院裁决。

第一百零六条 地方性法规、规章之间不一致时,由有关机关依照下列规定的权限作出裁决:

(一)同一机关制定的新的一般规定与旧的特别规定不一致时,由制定机关裁决;

(二)地方性法规与部门规章之间对同一事项的规定不一致,不能确定如何适用时,由国务院提出意见,国务院认为应当适用地方性法规的,应当决定在该地方适用地方性法规的规定;认为应当适用部门规章的,应当提请全国人民代表大会常务委员会裁决;

(三)部门规章之间、部门规章与地方政府规章之间对同一事项的规定不一致时,由国务院裁决。

根据授权制定的法规与法律规定不一致,不能确定如何适用时,由全国人民代表大会常务委员会裁决。

第一百零七条 法律、行政法规、地方性法规、自治条例和单行条例、规章有下列情形之一的,由有关机关依照本法第一百零八条规定的权限予以改变或者撤销:

(一)超越权限的;

(二)下位法违反上位法规定的;

（三）规章之间对同一事项的规定不一致，经裁决应当改变或者撤销一方的规定的；

（四）规章的规定被认为不适当，应当予以改变或者撤销的；

（五）违背法定程序的。

第一百零八条 改变或者撤销法律、行政法规、地方性法规、自治条例和单行条例、规章的权限是：

（一）全国人民代表大会有权改变或者撤销它的常务委员会制定的不适当的法律，有权撤销全国人民代表大会常务委员会批准的违背宪法和本法第八十五条第二款规定的自治条例和单行条例；

（二）全国人民代表大会常务委员会有权撤销同宪法和法律相抵触的行政法规，有权撤销同宪法、法律和行政法规相抵触的地方性法规，有权撤销省、自治区、直辖市的人民代表大会常务委员会批准的违背宪法和本法第八十五条第二款规定的自治条例和单行条例；

（三）国务院有权改变或者撤销不适当的部门规章和地方政府规章；

（四）省、自治区、直辖市的人民代表大会有权改变或者撤销它的常务委员会制定的和批准的不适当的地方性法规；

（五）地方人民代表大会常务委员会有权撤销本级人民政府制定的不适当的规章；

（六）省、自治区的人民政府有权改变或者撤销下一级人民政府制定的不适当的规章；

（七）授权机关有权撤销被授权机关制定的超越授权范围或者违背授权目的的法规，必要时可以撤销授权。

第一百零九条 行政法规、地方性法规、自治条例和单行条例、规章应当在公布后的三十日内依照下列规定报有关机关备案：

（一）行政法规报全国人民代表大会常务委员会备案；

（二）省、自治区、直辖市的人民代表大会及其常务委员会制定的地方性法规，报全国人民代表大会常务委员会和国务院备案；设区的市、自治州的人民代表大会及其常务委员会制定的地方性法规，由省、自治区的人民代表大会常务委员会报全国人民代表大会常务委员会和国务院备案；

（三）自治州、自治县的人民代表大会制定的自治条例和单行条例，由省、自治区、直辖市的人民代表大会常务委员会报全国人民代表大会常务委员会和国务院备案；自治条例、单行条例报送备案时，应当说明对法律、行政法规、地方性法规作出变通的情况；

（四）部门规章和地方政府规章报国务院备案；地方政府规章应当同时报本级人民代表大会常务委员会备案；设区的市、自治州的人民政府制定的规章应当同时报省、自治区的人民代表大会常务委员会和人民政府备案；

（五）根据授权制定的法规应当报授权决定规定的机关备案；经济特区法规、浦东新区法规、海南自由贸易港法规报送备案时，应当说明变通的情况。

第一百一十条 国务院、中央军事委员会、国家监察委员会、最高人民法院、最高人民检察院和各省、自治区、直辖市的人民代表大会常务委员会认为行政法规、地方性法规、自治条例和单行条例同宪法或者法律相抵触，或者存在合宪性、合法性问题的，可以向全国人民代表大会常务委员会书面提出进行审查的要求，由全国人民代表大会有关的专门委员会和常务委员会工作机构进行审查、提出意见。

前款规定以外的其他国家机关和社会团体、企业事业组织以及公民认为行政法规、地方性法规、自治条例和单行条例同宪法或者法律相抵触的，可以向全国人民代表大会常务委员会书面提出进行审查的建议，由常务委员会工作机构进行审查；必要时，送有关的专门委员会进行审查、提出意见。

第一百一十一条 全国人民代表大会专门委员会、常务委员会工作机构可以对报送备案的行政法规、地方性法规、自治条例和单行条例等进行主动审查，并可以根据需要进行专项审查。

国务院备案审查工作机构可以对报送备案的地方性法规、自治条例和单行条例，部门规章和省、自治区、直辖市的人民政府制定的规章进行主动审查，并可以根据需要进行专项审查。

第一百一十二条 全国人民代表大会专门委员会、常务委员会工作机构在审查中认为行政法规、地方性法规、自治条例和单行条例同宪法或者法律相抵触，或者存在合宪性、合法性问题的，可以向制定机关提出书面审查意见;也可以由宪法和法律委员会与有关的专门委员会、常务委员会工作机构召开联合审查会议,要求制定机关到会说明情况,再向制定机关提出书面审查意见。制定机关应当在两个月内研究提出是否修改或者废止的意见,并向全国人民代表大会宪法和法律委员会、有关的专门委员会或者常务委员会工作机构反馈。

全国人民代表大会宪法和法律委员会、有关的专门委员会、常务委员会工作机构根据前款规定,向制定机关提出审查意见,制定机关按照所提意见对行政法规、地方性法规、自治条例和单行条例进行修改或者废止的,审查终止。

全国人民代表大会宪法和法律委员会、有关的专门委员会、常务委员会工作机构经审查认为行政法规、地方性法规、自治条例和单行条例同宪法或者法律相抵触,或者存在合宪性、合法性问题需要修改或者废止,而制定机关不予修改或者废止的,应当向委员长会议提出予以撤销的议案、建议,由委员长会议决定提请常务委员会会议审议决定。

第一百一十三条 全国人民代表大会有关的专门委员会、常务委员会工作机构应当按照规定要求,将审查情况向提出审查建议的国家机关、社会团体、企业事业组织以及公民反馈,并可以向社会公开。

第一百一十四条 其他接受备案的机关对报送备案的地方性法规、自治条例和单行条例、规章的审查程序,按照维护法制统一的原则,由接受备案的机关规定。

第一百一十五条 备案审查机关应当建立健全备案审查衔接联动机制,对应当由其他机关处理的审查要求或者审查建议,及时移送有关机关处理。

第一百一十六条 对法律、行政法规、地方性法规、自治条例和单行条例、规章和其他规范性文件,制定机关根据维护法制统一的原则和改革发展的需要进行清理。

第六章 附则

第一百一十七条 中央军事委员会根据宪法和法律，制定军事法规。

中国人民解放军各战区、军兵种和中国人民武装警察部队，可以根据法律和中央军事委员会的军事法规、决定、命令，在其权限范围内，制定军事规章。

军事法规、军事规章在武装力量内部实施。

军事法规、军事规章的制定、修改和废止办法，由中央军事委员会依照本法规定的原则规定。

第一百一十八条 国家监察委员会根据宪法和法律、全国人民代表大会常务委员会的有关决定，制定监察法规，报全国人民代表大会常务委员会备案。

第一百一十九条 最高人民法院、最高人民检察院作出的属于审判、检察工作中具体应用法律的解释，应当主要针对具体的法律条文，并符合立法的目的、原则和原意。遇有本法第四十八条第二款规定情况的，应当向全国人民代表大会常务委员会提出法律解释的要求或者提出制定、修改有关法律的议案。

最高人民法院、最高人民检察院作出的属于审判、检察工作中具体应用法律的解释，应当自公布之日起三十日内报全国人民代表大会常务委员会备案。

最高人民法院、最高人民检察院以外的审判机关和检察机关，不得作出具体应用法律的解释。

第一百二十条 本法自 2000 年 7 月 1 日起施行。